Kittel/Breider — Das Buch vom Frankenwein

Dr. J.B. Kittel

Das Buch vom Frankenwein

von Hans Breider

Stürtz Verlag Würzburg

Band XII
Mainfränkische Heimatkunde

Herausgegeben von der Gesellschaft
»Freunde Mainfränkischer Kunst und Geschichte« e.V.,
Würzburg

6. Auflage

© 1982 Stürtz Verlag Würzburg
Alle Rechte vorbehalten
Gesamtherstellung:
Universitätsdruckerei H. Stürtz AG Würzburg
Gestaltung: Gerhard Finger, Würzburg

ISBN 3 8003 0180 6

Der
Julius-Maximilians-Universität
Würzburg

zur 400-Jahr-Feier
gewidmet

Vorwort zur sechsten, erweiterten
und umgestalteten Auflage

Das Buch vom Frankenwein ist längst zu einem Begriff in der deutschen Weinliteratur geworden. Es wird als das Standardwerk des fränkischen Weinbaues bezeichnet. Begründet wurde es 1905 vom Hofrat Dr. J.B. Kittel, der nach dem 1. Weltkrieg auch die zweite Auflage herausbrachte. Mit dem Tode Kittels war nach dem 2. Weltkrieg die Fortführung dieses weinfröhlichen Buches in Frage gestellt, bis 1958 auf Anregung des fränkischen Weinhandelsverbandes der für die 3.–6. Auflage verantwortliche Autor mit der Neufassung beauftragt wurde. Das Werk fand eine gute Aufnahme bei den Winzern, den Weinhändlern Frankens, besonders bei den Weinkonsumenten des Frankenweines. Mit jeder Neuauflage erfolgte eine den jeweiligen Verhältnissen gerecht werdende Erweiterung und Umgestaltung, ohne den historischen Boden zu verlassen oder das Stimmungsbild zu mindern.

Die sechste vorliegende Auflage unterscheidet sich jedoch von allen vorhergehenden dadurch, daß nach einem aktiven Leben des Autors in Forschung und Praxis, nach einer fast 50jährigen Liebe zum Frankenwein dieser in seiner Ganzheit zu erfassen und darzustellen versucht wird; nämlich in seiner materiellen Struktur und geistigen Substanz, in seinem Werden und Wirken in der Vergangenheit und in der Gegenwart; in seiner Wirkung auf den, der ihn erzeugt, auf den, der ihn trinkt, auf das Land, in dem er gewachsen ist, auf Dörfer und Städte, denen er seinen Stempel aufdrückte, denen er Liebreiz und Anmut, Kultur und Geschichte verliehen hat; auf Kunst und Dichtung, auf Wissenschaft und Forschung; auf sakrale wie profane Lebensbereiche der Franken. Wenn man dies alles zu verstehen sich bemüht, wird man erst den Frankenwein schätzen, dessen Werte nicht in Alkoholgraden, nicht in der Zuckersüße erfaßbar gemacht werden können, die einfach erlebt werden müssen.

Das Buch vom Frankenwein wird getragen von einer dem Frankenland und seinen Bewohnern eigenen Weinfröhlichkeit. Wenn die Darstellungen über Land und Leute am Main, über die Weine und den fränkischen Häcker mal romantisch, mal lyrisch, mal wissenschaftlich ernst, mal weinfreudig locker erklingen, daß sie fast den Eindruck einer Dichtung erwecken könnten, so darf vermerkt werden, daß dem Schall und Klang der fränkischen Weinglocke echte Erlebnisse zugrunde liegen; in frühen Morgenstunden nach weinseligen Nächten am Untermain oder im Kahlgrund, im Genuß frühester Morgenstunden zur Zeit der Rebenblüte um Würzburg oder am Steigerwald, oder wenn der Rauhreif dem Spessart silberne Kappen aufgesetzt hatte, das Saaletal sein toskanisches Gepräge zeigte, oder im Schummern beim Wein in Zell am Ebersberg; in Königsberg, wo noch der reine Gutedel probiert werden konnte, in Großheubach, wo es in der Krone noch den Ortlieber bzw. Räuschling zu verkosten gab, oder gar in Escherndorf, wo die Tage meist erst in den frühen Stunden endigten und in Randersacker sie sogar 48 Stunden hatten. Die Erlebnisse beim Frankenwein und mit seinen Häckern — Originale, wie sie Richard Rother in seinen holzgeschnitzten Bildern und Figuren festgehalten hat — haben dem Leben des Autors eine unbeschreibbare Weinfröhlichkeit, Freude und Lust an der Arbeit für den Frankenwein gegeben. Und es singt und klingt noch in den alten Tagen im Herzen: Vinum bonum, Vinum bonum!

So wie der Wein von Jahrgang zu Jahrgang verschieden gerät, wie er mit der Zeit reift und seine qualitative Vollendung erfährt, so ist es auch mit der Neuauflage eines Buches; erst recht mit der sechsten Auflage des Buches vom Frankenwein, die der Julius-Maximilians-Universität Würzburg zur 400-Jahr-Feier ihres Bestehens gewidmet ist. Es soll damit zum Ausdruck gebracht werden, daß alle Fachbereiche der Universität von jeher einen engen Kontakt zum fränkischen Weinbau gepflegt und sich in zahlreichen Abhandlungen mit Problemen und der Geschichte des Weinbaues in Franken befaßt haben. Die Forschungsergebnisse aus den Instituten der Universität haben zusammenfassend mit den Erfahrungen, Erlebnissen und Erkenntnissen des Autors während seines mehr als 30jährigen Lebens in Franken eine aus zwar unterschiedlichen Perspektiven, aber immer in einer tiefempfundenen, weinfröhlichen Dankbarkeit den Kollegen der Universität, den fränkischen Häckern und allen Freunden des Frankenweines gegenüber neu geordnete Darstellung erfahren. Manche

Kapitel sind erweitert, manche gekürzt oder gestrafft worden. Die Chronik des Frankenweines wurde in einer causalhistorischen Betrachtung der Entwicklung der letzten 200 Jahre niedergeschrieben. Der Weinbauforschung der Jahre von 1950–1973 wurde ein weiterer Raum als in den früheren Ausgaben zugestanden. Ihre Ergebnisse wurden nach Problemkreisen wiedergegeben, damit sie nicht in den Untergrund des Vergessens im eigenen Lande geraten, während sie weltweite Beachtung gefunden haben. Im Kapitel über die fränkischen Rebsorten wurden eigene wie fremde Ergebnisse aus der Forschung um die Entstehung unserer Kulturreben mitgeteilt. Eine besondere Betrachtung ist den fränkischen Selbstmarktern als Rückgrat des Qualitätsweinbaues gewidmet; die unterschiedlichen Arten der Weinproben wurden »klassifiziert«, das Weinbaukataster dank des Entgegenkommens der Regierung von Unterfranken auf den neuesten Stand gebracht.

Die Abhandlung über das Mainfränkische Museum erfuhr freundlicherweise wieder eine Durchsicht durch Prof. Dr. Max H. v. Freeden, dem ich hiermit herzlich danke. Ebenso bin ich dem geschäftsführenden Direktor des Fränkischen Weinbauverbandes und der Frankenweinwerbung, Dipl.-Kaufmann Jochen Freihold, für manche Hinweise bei der Durchsicht des Manuskripts und der Mithilfe bei der Zusammenstellung des Bildteiles dankbar.

Den Würzburger bildschaffenden Künstlern, die bei der Gestaltung der sechsten Auflage mitgewirkt haben, muß ebenso gedankt werden, wie dem Verlag, der die Initiative zur Drucklegung dieser Auflage sowie ihre Aufmachung und Fertigung übernommen hat.

Möge diese Auflage dazu beitragen, das Ringen um die echte Qualität und Eigenart der Frankenweine aus dem mannigfach geologisch, geographisch und klimatisch gegliederten lieblichen Lande der Mainfranken zu erhalten und zu stärken, die Freunde des Frankenweines anzuregen, den Weinen im Bocksbeutel aus Weinfranken ihre Liebe weiterhin zu erhalten, der in sich die Wesenszüge der fränkischen Häcker aller Jahrhunderte vereinigt.

Würzburg, im Frühjahr 1982   Hans Breider

Inhalt

III. *Kulturhistorische Kleinodien im Lande des Bocksbeutels*

IV. *Im Dienste des Frankenweins*

Abbildungen im Text
Seite 23, »Eins Fränckischen gemeinen Burgers Weib«. Holz-
schnitt aus dem 17. Jahrhundert. Sammlung I. Härth, Würzburg
— Seite 234, Christus in der Kelter, Holzschnitt um 1420. Germa-
nisches National-Museum, Nürnberg.
Zeichnungen
Theo Dreher: Seiten 133, 140, 146, 155, 157, 161, 197, 203, 217,
219, 230 — Rudolf Hainlein: Seiten 111, 153 — Ossi Krapf:
Seiten 148, 166, 176, 180, 195, 200 — Richard Rother: Seiten
15, 21, 27, 30, 46, 54, 59, 65, 66, 72, 117, 125, 129, 150, 172,
227, 228, 246, 248, 254, 269, 279, 284, 292, 298, 305 — Ilse
Selig: Seite 236.
Fotonachweis
August Althaus, Würzburg: Abb. 1, 11, 17, 24 — Frankenwein-
Frankenland: Abb. 7, 19, 28 — Silvio Galvagni, Würzburg: Abb.
4, 8, 9, 25, 30, 31 — Elmar Hahn, Würzburg: Abb. 13, 26 —
Hans Heer, Würzburg: Abb. 10 — Georg Heußner, Würzburg:
Abb. 14 — Mainfränkisches Museum, Würzburg: Abb. 2, 3, 12,
27 — Städtische Galerie, Würzburg: Abb. 5 — Dorothea Zwicker,
Würzburg: Abb. 16 — Eberhard Zwicker, Würzburg: Abb. 18.

Die Karte »Fränkisches Weinland« von Ossi Krapf wurde freundlicherweise vom Gebiet Fränkisches Weinland im Fremdenverkehrsverband Franken e.V., Karlstadt, zur Verfügung gestellt.
Diese Karte steht unter Gebrauchsmusterschutz

»Mag er nun Pfülben, Harfen, Leisten,
Schalksberger heißen oder Stein,
Mit seiner edlen Glut durchgeisten
Soll allweg uns der fränk'sche Wein« *L. Bauer*

I. Wein und Reben in Franken

Vom Frankenwein

Der Wein im Bocksbeutel gilt unter den deutschen Weinen als eine Besonderheit von hoher Qualität, der seine eigene Seele hat, deren Grundzüge Ehrlichkeit, Charakter und Erdverbundenheit sind. Der Frankenwein hat Ehre und Rechtschaffenheit, Reinheit und — wie ein bekanntes Sprichwort sagt — Wahrheit. Er ist nicht nur der Sohn von Erde und Sonne, er ist auch das Produkt der erziehenden Arbeit, der Geduld und der Achtsamkeit des Winzers, er ist dessen Sorge und Gebet. Er macht seinem Erzieher alle Ehre, wenn er bis zu jener Köstlichkeit reift, die Herz, Verstand und Gaumen entzückt.

Die Seele des Frankenweins zu studieren und aufzuschließen, bis sie sich ganz in ihrer nackten, paradiesischen Schönheit offenbart, ist die Kunst des Weingenusses eines begabten und begnadeten Zechers. Solche Genießer sind keineswegs selten. Man findet sie allerdings nicht in den rauchigen und miefigen Nachtlokalen, nicht in Schwemmen und lauten Vergnügungsstätten, sondern in den kultivierten Weinstuben, aus denen kein ausgelassenes, die Nerven des frommen Zechers zerreißendes Kreischen einer angetrunkenen Frau herausdringt. Still und sinnig sitzt man in den gemütlichen Weinstuben Frankens und genießt die Arznei, die des Häckers Fleiß, Sonne und Heimaterde mischten. Die Zecher des Frankenweines sehen heiter und zugleich andächtig aus. »Ihr Blick ist vom Weine gelöst und wird doch von seiner frommen Schwere gehalten.« Die Freunde des Bocksbeutels lieben den frohen Sinn und die irdische Freude, eine Freude, »die eine besondere Art und Form hat, die einen Tropfen Stille und Andacht in ihrer Mitte bewahrt« (frei nach Stefan Andres). Michael Meisner sagt dazu: »Es wäre verfehlt, wenn man sich unter den Männern, die den Frankenwein kennen, Originale im Greisenalter mit wässerigen Augen vorstellen würde. Im Frankenwein erfährt man Zusammenhänge, die jenseits aller theoretischen Philosophie in die Bezirke des Lebendigen und Ewigen führen. Er ist wie die Landschaft kein Prahlhans. Will man sehr kritisch gegen ihn sein, dann ist er in seiner Redlichkeit vielleicht etwas aufsässig.« Im Frankenwein liegen undefinierbare Kräfte, welche den Geist beflügeln, das Gemüt ermuntern und das Herz ermutigen. Er ist ein besonderer Gefährte der Menschen am Main, der verstanden sein will, um geliebt zu werden. Er ist in der gegenwärtigen Zeit ein gewichtiger Faktor zum Schutze der fränkischen Winzer, ihrer Kultur und Zivilisation. Wenn auch »Fachleute«, die keine innere Bindung zum Wein haben, im Zeitalter der Vermassung der Weine allen Ernstes lediglich aus Marktgründen behaupten, daß es diese Mysterien im Weine gar nicht gibt und die chemische Analyse alles erfaßt, was das Wesen des Weines ausmacht, dessen Wert man in D-Mark auszudrücken pflegt, fragt dennoch ein nüchtern denkender Jurist und Schriftsteller wie Thomas Geisser 1968 in seinem Buch »Die Bezeichnung der Weine«, »wie es um die Wesens- und Werdensgeheimnisse und um die Wirkungskräfte dieses wunderbaren, von den Dichtern gefeierten, vom sakralen Weiheglanz umflossenen und bis in die Zeittiefe der mystischen Menschheitsgeschichte seine Wurzeln senkenden Trankes steht« die man erahnen, aber nicht erfassen kann. Hier gelten auch Hermann Hesses Worte: »Er vermag Unmögliches; arme Menschenherzen füllt er mit schönen und wunderlichen Ahnungen«.

Wer so den Wein genießt, wird bald das schöne Franken kennen; denn »willst Du Land und Leute kennenlernen, mußt Du seine Weine trinken«. Im Bocksbeutel spiegelt sich all das, was man Franken nennt.

Nicht, daß diese Zecher erst der Neuzeit entstammen. Nein, zu allen Zeiten und in allen Berufen hat es Freunde des Frankenweines gegeben, und gerade jetzt, da der deutsche Wein im Begriff war, das Geheimnis seiner Seele wegen augenblicklicher wirtschaftlicher Vorteile zu vernachlässigen, stellt man mit Freude fest, wie sich echte und rechte Weinkenner immer mehr jenem Bocksbeutel zuwenden, dessen Art und Charakter beständig durch die Jahrhunderte sich erhalten und dem Frankenwein Weltgeltung verschafft hat.

Kein Geringerer als Johann Wolfgang von Goethe war dem Frankenwein in besonderer Weise zugetan. Er, der begnadetste aller Zecher, schrieb 1806 an seine Frau Christiane: »Sende mir noch einige Würzburger, denn kein anderer Wein will mir schmecken, und ich bin verdrießlich, wenn mir mein gewohnter Lieblingstrank abgeht.« Aber nicht nur Würzburger, sondern auch Homburger und Escherndorfer Weine finden sich in den Bestellisten Goethes, die entweder er selber oder seine Frau Christiane oder sein Schwager Vulpius aufgegeben haben. Meist handelt es sich um 1–2 Ohm = 150–300 Liter. Besonders bevorzugt hat er drei gute Jahrgänge: 1783, 1798 und 1811, sowie zwei leichtere Jahrgänge: 1794 und 1828. Schon als 19jähriger Jurastudent in Leipzig war er ein Freund des Frankenweines, wie eine Federzeichnung von ihm bezeugt, die er der liebreizenden Weinwirtstochter Kätchen Schönkopf gewidmet hat; ein Flaschenarrangement, mit dem Bocksbeutel in der Mitte. Noch kurz vor seinem Tode hat er seinen letzten Wein, einen Escherndorfer bestellt, eine ganze Ohm, der ihn allerdings nicht mehr lebend erreichte. Natürlich hat Goethe auch Weine anderer Provenienz getrunken, aber er hat keinen anderen so geschätzt wie seinen Frankenwein. Und nie wieder hat ein Wein, der es verdiente,

Goethes Bestellung von Steinwein aus dem Jahre 1808:
»Vier Flaschen Steinwein erbittet sich Goethe«

18

einen solchen Fürsprecher gefunden wie zur damaligen Zeit der Wein im Bocksbeutel durch Deutschlands größten Sohn!

Schiller besang zwar nicht den Frankenwein und seine Wirkung in dem Maße wie Goethe, aber es ist bekannt, daß er herrliche Kreszenzen fränkischen Ursprungs in bemerkenswerter Menge in seinem Weinkeller bewahrte. Weit den beiden Dichterfürsten voraus hat Walther von der Vogelweide den Frankenwein geprobt und gelobt:

> Harfe spielt' und trank* Herr Walther,
> Walther von der Vogelweid'.
> Ihn beglückt hier hohes Alter,
> Wer's vergäß, der tät mir leid.   *Müller-Amorbach*

Franz Liszt, Richard Wagner und Hans von Bülow haben häufig und eindringlich die Kompositionen im Frankenwein studiert. Man könnte fast vermuten, daß die kräftigen, erdigen und duftigen Weine vom Stein, von der Leiste, vom Pfülben, Sonnenstuhl und Lump Richard Wagners gewaltige Melodien nicht unwesentlich beeinflußt haben.

---

* Gemeint ist der Wein aus der Lage »Harfe« am Stein in Würzburg.

Und erst die mainfränkischen Künstler und Kunsthandwerker der letzten Jahrhunderte und der Jetztzeit: Maler, Bildhauer, Töpfer, Weber, Glas- und Faßmaler, Schnitzer, Ziseleure, Schlosser, Schmiede und Schreiner sind nicht nur trinkfrohe Gesellen gewesen, sondern haben in ihren Werken dem Geist des Frankenweines symbolhafte Gestalt gegeben und ihm ein ewiges Denkmal gesetzt.

H. Dikreiter schreibt dazu: »Wir brauchen, um Namen zu nennen, hier nur an die Würzburger Bildhauer Riemenschneider, Tietz, Auvera und Wagner zu denken, die ihrer Lebensfreude in Verbindung mit dem Wein einen so bezwingenden Ausdruck zu geben wußten.« Der Bildschnitzer Heinz Schiestl, der auch den Frankenwein und seine anregende Wirkung auf das künstlerische Schaffen kannte, hat Riemenschneiders Verehrung für den Frankenwein in seinem Huldigungsblatt an diesen großen fränkischen Künstler angesprochen, indem er ihn beteuern läßt,

»daß ihm das beste Bild dan gelangk,
sobald einen Schoppen Most er trank«.

Auch Mathäus Schiestl hat bildhafte Dokumente vom fränkischen Weinbau und vom Frankenwein hinterlassen. Es sei an das bekannte Bild erinnert, »Wie Albrecht Dührer auf der Fahrt in die Niederlande bei Sulzfeld am Main vorbeifährt«, oder an das Blatt für die »Ritter vom Roßberg«, wie sich ein weinfreudiges Kollegium um die Wende unseres Jahrhunderts nannte. Dieses Roßbergblatt »Stift St. Burkard« hat als Unterschrift: »Bastian Wermut, der hat mit seinen Odenwälder Bauern den Burkarder Stiftskeller bis auf den Grund ausgetrunken, 280 Fuder sein drin gewest. Am Sonntag — Cantate — 14. Mai 1525 hat man das Saufen angefangen.« Dazu bemerkt Schiestl schalkhaft: »Den Rittern vom Roßberg sei er ein Vorbild beim Mostfest 1903.«

Wie die »Ritter vom Roßberg« waren auch die »Hätzfelder Flößer« ein geselliger Kreis von Künstlern und Poeten, zu denen u.a. auch Hofrat Dr. Kittel, Nikolaus Fey und Dr. Heinrich Zeuner gehörten. Die Flößer waren in früheren Jahrhunderten die Weinschmuggler, die verbotenerweise Weine aus den umliegen-

20

den Ortschaften in die Stadt Würzburg brachten. Sie galten aber auch ebenso als gute »Mostkieser« (s. S. 115).

In allen Berufen und Ständen gab es Frankenweinzecher. Berühmte Mediziner, wie Virchow und Bergmann, Männer der Staatskunst — um einen für viele zu nennen: Bismarck — waren dankbare Freunde des Bocksbeutels. Ja, Kaiser und Könige, Bischöfe und Fürsten haben dem Frankenwein gehuldigt. Nicht nur das; sie haben mit allen Mitteln die Grundlagen des Frankenweins, nämlich den fränkischen Weinbau zu fördern versucht. Schickte Karl der Große Niedersachsen ins Frankenland, um dort Wälder zu roden und an den Berghängen Wein zu pflanzen, so ließ es sich König Ludwig I. von Bayern nicht nehmen, bei der Anlage eines neuen Weinberges in der Lage »Stein« die erste Jungrebe höchstpersönlich zu setzen.

So sehr wir uns, ob Häcker oder Weintrinker, über den guten Bocksbeutel freuen, so sehr wir ihn loben und besingen, so wenig wird vom Häcker, von seiner Arbeit und von der Rebe geschrieben, obwohl diese doch erst die Grundlage für den Frankenwein bilden.

»Greift zum Becher, laßt das Schelten!
Die Welt ist blind.
Sie frägt, was die Menschen gelten,
nicht, was sie sind!«

Eugen Roth

Frankenwein — ein Wein mit Herz und Verstand

Ich bin ein Häcker im Weinberg.
Im Frühling hab ich hart Werk
Mit Graben, Plätzen, auch mit Hauen,
Mit Pfahlstoßen, Pflanzen und Bauen,
Mit Aufbinden und Schneiden der Reben,
Bis im Herbst die Trauben Wein geben,
Den man schneidet und auspreßt dann fein.

Hans Sachs

Es heißt oft, der Frankenwein sei im Vergleich mit den übrigen deutschen Weinen, erst recht mit Auslandsweinen, zu teuer. Teurer ist er, aber nicht zu teuer. Wer das dennoch meint, vermag nicht die Qualitätsmerkmale zu erkennen, die den Frankenwein von allen übrigen Weinen dieser Erde unterscheiden. Der Autor hat wiederholt in der Zeit von 1937 bis heute in und außerhalb von Franken in Vergleichsproben feststellen können, daß Weine aus den Weinbauländern westlicher und südlicher Zonen um 20° Öchsle im Mostgewicht höher liegen müssen, wenn sie den Vergleich mit Frankenweinen aushalten wollen; d.h. daß sie den geschmacklichen Qualitätsunterschied durch einen höheren Alkoholgehalt ausgleichen müssen. Der Frankenwein ist nämlich von Natur aus schwerer, aber nicht alkoholreicher. Er hat mehr Körper und wirkt nachhaltiger. Er regt nicht spontan zu Sinnesfreuden an, sondern vermittelt in bedachtsamer Weise inneren Frieden und Weinfröhlichkeit. Seine Qualität liegt nicht allein in seiner materiellen Struktur, sondern vor allem in seiner Wesensart; geprägt von geringeren Hektar-Erträgen im Durchschnitt der Jahre, gewachsen an lokal adaptierten Rebensorten in ökologischen Oasen einer zerteilten und zertalten Landschaft, gepflegt im Weinberg wie im Keller durch frohe Menschen, deren Ängste und Sorgen um den Wein ihre Liebe und Fürsorge für den Wein, ihre Herzenswärme im Wein und ihr unbegrenztes Gottvertrauen bestimmen; Wesenszüge der fränkischen Häcker, die man in seinen Weinen wieder zu erkennen glaubt.

Der Frankenwein ist kein Wein für Anfänger. Um ihn würdig zu genießen und richtig bewerten zu können, muß man

Eins Fränckischen gemeinen Burgers Weib.

Eins Fränckischen Burgers Ehweib
Die sparet gar nicht jhren Leib/
Ist fleissig willig vnd bereit
Zu aller häußlichen Arbeit/

Sie zihet jhre Stiffel an/
Vnd rüstet sich gleich wie ein Mann/
Mit Kötzen/Karst auff jhrem Rück/
Bauwet den Weinberg auff gut Glück.

die Schule des Weingottes Dionysos erfolgreich durchlaufen haben, ohne Anhänger des immer trunkenen Bacchus geworden zu sein. Ist man aber dem Frankenwein erst verfallen, kann höchstens der anspruchsvolle Marktpreis noch verhindern, daß man ihn zum täglichen Trunk erkürt. Dennoch kann die Nachfrage nicht erfüllt werden. Der Weinkenner weiß nämlich, daß es den Frankenwein in seiner ehrlichen und redlichen Art nur einmal auf der Erde gibt. Er ist noch heute so kostbar wie früher, als in einigen Gegenden Norddeutschlands, Oberschlesiens und Ostpreußens nach einem Festmahl Champagner gereicht wurde und nach dem Champagner ein Bocksbeutel auf den Tisch kam, der die Spritzigkeit des Champagners behutsam glättete und seine Wirkung in eine feierliche Siesta überführte, in der die Würde des Festtages besonders herausgestellt wurde und dieser seine betonte Abrundung fand.

Der Frankenwein ist nicht von der Sonne verwöhnt, noch zeichnet er sich durch eine leichtfüßige Eleganz aus. Er hat durch eigene und geeignete Rebsorten in den nördlichsten Breiten der Rebenkultur, auf den Triasformationen — Urgestein (Gneis, Granit, Glimmer), Buntsandstein, Muschelkalk und Keuper — im wechselvollen Spiel der Naturkräfte im Grenzbereich der maritimen und kontinentalen Klimata seine charakterliche Beständigkeit erhalten, die von der individuellen Art des Häckers geprägt ist; schwer von Sorge und Freude erfüllten Herzblut, kräftig durch den Schweiß seiner Hände Arbeit, nachhaltig durch die liebevolle, beständige Pflege seiner Reben und seiner Möste, umhüllt von Düften der Früchte und Blüten, die aus den naturgegebenen Blumensträußen familiärer Gemeinschaft und fränkischer Gastfreundschaft ausströmen. Diesen Frankenwein kann man wohl einer chemischen Analyse unterwerfen, ohne ihn danach zu bewerten. Man sollte ihn auch nicht zu jung trinken, erst recht aber kann man ihn nicht innerhalb von 5–10 Minuten beurteilen, da sich gerade erst in der Dauer der Nachhaltigkeit Körperfülle und Charaktereigenarten erkennen und bemessen lassen.

Wenn eingangs dieses Kapitels von Qualitätsunterschieden und Preisen die Rede war, so müssen gerechterweise auch die Gestehungskosten erwähnt werden, wenngleich diese den Weinfreund zur Rechtfertigung für die Höhe des Preises wenig

24

interessieren dürften. Es ist in Wahrheit kein Weinbau so kostspielig und schwierig wie der im Frankenland, aber auch keiner so eng und kausal mit der Geschichte des Landes verknüpft. Das wird vor allem in seiner historischen Entwicklung des 19. Jahrhunderts deutlich, als sich — äußerlich erkennbar in der Schrumpfung der Weinanbaufläche — der Quantitätsweinbau zu einem Qualitätsweinbau entfaltete, der nicht mehr in Abhängigkeit von einem Feudalherrn betrieben werden mußte, sondern in Freiheit aus Berufung und innerer Freude und Liebe zum Wein. Um den Hungersnöten zu wehren, wurde überall dort der Weinbau aufgegeben, wo Feld- und Gartenfrüchte gedeihen konnten. Die kargen und steinreichen Hänge mit südöstlicher, südlicher und südwestlicher Neigung, die schon seit Jahrhunderten mit quer und längs verlaufenden Trockenmauern durchzogen waren, um den Boden vor dem Abrutschen und der Erosion zu schützen, wo Steinhalden den Stürmen ihre zerstörende Gewalt nahmen und in einem gemauerten oder aufgeworfenen Steingeviert die Sonnenstrahlen für die Trauben eingefangen wurden, sind zum betonten Merkmal der fränkischen Landschaft geworden und sind es auch dort geblieben, wo der Weinbau aufgegeben wurde und Ellern an seine Stelle getreten sind oder Buschheide im Wechsel mit Weinbergen die Hänge in träumerisch-schöne Oasen des Sinnenlebens im Verlauf von 2–3 Jahrhunderten gestaltet haben.

In einer Zeit, die notwendigerweise durch wirtschaftliches Denken durchpulst wird, hat sich auch in der Weinlandschaft Franken manches verändert. Aus der Erkenntnis, daß nicht die Weinbergslage an sich schon die Qualität eines Weines garantiert, sondern auch wesentlich die Rebsorte, die in ihr gepflanzt wird, wurde die Vielfalt der Lagennamen aufgegeben und mehrere Lagen unter einem Namen zusammengefaßt (s.S. 296). Im Rahmen der Flurbereinigung (s.S. 107) wurden die meisten Trockenmauern entfernt und einige wenige neue Betonmauern gezogen, die nach außen mit Natursteinen verkleidet sind. Der Weinberg wird nicht mehr mit dem Karst, sondern mit Pflug und Schlepper, Seilwinde und Kettenfahrzeuge bearbeitet, die Schädlingsbekämpfung nicht mehr mit der Rückenspritze durchgeführt, sondern mit motorisierten Spritz- und Sprühgeräten vom Boden her oder aus der Luft. Die Erfahrungen der »Alten« mußten aufgegeben werden. Die Entwicklung der Technik erfordert einen neuen Weinbau. Die Häcker von heute sind Winzer geworden. Sie beherrschen die Technik und wissen sie gut in den Dienst der Rebenkultur einzusetzen. Ihre Liebe zur Rebe und ihren Trauben ist deswegen nicht weniger innig, aber sie wird vom Verstand geleitet. So ist in der Tat der Frankenwein heute ein Wein mit Herz und Verstand, was sich auch in der Kellerwirtschaft bemerkbar macht. Ob aber der Verstand mehr als das Herz oder umgekehrt mehr das Herz als der Verstand oder beide in gleichem Maße die Wesenhaftigkeit eines Weines bestimmt haben, weiß der Frankenweinfreund gut zu unterscheiden.

Die Winzerin hat an der Wesensbildung ihres Weines einen nicht geringen Anteil. Wie früher steht sie auch heute mit im Weinberg, schneidet die Reben, biegt die Tragruten, steckt die wachsenden grünen Triebe durch (d.h. in die Drähte, damit sie bei der Bodenbearbeitung und Schädlingsbekämpfung nicht stören), führt das Regiment bei der Lese und bereitet dem freundschaftlich verbundenen Kunden die Vesper zur Probe. Früher führte sie mit ihren Söhnen und Töchtern den Karst, als die Weinberge noch mit der Hand bearbeitet werden mußten. Heute, da die Zeilen breiter sind und der Pflug durch die Zeilen zieht, steht sie am Motor oder sitzt selbst auf dem Schlepper. Früher sang der fränkische Weinpoet Nikolau Fey für die Würzburger Studenten:

> »An der Höhe kannst du hören,
> Wie der Karst am Steine klingt,
> Frankenmaid laß dich nicht stören,
> Wenn auch unten einer winkt.«

Heute müßte er sinngemäß den Flurschützen singen lassen:

> »An der Höhe kannst du hören,
> Wie im Berg der Motor brummt,
> Frankenmaid läßt sich nicht stören,
> Weil's net hört, wenn einer kummt.«

Das Antlitz der Winzerin ist freundlich, braun gebrannt. Doch kann sie die Sorgen nicht verbergen, die jedes Jahr von neuem ihre Seele durchziehen, das Bangen um die Menge und Güte der Lese und, wenn es sich um einen Gemischtbetrieb handelt, um die Feldfrüchte und das liebe Vieh im Stall. Trotz allem aber funkeln ihre freundlichen Augen, wenngleich ihre schwieligen Hände erkennen lassen, daß ihre Arbeit hart und verantwortungsreich ist, bis der Bocksbeutel aus ihrem Hause dem Fremden zum Gruße, dem Kranken zur Genesung und dem Kenner zur genußreichen Freude dienen kann.

Reben, die mit soviel Liebe von Frauenhand gepflegt werden, müssen ja etwas Besonderes bringen, wie die Frau schon immer die Bewahrerin des Wahren, Guten und Schönen durch alle Jahrhunderte gewesen ist. Nicht, daß der Frankenwein sich deswegen etwa lieblich darstellen würde. O nein! Der Bocksbeutel ist ein sehr herzhafter, anspruchsvoller Geselle, er ist in der Tat ein Wein mit Herz und Verstand; er ist ein Wein mit geistdurchleuchtetem Ernst!

Frankenwein — Dein Arzt

Uralt ist auch das Vertrauen auf die Heilkraft des Frankenweines, das sich in dem oft zitierten Wort »Frankenwein — Krankenwein« kristallisiert hat:

> »Frankenweine — Krankenweine
> Heißt's im Lande auf und ab;
> Weingestählte Frankenbeine
> Gehen nicht so früh zu Grab.«
> *Paul Müller*

Bereits die hl. Hildegard, die Äbtissin von Bingen († 1179), rühmte in ihrer Physik die heilsamen Kräfte des fränkischen Weines vor den übrigen deutschen Weinen. Und alle Jahrhunderte hindurch haben berühmte Ärzte und Naturforscher — so schon der aus Karlstadt stammende, in Kitzingen tätige Chemiker Glauber (1604–1670), dann im 19. Jahrhundert die bereits als Weinfreunde genannten hervorragenden Kliniker Virchow, Bergmann, Leube u.a. — die vorzügliche Eigenschaft des Frankenweins als Heil- und Stärkungsmittel bekundet. Eine besondere Gelegenheit, diese hervorragende Eigenschaft zu beweisen, bot das Auftreten der schweren Seuchen im 17. Jahrhundert. Von Osten her, aus dem Böhmerlande, zog der schreckliche Gast, die Pest, auch nach Franken, Tod und Verderben um sich breitend. Ein würdiger Würzburger Prälat, den auch die böse Krankheit befallen hatte, wollte — so erzählt man sich — vor dem Sterben nochmals seinen geliebten Steinwein probieren. Und siehe, der goldene Zaubertrank wirkte Wunder:

> »... und nochmals trank
> Der sieche Domprobst und versank
> In tiefen Schlaf. Es geht die Sage:
> Zwei Nächte schlief er und zwei Tage,
> Dann sprang er aus dem Bett genesen,
> Als wär' er niemals krank gewesen;
> Er sprang vom Siechbett auf und pries
> Den Wein, der solche Kraft bewies.«

Die Kunde von der wundersamen Heilung verbreitete sich, wie es bei dem Ernst der Lage nur zu wünschen war, mit fliegender Eile; und nun hub in Franken allenthalben eine gar freudige »Kur« an. Die Kranken tranken zur Genesung, die Gesunden zur Abwehr. Und die Kur scheint tatsächlich geholfen zu haben. Auf die Anwendung des Frankenweines als Mittel gegen die Pest scheinen auch noch die Volkssagen zurückzuführen, die sich namentlich in der Wertheimer Gegend und im Taubertal finden; danach soll ein kluger Wirt durch Zuklappen der Kellertüre die wütende Pest auf ihrem Todeszuge abgefangen haben.

Ein tatsächliches Zeugnis für die Anwendung des Frankenweines gegen die Pest bietet eine Medaille, die der Würzburger Fürstbischof Peter Philipp von Dernbach (vom Volke mit dem Spitznamen »der lustige Peter« bedacht) auf das Auftreten der Pest in Franken anno 1681 prägen ließ. Das hochinteressante numismatische Dokument zeigt auf dem Avers das Brustbild des Fürsten nebst Wappen; auf dem Revers schwebt die Erdkugel mit dem Tierkreis; ober- und unterhalb derselben fliegt je ein Drache als Sinnbild der Pest, die sich über die Welt verbreitet; darüber aber erhebt sich ein flammendes, von Reben mit reichem Traubenbehang umschlungenes Kreuz, und die Unterschrift besagt: »Vincit et sanat« — »Er (der Frankenwein) siegt und heilt«.

O, du edler Rebensaft,
Wie gibstu manchem gute Krafft,
Du labst die Kranken in den Spitteln,
Und erquickst die Bauern in den Kitteln;
Und wirfstu einen gleich heut darnieder,
So kommt er danach morgen wieder.

Joh. Rudolf Glauber

Über die Qualität und die wohltuende Wirkung des Frankenweines schreibt Joh. Christ. Fischer aus Marktbreit 1791: »Wo ist sonst ein Wein, dessen Bestandteile so gut vermischt und vereinigt sind und der zwischen den süßen, den feurigen und den sauren Weinen das Mittel hält? Die Erfahrung beweiset, daß der süße Wein nicht passirt, sondern die Säfte verdicket; daß der feurige das Geblüt zu sehr erhitze und Kopfweh verursache; daß der saure die Zähne stumpf mache und im Leibe vielen Schaden, besonders aber Grimmen errege. Wo sind aber die Podagristen und Chiragristen seltener als in den fränkischen Weingegenden? Und fände sich ja einer, so möchte er wohl der Venus und dem häufigen Genusse ausländischer Weine mehr Schuld geben dürfen als dem Frankenweine. Hier bei uns hört man wenig Klagen über Steinschmerzen, und daß die epidemischen Krankheiten bei uns wieder so schnell aufhören, daran ist der ihnen widerstehende Frankenwein oft Ursache.«

»In vino puro sanitas«:
Schon Julius Echter wußte das,
Darum hat er von edlen Reben
Auch Zehnten dem Spital gegeben.

(unbekannt) (Weinstube Juliusspital)

Nun grüß dich Gott, du gesunde Arznei,
Wo du rastest, da ist große Kirchweih,
Gnad' und Ablaß, Gelehrten und Laien,
Zu dir wall' ich und tanz zu dir in Reihen;
Will großen Glauben an dich haben,
Der werte Kraft tut manchen laben,
Mehr denn Syrup und die Rezept,
Mit denen man die Kranken stippt und steppt.
Du wäscht mir die Zähne und badts mir die Zunge,
Und frischest die Leber und fleischest die Lunge
Und labst mir Herz und füllest die Blase!

(unbekannt) (15. Jahrhundert)

Der Häcker und seine Rab'n

»Laßt uns leben, laßt uns trinken
Froh den edlen Frankenwein!
Pflegt die Reben, bis wir sinken
Selig in die Gruft hinein!«   *A. Fenzl*

   In Franken heißen die Reben im Volksmund »Rab'n«,
das Jungfeld ist die »Setz«, und die Jungreben nennt man »Rab-
li«. Der Frankenwinzer hat seine eigene Sprache, und man muß
schon aufpassen und sich ganz in die Seele des Häckers hineinden-
ken, will man den fränkischen Weinbauern und seine Sprache
verstehen. Der echte Häcker ist hellwach, froh, ehrlich, offen
und bescheiden. Er hängt alter Vätersitte nach. Es ist anstrengend,
im Kreise aufmerksamer Frankenwinzer Rede und Antwort stehen
zu müssen. Man muß mitunter harte, aber ehrliche und offene
Worte hinnehmen, wenn es darum geht, Wege zum modernen
Weinbau vorzubereiten und den Winzer vom Althergebrachten
zu trennen; das kostet oft Jahre harter und langer Arbeit. Ist
jedoch das Eis gebrochen, dann werden die ehemals ärgsten Gegner zum wärmsten Mitstreiter und Befürworter neuer, oft sogar
einschneidender Maßnahmen. Nur durch fortwährende unermüd-
liche Arbeit kann man das Herz des fränkischen Winzers gewinnen. Fühlt der Frankenwinzer sich aber verschaukelt, will man
ihn höherenorts vor vollendete weinbaufachliche Tatsachen stellen
oder sogar den ehrlichen Frankenwein egalisieren und zum Ein-

heitswein machen, dann begehrt er auf. Den jungen Häckern muß man als Außenstehender Respekt zollen — und Respekt auch ihren Weinen, um deren Qualität sie ehrlich und offen ringen.

Wo solche Menschen leben, wachsen ehrliche Weine, denn seine ganze Liebe schenkt der Winzer seinen Reben. Auch im Gemischtbetrieb steht die Pflege des Weinbergs an erster Stelle. Es gibt für den Winzer keine ruhige Jahreszeit. Jede Stunde, die er seinem landwirtschaftlichen Betrieb abringen kann, gehört den Reben und dem Wein.

Seitdem die Technik mit leichten und schweren Maschinen und Großraumgeräten Einzug im Weinbau gehalten hat veränderte sich die traditionsverhaftete Weinbaukultur. Die Romantik ist einer nüchternen Überlegung gewichen. Des Winzers Handarbeit ist leichter und weniger geworden, aber der Weinbau deswegen nicht billiger. Wo der Häcker früher in den steilen Berglagen mit der »Reuthacke« den schweren Weinbergsboden »reuten«, »rigolen« oder »roden« mußte, ziehen heute 100-PS-Raupenfahrzeuge den 30–40 Zentner schweren Rigolpflug, der den Boden wenigstens 0,70 m umpflügt. Diese Arbeit wird, wenn eben möglich, schon im Früh- oder Spätherbst durchgeführt, damit das grobschollige Erdreich im Winter gut durchfrieren kann. Im Frühjahr liegt dann das »Neugereut«, wie in Franken der frisch gerodete, aber noch nicht bepflanzte Weinberg heißt, feingekrümelt und von der Feuchtigkeit durchzogen da und kann zum Pflanzen hergerichtet werden.

Ein einzelner Weinbaubetrieb kann sich derartige Großmaschinen nicht leisten. Es haben sich daher Firmen gebildet, die im Lohnverfahren die Rigolarbeiten übernehmen. Der Winzer selbst leistet dabei nur die notwendigen Handdienste.

Auch beim Rigolen mit dem Pflug ist es das wichtigste, daß die obere fruchtbare Schicht des Bodens, die Bodenkrume, in die mittleren Tiefen von 30–50 cm, die unterste nährstoffarme Schicht aber nach oben kommt, wo sie in den nächsten Jahren durch intensive Pflege zur fruchtbaren Humusschicht wird und sich das mikrobielle Leben als Voraussetzung für das Gedeihen der Reben entfalten kann.

Ist der Boden gut durchfeuchtet, kann im März bis Mai mit einjährigen Wurzelreben, die nur noch als Pfropfreben geliefert werden, gepflanzt werden. In der Herstellung von Pfropfreben und in ihrer Anzucht haben sich aber auch Verfahren entwickelt, die es erlauben, grünende Topf- oder Kartonagereben bis in die Sommermonate hinein zu pflanzen, vorausgesetzt, daß sie gut angegossen werden.

Das richtige Pflanzen oder »Setzen« ist für das Gedeihen des Jungfeldes ebenso wichtig wie die Pflege des Bodens und der Jungreben im ersten und zweiten Jahr.

Aber nicht nur die Vorbereitung des Jungweinberges erfordert harte Winterarbeit. Auch die Ertragsweinberge wollen gepflegt und für das kommende Weinjahr hergerichtet werden. Während noch vor wenigen Jahren in Franken die Reben gedeckt wurden, die Jahrestriebe oder Ruten auf oder in den Boden gelegt und mit Erdreich, Stallmist oder Holzstickeln geschützt wurden, hat sich heute auch in Franken die höhere Erziehung des Rebstokkes auf einen Stamm von 0,60–1,20 m, also vom Boden weg, durchgesetzt. Die trüben Erfahrungen mit dieser neuen Erziehung in den 20er Jahren haben sich nicht wiederholt, seitdem man weiß, daß bei entsprechender Bodenbearbeitung durch Decken des Rebenfußes, durch richtige Düngung und richtigen Schnitt Frostschäden verhindert oder ihre Folgen eingeschränkt werden können. Außerdem gestatten neuzeitliche Frostbekämpfungsmaßnahmen auch eine rentable Rebenerziehung. Natürlich müssen trotzdem die Reben ein Mindestmaß an tiefen Temperaturen aushalten können.

Sitzt abends der Winzer auch in Vorträgen und Versammlungen, so ist er tagsüber schon ab Januar, sobald es die Witterung erlaubt, im Weinberg und putzt seine Stöcke, d.h. er befreit sie von alten Bändern, Trieben usw., die verschwinden müssen. Wo es sich aber um weinbaulich wertvolle, staatlicherseits anerkannte Mutterweinberge handelt, deren Ruten zur Vermehrung bzw. Veredlung bestimmt sind, werden schon im Januar, Februar und März die Edelreiser geschnitten, entrankt und zu je 200 gebündelt. Die Anerkennungskommission versieht sie mit einem besonderen Gütezeichen. So ist die Garantie gegeben, daß der weinbauliche Wiederaufbau in Franken und die jährlich notwendigen Neuanlagen mit züchterisch bestem Material durchgeführt werden.

Private Rebenveredlungsstationen stellen das Pflanzmaterial her. Die Pflanzarbeiten beginnen mit dem Abzeilen. Auch hierin hat sich manches geändert. Heute legt der verständige Frankenwinzer keinen Weinberg unter einer Zeilenbreite von 1,50–1,80 m, in Steillagen mit über 40% Steigung, die mit dem Seilzug, und von 2,00–2,60 m in Hanglagen unter 40% Steigung, die im Direktzug mittels Traktoren oder Raupen bearbeitet werden können, mehr an. Der Stockabstand richtet sich nach der Rebensorte. Riesling, Rieslaner, Perle und alle Neuzüchtungen werden weit (1,50 m), Müller-Thurgau eng (1 m) gepflanzt, Silvaner hält die Mitte (1,15 m). Im allgemeinen wird erst dann gepflanzt, wenn die Ertragsweinberge fertig auf Ertrag geschnitten sind. Die ertragssichere Rute liefert das vorjährig gewachsene Holz, das man das »Einjährige« nennt. Der Häcker achtet darauf, daß Bogrebe wie Zapfen »Sturzel« auf zweijährigem Holz stehen, da der Ertrag sogenannter Wasserschosse oder Wildlinge, wie der Winzer sagt, sehr ungewiß ist. Je nach der Witterung wird die angeschnittene Ertragsrebe frühzeitig oder aber auch erst sehr spät gebogen (niedergezogen); letzteres vor allem in maifrostgefährdeten Gebieten.

In modernen Anlagen wachsen die Reben im Drahtspalier. Das Pfählen des Rebstockes mit 3–5 Pfählen hat sich nur noch lokal in Württemberg erhalten. An seine Stelle ist der Holz-Drahtrahmen mit 4–5 Drähten getreten. Diese Art der Unterstützungsvorrichtung unserer Reben bringt betriebswirtschaftlich viele Vorteile. Die klare und gerade Abzeilung der Reben erlaubt auch in den steilsten Lagen den Einsatz von Maschinen, wo im Rahmen der Flurbereinigung die Mauern verschwunden sind. Heute, da die Löhne ständig steigen und Leutemangel herrscht, ist der Winzer vielfach nur auf seine Familienmitglieder, ja oft nur auf seine Frau angewiesen. Die Handarbeit schafft die Bodenbearbeitung nicht mehr. Maschineneinsatz ist unbedingt notwendig geworden. Die meisten Häckerbetriebe in Franken sind so klein, meist unter 1 ha, daß es sich nicht lohnt, eigene Maschinen anzuschaffen. In einigen Orten haben sich daher mehrere Winzer zu einer Gemeinschaft zusammengeschlossen, in der sie sich gegenseitig mit Maschinen und Handarbeit aushelfen. Wo dieses nicht möglich ist, hat der bayerische Staat landwirtschaftliche Maschinenringe ins Leben gerufen, die alle in diesen Ringen zusammengeschlossenen Menschen und Maschinen erfassen und jeweils sinnvoll und zeitgerecht einsetzen. An der Spitze eines Maschinenringes steht der Ringleiter, der für den Einsatz verantwortlich ist. Die Personalausgaben werden nach dem Bayerischen Landwirtschaftsförderungsgesetz zu 80%, die Sachausgaben zu 50% vom Staat getragen. Die Kombination Landwirtschaft und Weinbau hat sich bereits gut bewährt, da sich die Arbeitsspitzen in diesen Disziplinen so verteilen, daß zu gegebener Zeit Maschinen und Leute für die jeweils anstehende Arbeit zur Verfügung stehen.

Des Häckers und der Rebe Feinde

Trotzdem bleibt des Winzers Arbeit sorgenvoll. Kaum beginnt sich das Leben in den Knospen der Reben zu regen, kaum beginnen die Augen — wie die Rebenknospen heißen — zu schieben und zu »bollern«, kaum stehen sie in der Wolle, da naht die Angst und Sorge vor dem Maifrost. Gehen die Eisheiligen gut vorüber? Wird nicht die kalte Sophie (15. Mai) doch noch die Jahresernte vernichten? Das ist ein Fragen, Bangen und Hangen. Der Maifrost ist der ärgste Feind des Frankenwinzers. Reblaus und Peronospora, nicht einmal Winterfrost sind so gefürchtet und häufig so folgenschwer wie die fast jährlich aufkommenden Maifröste. Alles Material, das stark rauchend verbrennt, wird schon Tage vor dem zu erwartenden Maifrost an die Weinberge gefahren: Alte Autoreifen, trockener Stallmist, feuchtes Stroh, Reisig, alte Säcke u.a.m. Heute stellt man vorwiegend Spezial-Frostschutzöfen mit Schweröl in die Weinberge. In einigen Betrieben schützt man die Reben durch Beregnung. Früher waren die Gipfel der fränkischen Weinberge bewaldet und hatten somit einen natürlichen Frostschutz. Heute aber fließt die kalte Luft ungehindert in die Weinberge herab und staut sich im Tal zu einem Kaltluftsee. Je mehr und je länger die Kaltluft fließt, um so höher der See, um so größer der Frostschaden.

Kaum aber ist der Maifrost vorüber, treten die ersten Schädlinge auf. Ölflecken im Blatt verraten Infektionen der Peronospora, des falschen Mehltaues. Von der Unterseite durch die Spaltöffnungen der Blätter dringt der Pilz in das Innere des Blattgewebes und zerstört dieses und damit Magen und Lunge der Rebe. Besonders gern befällt er den Fruchtansatz in und nach der Zeit der Blüte. Wenn die Nachblütenspritzung versäumt wird, ist im allgemeinen auch der Ertrag verloren; höchstens, daß Lederbeeren von dem im Frühjahr reich erscheinenden Ertrag noch Zeugnis ablegen. Ein gut organisierter Rebenschutzdienst gibt die Spritztermine bekannt. Alle zehn Tage muß nach dem ersten Auftreten der Peronospora gespritzt werden, denn nach elf Tagen ist die zweite Infektion fällig. Diese gilt es zu verhindern, wie auch die dritte, vierte und fünfte. In manchen Jahren muß bis zur neunten und zehnten Infektionsmöglichkeit gespritzt werden. Aber nicht nur der falsche Mehltau, auch der echte Mehltau (Oidium Tukeri), der sich auf der Oberfläche der Blätter und auf den Häuten der noch grünen Beeren ansiedelt, der rote Brenner (Pseudopeziza tracheiphila), der Heu- und Sauerwurm, der Zigarrenwickler, der Springwurm, der Dickmaulrüßler, Schmier- und Schildläuse, Kräusel- und Pockenmilbe müssen bekämpft werden. In den letzten Jahren haben sich zwei pilzliche Schädlinge unangenehm bemerkbar gemacht, indem sie die grünen Triebe sowie die Stiele der Trauben und Beeren befallen. Das eine ist der Fäulnispilz Botrytis cinerea, den man im Herbst auf ausgereiften Beeren als Edelfäule gerne sieht, wo er die Spitzenweine vorbereitet. In Weinbergen, in denen die Reben mit Stickstoff übersättigt sind, befällt er frühzeitig und unerwünscht die zarten grünen Rebentriebe, Blütenstände und junge Trauben, die absterben und zu Boden fallen. Im allgemeinen wird auch der Ertrag für das kommende Jahr negativ beeinflußt. Unter der Rinde der ausreifenden Triebe bilden sich Geburtsstätten (Perithezien) neuer Infektionen, deren Sporen im Frühjahr wieder junge Triebe befallen.

Der andere pilzliche Schädling ist erst seit einigen Jahren im Weinbau bekannt geworden. Er heißt Phomopsis und wird in der Winzersprache allgemein als Schwarzfleckenkrankheit angesprochen. Er befällt die grünen Triebe, die besonders wüchsig und daher zart sind. Im August infiziert er die sich anlegenden Winteraugen. Das sind die tragenden Knospen für das kommende Jahr. Die Infektion kann so stark sein, daß ganze Reben im nächsten Jahr nicht mehr austreiben. Die Phomopsis ist eine unheimliche Krankheit, die man oft erst erkennt, wenn es zu spät ist. Vorbeugen ist die sicherste Bekämpfungsmethode.

Eine neue Spritztechnik entwickelt sich im Weinbau, die in ihren vielfältigen Variationen darauf abzielt, auch in der Schädlingsbekämpfung die Handarbeit durch Maschinenarbeit zu ersetzen. Nur vereinzelt sieht man noch einen Häcker oder eine Häckersfrau mit einer tragbaren Rückenspritze im Weinberg. Eine mühevolle Tätigkeit, die alle zehn Tage wiederholt werden muß, um die Schädlinge abzuhalten. Wo im Direktzug die Spritzbrühe durch ein Düsen- oder Turbogerät ausgebracht werden kann, hat sich diese Methode als erfolgreich und zeitsparend erwiesen. In steilen Anlagen wird mittels Spritzpistolen bis zu 20 m weit die Spritzbrühe in die Weinberge geschossen. Der Druck beträgt dabei bis zu 40 atü. Bei dieser Technik kommt es bisweilen vor, daß infolge des hohen Druckes mit dem die Spritzbrühe auf Triebe und Beeren trifft, Wundstellen entstehen, die alsbald vom Fäulnispilz befallen werden.

In Großbetrieben, aber auch in Gemeinschaftsanlagen hat sich der Einsatz von weitreichenden Sprayern gelohnt, die bergabwärts wie bergaufwärts die Spritzbrühe über jeweils bis zu 40 Meter versprühen können. Dabei wird ein Windzug erzeugt, der die Blätter so bewegt, daß sie allseits von der Spritzbrühe getroffen werden und damit unterseits wie oberseits gegen Infektionen geschützt sind. Der Einsatz dieser Geräte erfolgt i.allg. nachts, da es um diese Zeit häufig windstill ist und unbefugte Spaziergänger sich nicht in Weinbergen aufhalten. Die Sprayergeräte haben als Tragegerät einen Unimog. Die Einbringung der Spritzbrühe erfolgt nur vom Wege aus. Scheinwerfer beleuchten nachts die zu schützenden Flächen.

In neuester Zeit versucht man, durch den Einsatz von Hubschraubern und Flugzeugen große zusammenhängende Weinbergsflächen aus der Luft zu besprühen. So schön es wäre, wenn man alle Schädlingsbekämpfungsmittel: Fungizide, Insektizide und Pestizide aus der Luft an die Reben heranbringen könnte, so gefährlich ist diese Art des Pflanzenschutzes aber für den Menschen und für die Tiere. Auch die Spritztechnik hat diese Gefahren erkannt, weshalb Insektizide nicht durch Hubschrauber oder Flugzeuge versprüht werden dürfen. Dies gilt zum mindesten für den fränkischen Weinbau.

Sofern sich nicht alle Weingüter und Häcker an der Ausbringung der Schädlingsbekämpfungsmittel per Flugzeug oder Hubschrauber beteiligen, wird die Flugroute für den Piloten durch in den Weinbergen aufgestellte gelbe und rote Dreieckstafeln kenntlich gemacht.

Der Winzer selbst kennt sich kaum noch in all den Bekämpfungsmitteln aus. Die Rebe als unsere edelste Kulturpflanze hat auch die meisten Schmarotzer.

Neben der Bekämpfung der Schädlinge muß der Häcker im Frühling und Sommer auch den Boden bearbeiten. Da kommen im Juni und Juli Unwetter und Hagelschläge. Alle Mühe scheint umsonst gewesen zu sein, so daß man oft genug meinen sollte, der Winzer würde vor den unabwendbaren Naturgewalten kapitulieren und resignieren. Aber nein, wo die Rebenwurzeln freigeschwemmt sind, werden sie schnellstens mit neu herbeigeschaffter Erde wieder bedeckt. Wo Mauern eingestürzt sind, werden sie wieder aufgerichtet. Um nur ein Beispiel zu nennen, sei an das Jahr 1957 erinnert, als in Würzburgs Straßen bis zum Röntgenring die abgeschwemmte fruchtbare Weinbergserde aus der Lage »Stein« bis 1 m hoch abgelagert war. Nicht nur die Humusschicht war fort, auch der Dünger. So geht in einem Jahr hier, im andern Jahr dort ein Unwetter nieder. Gegen solche Unbilden helfen auch Wasserführungsgräben und Grüneinsaat nichts mehr.

Gesunde Trauben — guter Wein

Wir haben nur die Gewißheit, daß all diese Schadenseinwirkungen nicht jährlich und überall gleichzeitig auftreten. Einige Gemeinden werden davor bewahrt. Durch solche Gemarkungen wollen wir in einer lauen Juninacht wandern. Berauschender Rebenduft zieht dann über die Weinberge hin. In frühen Morgenstunden werfen die kleinen Blüten ihr Mützchen ab und schleudern ihre Pollen in den zarten Morgenwind. Befruchtungströpfchen auf der Narbe fangen den Pollen ein, der auskeimt und die Samenanlagen tief im Fruchtknoten befruchtet. Hochzeit ist! Keine Fliege, keine Biene muß die Pollen verteilen. Millionenfach stäubt es im Weinberg. Was dort in diesen Tagen vorgeht, birgt das Geheimnis des Lebens in sich.

> »Durch die herrliche Juninacht
> Zieht berauschender Dufthauch:
> Zieht Dein Atem, oh Rebenblust,
> Zieht Dein feuriges Minnelied,
> Wonnejauchzende Nachtigall,
> Aus Wildrosen des Weinbergs.
> Und der Zauber der Sommernacht:
> Rebduft, Rosen und Nachtigall,
> Mischt entzückend den Edelwein,
> Würzburg, Deiner Gelände.«   *Felix Dahn*

Die Rebenblüte ist maßgebend für den Ertrag. Wohl dem Häcker, wenn heiteres, warmes Wetter die Liebesstunden der Rebe begünstigt. Sonne, Sonne und nochmals Sonne wünscht sich der Winzer für die Zeit der Blüte und für die reifende Frucht. Die Rebe ist ein Sonnenkind, aber sie fürchtet den Wind, besonders den kalten. Kalter Wind während der Rebenblüte bedeutet wenig Ertrag. Die kleinen Früchtchen fallen ab. Die Reben verrieseln. Wo ständig kalte Winde zur Rebenblütezeit wehen, werden keine Reben angepflanzt. Nun sind keineswegs alle Weinbergslagen windgeschützt. Das sind eigentlich nur die ausgesprochenen Rieslinglagen. Ansonsten sind Frankens Weinbergslagen im großen und ganzen windoffen, jedoch zur Blütezeit nicht windgefährdet.

> »Wenn tropisch heiß vom Firmament
> Die Sonne auf den Stein
> Im Sommer täglich niederbrennt,
> Gerät im Herbst der Wein.
> Und quält mich auch der Sonne Glut,
> Brennt sie auch noch so heiß;
> Ich tröste mich: Der Wein wird gut —
> Und achte nicht den Schweiß.«
> *Aus der Chronik von Würzburgs ältestem Weinhaus*
> *»Zum Stachel«*

Das ist ein Beben und Schweben in Hoffnung und Angst. Mit Sorge verfolgt der Winzer jede Wolkenbewegung am Himmel.

Besonders im August und September entscheidet die Witterung über die Qualität des Mostes. Im August sollen die Trauben kochen, im September braten. Dann wird wahr, was der fränkische Dichter Bauer sagt:

> »In sonnigen Septembertagen
> Belebt den Winzer neuer Mut;
> Ein Tröster, den die Reben tragen,
> Erwächst voll Duft und Kraft und Glut.«

Wenn Ende Juli oder Anfang August die Schädlingsbekämpfung erfolgreich beendet ist, wird zum letztenmal der Boden bearbeitet. Sauber liegen die Weinberge da, wenn von der Gemeinde der »Weinbergsschluß« angeordnet wird. Auch der Besitzer darf dann nicht mehr in seine eigenen Weinberge, und wer dienstlich den geschlossenen Weinberg betreten muß, kann dies nur mit schriftlicher Genehmigung des Bürgermeisters. Mit dem Weinbergsschluß tritt die »Beerhut« in ihre Rechte und Pflichten ein. Diese »Beerhut« versehen Hüter, die von der Gemeinde bestellt sind; vielfach beteiligen sich auch Weinbergsbesitzer daran. Sie übernehmen den Sicherheitsdienst im Rebengelände, hüten die Trauben vor Diebstahl durch Menschen, Stare und Drosseln. Zu diesem Zwecke sind sie ausgerüstet mit Schallgeräten und Schießeisen, Pistolen oder Flinten. Geräusch muß sein, und geschossen werden muß, so ist es Brauch, und so verscheucht man die Vögel. Außerdem kracht es so schön. Und erst mit der letzten Fuhre fällt auch der letzte Schuß.

Weinlese

Wenn es im Weinberg knallt, ist die Ernte nicht mehr allzu weit. Jetzt gilt es, Butten, Kufen und »Lesewännli« zu richten. Sie werden geschwenkt, gesäubert und mit Kelterlack gestrichen, denn die Trauben und die Traubenmaische dürfen nicht mit Eisenteilen in Berührung kommen. Sonntags wandern Gemeinderat und Weinbausachverständige durch die Gemarkung und verfolgen den Reifeverlauf und den Gesundheitszustand der Trauben. Wenn sie der Überzeugung sind, daß es Zeit zum Herbsten wird, kommen alle Winzer der Gemeinde zusammen und beraten. Die Weinberge werden geöffnet, die Lese, die »Laub«, kann beginnen. Das ist kein fröhliches, lautes Lachen, Singen und Treiben. Die Lese ist eine ernste und gewissenhafte Arbeit. Lese — Weinlese, ein poetisch klingendes Wort! Doch wie oft bringt sie Enttäuschung, wie oft Neid, Ärger und Verdruß. Beim Nachbarn hängen gesunde, reife Trauben. Er kann sie hängen lassen, bis die Edelfäule die Beeren befällt, und jene Spitzen in Qualität vorbereiten, die nur der deutsche Weinbau hervorbringen kann.

Wenn die »Laub« angesetzt ist, muß der Winzer nicht sofort lesen. Er kann seine Trauben hängen lassen. Haben diese die Vollreife erlangt, keltert der Winzer die Spätlesen. Sind aber einzelne Beeren in den Trauben edelfaul und werden nur diese mit edelfaulen Beeren durchsetzten Trauben für sich gelesen und gekeltert, steigert sich die Qualität des Mostes und ergibt die Auslesen, jene Weine, die ein Stück vom himmlischen Genuß vermitteln. Manche Güter, Einzel- und Genossenschaftswinzer, nehmen sich die Zeit, die edelfaulen Beeren einzeln aus den Trauben zu zupfen und diese wieder zu trennen in feucht-edelfaule Beeren und Trockenbeeren. Erstere ergeben die Beerenauslesen, letztere die Trockenbeerenauslesen. Solche Weine gibt es nur in großen Jahrgängen. Sie sind so edel und fein, daß sie nur von wirklichen Kennern und Genießern geprobt und getrunken werden sollten. Der Preis für diese höchsten Spitzen ist entsprechend ihrer Qualität auch eine Spitze. Diese Art der Auslesen, Beeren- und Trockenbeerenauslesen sind nicht mit den modernen, süßen Weinen gleicher Qualitätsbezeichnung zu verwechseln, denen das edle Bukett der Edelfäule fehlt, das sich während des Ausbaues und längeren Lagerns im Holzfaß entwickelt. Die modernen »Spitzenweine« werden heute zu Preisen von 8–20 DM/Flasche angeboten. Echte Spitzenweine, alter traditionsgebundener Qualität sind auch heute nur selten zu herbsten und auszubauen. Sie sind ihren Preis von 40–120 DM/Bocksbeutel wert. Sie gewinnen mit Jahren immer mehr an Qualität. Wer die Geduld aufbringt, sollte sie nicht vor dem 10. Jahr ihrer Flaschenfüllung genießen.

Die Spitzenweine haben eine natürliche Restsüße, obwohl die Weinhefe soviel Zucker in Alkohol umgewandelt hat, wie sie eben schaffen kann. Der hohe Extraktgehalt der Säfte, die für die Beeren- und Trockenbeerenauslesen bestimmt sind, hat zur Folge, daß die Hefen ihre volle Aktivität nicht entfalten können. Die Umwandlung des Traubenzuckers zu Alkohol bleibt i.allg. bei 5–7 Vol. % Alkohol stecken. Je höher das Mostgewicht der Beeren, bzw. Trockenbeerenauslese ist, desto niedriger ist der Alkoholgehalt, wenn sie zu früh abgefüllt werden. Er steigert sich, wenn sie sich über 2–3 Jahre ausbauen können. Der Wein enthält neben Alkohol auch Stoffe, die je nach Sorte und Lage verschieden sind und deren Menge und harmonisches Verhältnis zueinander und zum Alkohol die Kraft und Fülle, die Feinheit, Vornehmheit, kurz gesagt, die Qualität eines Weines ausmachen. Die Frankenweine sind allgemein sehr reich an Extraktstoffen. Die Tatsache, daß sie an der Spitze der deutschen Weine liegen und diese die oberste Stelle in der Qualitätsfolge der Weltweine einnehmen, beweist, daß es auf den Alkoholgrad allein nicht ankommt. Es kann unter Umständen eine Auslese sogar eine Beerenauslese oder eine Trockenbeerenauslese übertreffen, wenn die vielen einzelnen Bestandteile des Weines in vollendetster Harmonie zueinander stehen.

In dieser harmonischen Wesenhaftigkeit prägt sich also die Qualität eines Weines aus, und nicht im Alkohol und Zucker. Aber auch die Güte und Verschiedenartigkeit der Lagen nach Boden und Klima und nicht zuletzt der Fleiß, das Wissen und Können und die Gewissenhaftigkeit des Winzers und Kellermeisters tragen wesentlich zur Bestimmung und Steigerung der Qualitäten fränkischer Weine bei.

Wohl dem Winzer, der es versteht, ansprechende Qualitäten zu erzeugen. Der fränkische Weinbau muß ein Qualitätsweinbau bleiben und niemals zu einem egalisierten Mengen-Einheitswein streben. Niemals können wir in Franken jene billigen Weinmengen auf den Markt bringen wie südliche Länder. Diese aber können niemals die gleichen Qualitäten erzeugen wie Franken. Es gibt im Weinbau ein Menge-Güte-Gesetz, das besagt, daß innerhalb einer Sorte mit zunehmender Menge die Qualität schwindet, wie umgekehrt mit abnehmender Menge die Qualität steigt. Die betriebswirtschaftlich richtige Menge und Güte zu produzieren, bemühen sich in Franken Weingüter, Winzergenossenschaften und Einzelwinzer.

Ist der Herbst gut gelungen, wird die letzte Fuhre zum fröhlichen Schauzug in Frankens Städten und Dörfern. In der Frankenweinmetropole Würzburg wurde dieses Ereignis bis vor kurzer Zeit besonders gefeiert. Ein Musikzug in fränkischer Tracht führte die letzten Fuhren an. Winzermädli und Winzerbub'n und nicht zuletzt die Beerhüter begleiteten die letzten Herbstwagen. Stadt- und Landbevölkerung nimmt gern am Winzerjubel teil. Sie sind es ja, die in erster Linie auf den Federweißen warten und sich recht gütlich an ihm tun. 76 Schoppen, so sagt man, erneuern das Blut. Der echte »Mostgöker« trinkt im Herbst diese Pflichtmengen ohne große Anstrengung. Der Städter, insbesondere der Würzburger, ist den Häckern ein treuer Genosse, der auch dann seine Federweißen und Schoppen trinkt, wenn der Jahrgang mal nicht so gut geraten ist. Die enge Verbundenheit von Stadt und Land in Franken prägt sich hier in besonders netter Form zu beider Segen aus.

Bei Regen und bei Sonnenschein
Zeigt sich der Häcker Fleiß.
Und ihrem Most und ihrem Wein
Gebühret Lob und Preis.
Im Keller liegt manch edler Rest
In Fässern alt und groß,
Wenn da gefeiert wird ein Fest,
Dann ist der Teufel los.   *Johann Roland*

Kaltern, Keller, Fässer und neuzeitliche Gebinde

Es reift die Traube im Sonnenschein
Und nochmals reift sie im Faß.
Denn doppelt gereift sei der Frankenwein,
Daß goldhell er scheine im Glas!

Schwerbeladen schwanken die Lesefuhrwerke mit vollen
Kufen heim. Auch wenn es spät am Abend ist, so muß die Maische doch noch verarbeitet werden. Wo die Traubenmühle die
gelesenen Trauben nicht direkt am Wingert zur Maische zermah-
len hat, werden die Beeren durch eine Abbeermaschine von ihren
Stielen und Ästchen, den Rappen, vor der »Kalterung« befreit.
In Franken heißt es »Kalter« und »kaltern«, nicht »Kelter« und
»keltern«. Im Vorentsafter schon fließt ohne Kalterdruck der
erste süße Saft in die Weinbutt und von da aus ins Faß. Die
Masse aber kommt in die Kalter. Früher bestanden diese aus
Holz und waren oft kunstvoll geschnitzt. Im Mainfränkischen
Museum auf dem Marienberg in Würzburg, Schauplatz der all-
jährlichen Weinprämierungsfeier des Fränkischen Weinbauernver-
bandes im September vor Beginn der Weinlese, sind sechs vorzügliche Exemplare von Barockkeltern aufgestellt. Wunderschöne Barockkeltern stehen im Lagerkeller der Staatlichen Hofkellerei und
im Innenhof des Bürgerspitals; eine weitere aus dem Jahre 1673
dient im Rotweinkeller der Hofkellerei zu Würzburg als Probierecke. In Betrieb sind die alten Holzkeltern nicht mehr. An ihre
Stelle waren einst hydraulische und elektrische Korbkeltern getreten, die in den letzten Jahren schon wieder modernen Modellen,
waagerecht liegenden pneumatischen Pressern und automatisch
sich selbst regulierenden Spindelkeltern weichen mußten.

Aus der Kelter fließt der süße Saft ins Faß. Der »Neue«
heißt »Most«, nicht nur in den Wochen der Gärung und Klärung,
sondern über ein ganzes Jahr, bis im nächsten Jahr wieder der
»Neue« aus der Kelter fließt. Jetzt erst heißt der einjährige Most
»Wein«.

Der moderne Weintrinker will den neuen, jugendfrischen
Wein schon bald auf der Flasche haben. Darum hat sich auch
in Franken eine Kellertechnik entwickelt, die es erlaubt, den

»Neuen« schnell durch die »Gär« zu bringen, um ihn dann nach Zentrifugieren und Filtrieren auf Flaschen zu füllen und in den Handel zu bringen. Die Frankenweine, die gehaltvoll, fruchtig und extraktreich sind, eignen sich in gehobenen Prädikatsklassen (Kabinett, Spätlese u.a.) nicht für einen schnellen Ausbau. Sie sind wie der fränkische Häcker. Sie brauchen auch ihre Zeit, ehe sie ihre ganze Wesensart entwickelt haben, ehe jene Stoffe, die erst den »Wein« ausmachen, sich zur vollendeten Symphonie zusammengefunden haben.

Aufgrund dieser Erkenntnis bemüht sich die moderne Kellertechnik zusehends um eine solide Entwicklung, indem sie wohl zu unterscheiden weiß, welcher Most sich im Edelstahl- oder Glasbetontank ausbaut und welcher sich nur im Faß voll entfalten kann. In welchem Gebinde, ob im Halbstück (600 Liter), im Doppelstück (2 400 Liter) oder im Glasbeton- oder Stahltank von 10 000–20 000 Litern der »Neue« vergärt, immer ist es wichtigste Aufgabe des Kellermeisters, mit feinem Ohr und einer noch feineren Zunge und Nase die Entwicklung und Erziehung des gärenden und sich klärenden Mostes zu überwachen.

Für die extraktreichen Frankenweine hat sich der Faß-ausbau über Jahrhunderte bewährt. Wer anderer Ansicht ist, versteht nicht mehr das Wesen und die Feinheiten des Weines, versteht als Kellermeister nicht mehr, die Charakteranlagen des Qualitätsweines frühzeitig zu erkennen und die Behandlung so einzurichten, daß Lage- und Sortencharakter, deren betonte Ausprägung vor mehr als 100 Jahren dem deutschen Wein erst die Weltgeltung verschafft haben, zum kennzeichnenden Merkmal des Weines für die Zeit seines Daseins werden und damit die dauerhafte Gewähr für die Echtheit eines Weines bieten. Nach abgeschlossenem Faßausbau empfehlen sich unter Umständen zur Lagerung der Weine vor der Flaschenfüllung moderne, zeitgemäße Gebinde aus Edelstahl oder Kunststoff, wie sie bereits erwähnt wurden.

Wenn der Wein blitzblank, grün oder goldhell im Glase steht, wenn sein Bukett des Zechers aufnahmebereiten Geruchssinn erregt und sein Körper in seinen Feinheiten und mit seiner Fülle den Weintrinker in Andacht versinken läßt, denkt man nicht mehr daran, wie der alte Wein einst als trübe Brühe von der Kelter floß, wie er milchig weiß und warm gärte und brodelte, in Götterlust aufschäumte und lausbubenhaft polterte, und wie es im Keller sang und klang und gluckste, als der junge Most zum »Bitzler«, dann zum »Federweißen« und zum »Bremser« wurde.

Alois Joseph Rückert hat diesem »Neuen« ein eigenes Lied gewidmet, das in seiner wunderbaren Art den jungen Frankenmost, aber auch den »Mostkieser« besingt:

> »Genug hat schon dem alten Wein
> Der Zecher Lied erklungen —
> Dem jungen Wein, dem Most am Main
> Sei heut ein Lied gesungen! —
> Zu heiliger Begeisterung
> Entflammt der Most die Rede;
> Das deutsche Lied bei alt und jung
> Verscheuchet Zank und Fehde.
> Der Frankenmost erwärmt das Blut
> Als Witzes Feueresse;
> Da komm', wer sich an frohem Mut
> Mit »Mosteskiesern« messe!
> Dem Grämling sei ein volles Glas

46

Gereicht als Kur-Essenze:
Wohl besser heilt des Mostes Naß
Als Kräutertrunk im Lenze!
Der Lust'ge nimmt den Henkelkrug,
Füllt's Glas und leert's zu Grunde,
Und trinkt nach tiefem, tiefem Zug
Nochmals an Liebchens Munde.
Drum wärmt das Herz, erwärmt das Blut
An Frankens Frohsinns-Esse,
Doch keiner mir des Kusses Glut
Zu solchem Trank vergesse!
So schenket denn vom »Neuen« ein,
Es kann nichts Bess'res geben;
Stoßt an: Es gilt dem Most am Main,
Es gilt den fränk'schen Reben!«

Es ist aber auch eine schöne Sach' um ein kräftiges,
prickelndes Glas Frankenmost, den man nirgends so viel trinkt
wie in Würzburg und Umgebung.

Hat der junge Brausegeist sich erstmalig beruhigt und
ist der Trub abgesunken, erfolgt der erste Abstich, das Ablassen
von der Hefe und das Umfüllen in ein anderes Faß. Nach dem
ersten folgt bald der zweite und später noch möglicherweise der
dritte Abstich, ehe der Wein seine Ruhe bekommt, um sich ungestört ausbauen zu können. Und immer reiner und klarer ersteht
nach jedem Wechsel seiner Hülle der junge Most. So wird unter
sachkundiger Aufsicht der Most zum Wein, der eine schneller,
der andere langsamer, später. Solche »Spätreifen« sind beim Wein
meist die besten, aber auch die anspruchsvollsten.

In würdigen Palästen wohnen die vornehmen Damen
und Herren vom edlen Geschlecht des Frankenweines: Mächtige,
weite, architektonisch schöne Keller sind ihre Heime; feste, ansehnliche Eichenfässer ihr heimeliges Gemach. Kaum in einem
anderen Weinland finden sich so großartige Weinkeller wie im
Frankenland. Eine »unterirdische« Wanderung durch fränkische
Gaue würde in dieser Beziehung den Besucher in Erstaunen und
Bewunderung versetzen. In seinen alten Weinkellern präsentiert
sich Franken als uraltes Weinland: Von Würzburgs prächtigen,

architektonisch einmaligen Hofkeller unter der Residenz angefangen, über den Renaissance-Steinbau in der Hauptstraße von Miltenberg aus dem 15. Jahrhundert, die v. Helmbrechtsche Amtskellerei am Schnatterloch von Miltenberg aus dem 14.–16. Jahrhundert, aus dem 17. Jahrhundert die Amtskellereien in Sulzfeld, Randersacker, Eibelstadt, Ochsenfurt, Marktbreit, Dettelbach, Volkach, Iphofen, Hammelburg, Schweinfurt und so fort bis in die alten Keller privater Winzerbetriebe zwischen Hanau, Hammelburg, Coburg, Eichstätt und Ansbach. Jedes ansehnliche Gebäude in Franken aus früherer Zeit besitzt auch einen ebenso ansehnlichen Gewölbekeller.

Es verdient hervorgehoben zu werden, daß auch die Alte Universität Würzburg unter ihrer herrlichen Bibliothek über einen großen Weinkeller verfügt. Das Alter dieses Kellers wird auf 400 Jahre geschätzt. Man könnte allein durch die Registrierung kirchlicher, klösterlicher und profaner Prachtbauten, geräumiger Herrschaftshäuser, wie unter dem Denkmalschutz stehender Fachwerkhäuser von Häckern auf die prächtigen Weinkeller in Franken hinweisen, deren Konstruktion und Architektur i.allg. verborgen bleibt. Aus den Aufbauten aber wird ersichtlich, daß den Weinkellern eine ganz besondere Aufmerksamkeit geschenkt wurde, die architektonisch wie biologisch eine einmalige Harmonie ausstrahlen. So fürsorglich die alten Stifte und Klöster, die Landadelsherrschaften, Bürger und Bauern vor uns sich im Kellerbau zeigten, so geschickt erweist sich aber auch die Neuzeit, der es darum geht, die guten und notwendigen Eigenschaften der alten Keller mit den Erfordernissen neuzeitlicher, rationeller Kellertechnik zu verbinden, ohne daß der Weinausbau, die Kellerwirtschaft, nach außen hin den Charakter einer Weinfabrikation trägt.

Ein sauberer, guter Keller, in dem die Temperaturschwankungen der Jahreszeiten nur gering sind und der richtige Feuchtigkeitsgrad den allzu starken Schwund verhindert, in dem die Wände vom Kellerschimmelpilz überzogen und der Boden sauber ist, ist der Stolz der Winzer und jener Leute in den Gütern, denen der Ausbau und die Pflege des Weines anvertraut ist, nämlich der Büttner.

Die Büttner sorgen auch für Ordnung, denn Ordnung im Keller muß sein: 1. weil es die Kellergeister so wollen, 2. weil der Wein in seinem Ausbau nicht gestört sein will und 3. weil es die Andacht im Keller erfordert. In Franken gilt von alters her ein Kellerrecht, das sich meist in Gedichtform, auf großen, kunstvoll hergerichteten Tafeln am Kellereingang fand und heute noch findet, und wie es in besonders netter Form im Würzburger Hofkeller in Bildversen überliefert ist. Sie zeigen, wie der Gast zum Kellerbesuch eingeladen wird, wie ihm der Büttner ein Glas Wein kredenzt und — weil er sich nicht recht benommen hat — wie ihn der Büttner überlegt und er mit dem »Bandmesser«, einem alten Büttnergerät, das heute noch in den Weinstuben des Bürgerspitals zu sehen ist, seine verdiente Strafe empfängt.

> »Willkommen herein,
> Hier ist gut sein.
> Wo man die Zung tut laben,
> Hier gibt es Wein,
> Der schmecket fein.
> Allein hüt' Dich vor Schaden!
> Bacchus, der wacht,
> Gibt fleißig acht,
> Wie man sich hier anstellet;
> Klopfst Du ans Faß
> Und hört er das,
> Das Urteil er gleich fället.
> Das Kellerrecht
> Der Büttnerknecht
> Schon längst hat ausstudieret,
> Das wird er Dir
> Gleich zeigen hier,
> Wie's dem Fürwitz gebühret.
> Laß stehen das Faß
> Und nimm das Glas,
> Trink aus gesund
> Bis auf den Grund
> Und sag: Der Herzog soll leben!
> Gott wird den Segen geben.«

Dieser Strafe verfiel hoch wie niedrig — im Keller gibt es keine Standesunterschiede —, und noch heute kann es vorkommen, daß die Büttner den ungezogenen Kellergast zurechtweisen, wenn er nicht beachtet, was im Keller verboten ist:

» Das Zanken, Fluchen, Zotenreißen,
Mit großen Worten um sich Schmeißen,
Das Kratzen, Schreiben an den Wänden,
Das Klopfen an die Faß mit Händen,
Fürwitz und ander Unbegier
Geziemet sich durchaus nicht hier.«

Altes herrschaftliches Kellerrecht aus Wertheim

In Frankens Weinkellern herrscht die Ruhe und Andacht eines Domes, besonders wenn der Schein zahlreicher Kerzen das Kellerdunkel erhellt.

Sein rechtes Gesicht erhält der Weinkeller erst durch seine Fässer. Es nutzt aber das beste Faß nichts, wenn es nicht im richtigen Keller liegt. Klima und Flora des Kellers und des Fasses gehören zusammen, ja es ist nicht einmal gleichgültig, wo im Keller das beste Faß liegt. Daß jedes Faß im Keller »weingrün« sein muß und ist, versteht sich von selbst. Schon nach einigen Jahren erkennt der Kellermeister den Wert eines Fasses. Man schätzt vor allem jene Fässer, in denen sich zum wiederholten Male eine gute Kreszenz befand, denn es ist bekannt, daß sich durch das Faß vom Geist eines guten Weines etwas übertragen läßt auf die nächsten Jahrgänge.

Berühmte Fässer früherer Jahrhunderte werden noch heute in Frankens bekannten Kellereien ehrfürchtig gepflegt und gezeigt. In der Hofkellerei Würzburg liegt das wohl berühmteste aller Weinfässer aus dem Jahre 1683. Das Faß wurde 1684 mit dem Rest des hochedlen »trockenen Sommerweines« vom Jahre 1540 gefüllt. Dieser Wein war damals also schon 144 Jahre alt und so geschätzt, daß ihm eigens dieses Faß angefertigt wurde. Denn das besagt die Inschrift im Faßboden, die Bezug nimmt auf drei »Conrade«, Würzburger Fürstbischöfe, unter deren Regierung der Wein heranreifte, gelesen und in dieses berühmte Faß gelegt wurde; es sind dies Konrad II. von Thüngen († 1540),

50

Konrad III. von Bibra (1540–1544) und Conrad Wilhelm v. Wernau (1683–1684). Der Bodenspruch in alten, barocken Reimen lautet: »Drey Fürsten seind mein Leben gewesen.

Einer lebt noch; Zwey seind verwesen.
Rath, Leßer, Wehr die sollen sein.
Drey Conrad durch ein wahl allein.
Von Thüngen — Bibra — Wernau — Zugleich
Recht wohl erwöhlt Zu Trost dem Reich
Regiert der Erst da mir der Regen
Eben den Saft zur Trauben geben.
Sogleich ich zur Geburth solt kommen
O Thüngen, dich hat Gott genohmen.
Mich Bibra vom Zweig brechen lasset
Mir Wernau Jetzt diß Kleidt umbfasset
Erhalt, ernehrt; Frag, wer ich seye
Rath, wie ich heiß, sags ohne Scheüe.
Daß Fünfzehnhundertviertzigst Jahr:
Mich damals auf die Weldt gebahr;
Drinck mich dahero mit vernunfft:
Sonst zehlt man dich in die Narrenzunfft.«

100 Jahre später, also 1784, ließ der Fürstbischof Franz Ludwig v. Erthal ein Riesenfaß von 660 Eimern und 68 Maß (ungefähr 50 000 Liter), ferner zwei Ovalfässer von 289 und 276 Eimern und 8 Maß (ungefähr 25 000 Liter) für die Aufnahme der Weine seiner Beamten herrichten, die damals zu ihrem Gehalt noch ein ansehnliches Deputat an Wein bekamen. Die großen Fässer wurden deswegen angefertigt, um endlich jede Klage der Staatsdiener über ungleiche Güte der ihnen amtlich zugeteilten Weine auszuschalten. Das größte dieser drei Fässer trägt als Bodenspruch die vom Stolz der Büttner über ihr Werk zeugenden Reime:

»Aus alt erlegnem Holz ward endlich ich gemacht
Durch Vorsicht, Kunst und Fleiß zu dieser Zier gebracht.
Wer trinkt von diesem Wein, den ich ihm werde geben,
Der spreche: Franz Ludwig, der große Fürst, soll leben!
Du aber, der Du trinkst, leb wohl und denk dabei,
Daß Gott von dieser Gab der höchste Schöpfer sei.«

Rokoko-Faß im Mainfränkischen Nuseum
(*Besitz: Weinkellerei I. Kolb*)

Von besonderem Kunstsinn zeugen die vier Rundfässer
mit mächtigen neubarocken doppelten Faßböden im Keller des
Juliusspitals in Würzburg. Es handelt sich um Doppelstückfässer,
die für die Weltausstellung in Chikago 1895 eigens angefertigt
und später vom Weingut Juliusspital erworben wurden. Die Faßböden zeigen reiches Schnitzwerk. Es sind dargestellt: Das Würzburger Wappen, das unterfränkische Wappen, spielende Weinput-
ten und ein Zechgelage. Besondere Beachtung verdienen die wunderbaren Faßriegel, denen damals wie auch heute noch der Büttner seine ganze Aufmerksamkeit zuwendet. Eine ausgewählte
Sammlung von Faßriegeln und Faßböden der Barock- und Rokokozeit birgt das Mainfränkische Museum. In vielen fränkischen
Weinkellern und Weinstuben finden sich ähnliche Schmuckstücke.
Schon frühzeitig ging man in Franken von dem Rundfaß
zum Ovalfaß über. Im früheren Fränkischen Luitpold-Museum be-

fand sich eine Reihe altfränkischer Weinfäßchen von breit- und schmalovaler Form, von Eierform oder als sechs- bis achteckige Tönnchen, wie sie als Büttnermeisterstücke, Zunftzier oder als Konsekrationsfäßchen für den Gottesdienst hergestellt wurden. Diese kostbaren Zeugen einer hochstehenden Weinkultur gingen durch den Krieg verloren. Größere Lagerfässer von achteckiger oder ovaler Form wurden bereits im 17. Jahrhundert in den fränkischen Weinkellereien verwendet. Aus dem Jahre 1683 stammte das achteckige Doppelstückfaß in der J. Kolbschen Kellerei (A. u. J. Härth) Würzburg, das leider dem Bombenangriff am 16. 3. 1945 ebenfalls zum Opfer fiel. Ein beredtes Zeugnis für die schon frühzeitig gebauten Ovalfässer gibt unter anderem das im Mainfränkischen Museum in Würzburg befindliche Ovalfaß aus dem Jahre 1764. Die eingeschnitzte Abendmahlszene weist darauf hin, daß dieses Viertelstückfaß als Meßweingebinde gedient hat.

Auch in neuerer Zeit zeigt man in Franken noch Sinn für eine historisch ausgerichtete Weinkultur. In der Hofkellerei wurden noch 1955/56 sechs wertvolle ovale Doppelstückfässer mit geschnitzten Faßböden eingelegt. In fünf Fässern sind die fünf berühmten Weingüter des Staatsweingutes: Stein-Schalksberg, Leiste-Marienberg, Randersacker, Hörstein und Großheubach, und auf dem sechsten Faß die Rebenzüchtung bildlich dargestellt.

In den Kellern der Lehr- und Versuchsanstalt Veitshöchheim haben in launiger Weise gute und schlechte Weinjahrgänge eine bildhafte Darstellung in Faßböden erfahren.

Die fränkischen Rebensorten

»Jedermann wünschet, von seinen Weinbergen
guten und vielen Most zu erhalten;
aber wenige wenden die Mittel dazu an,
beide Wünsche zu erreichen.
Lerne man die vorzüglichsten Gattungen kennen,
und wie solche nach und nach zeitigen.«

Joh. Christian Fischer 1791

Warum so viele Rebensorten?

Stärker denn je wurde in den letzten Jahren die Reben-
sortenfrage in den Mittelpunkt der Diskussionen gerückt. Das
wird auch in Zukunft so bleiben, je mehr es der Rebenzüchtung
gelingt, an die nördlichsten Zonen der mitteleuropäischen Wein-
bauregionen angepaßte, frühreifende, qualitativ hochwertige Sorten zu züchten. Bis jetzt waren alle Weinbaumaßnahmen auf die
Gewohnheiten der 800–1 500 Jahre alten Sorten abgestellt, deren
Verhalten in einer groß angelegten Phänologie über Jahrhunderte
studiert war. Die Zersplitterung des Weinbaues wurde um so stärker, je mehr man in nördlicher Richtung nach einem passenden
Lebensraum für diese alten Sorten suchte. Traditionsgebunden
und stockkonservativ konnte man sich nur schwer von der Vorstellung lösen, daß es auch bei Reben möglich sein könnte, wie in
anderen Zweigen landwirtschaftlicher Nutzpflanzen durch Züchtung die Zersplitterung der nördlichen, bzw. nordöstlichen Weinbaugebiete auszugleichen und sie weiter gegen Norden zu verschie-
ben.

Franken stellt in dieser Beziehung ein klassisches Beispiel
dar, für dessen Problemlösung weder das benachbarte Württem-

berg, noch andere westdeutsche Weinbaugebiete als Vorbild gelten können, wenn man nicht Gefahr laufen will, wie anno 1835, den Weinbau vollends zu ruinieren. Franken hat bezüglich seiner Rebsorten seine eigenen Probleme und muß diese auch alleine lösen. Dafür steht den Winzern die Bayerische Landesanstalt mit all ihren Einrichtungen zur Verfügung.

Mit der Flurbereinigung wurden die Rückzugsgebiete der Kulturrebe Vitis vinifera in ökologisch-ökonomische Nischen erweitert. Vor allem erforderten die Randgebiete der neuen Lagen eine besondere Berücksichtigung bezüglich des Anbaues von Rebensorten. Ebenso war die Rettung des Weinbaues in den Randgebieten des einst mächtigen fränkischen Weinbaugebietes nur mit Hilfe von neuen Rebensorten möglich. Das beste Beispiel dafür bietet das Saaletal um Hammelburg, wo der Mai 14 Tage später beginnt und die Frühfröste 14 Tage früher kommen als im Maintal um Würzburg. Nach dem zweiten Weltkrieg wurden allen Ernstes Stimmen laut, die den Weinbau dort aufgeben wollten. Mit der frostharten Sorte Perle wurde aber demonstriert, daß dort noch Weinbau möglich und erfolgreich ist, wenn nur die richtigen Sorten mit kürzerer Vegetation gepflanzt werden. Die Rebsorte Perle galt jedoch nur als Testpflanze, nicht als die allein taugliche und geeignete. Nachdem auch die Skeptiker überzeugt waren, begann der Wiederaufbau des Weinbaues im Saaletal. Das war in den Jahren 1950–1956.

Bei der Beurteilung der Eignung von Rebensorten muß man weiter die geologische, geographische und klimatische Struktur des fränkischen Weinbaugebietes berücksichtigen. Die von West nach Ost, aus dem maritimen Klimabereich bis in fast kontinental-klimatische Zonen, über vier Triasformationen (Urgestein — Buntsandstein — Muschelkalk und Keuper), mit ihren Auflagerungen sich erstreckende zerteilte und zertalte dionysische Landschaft Frankens kann nicht mit wenigen Rebensorten zur Herstellung eines einheitlichen gebietstypischen Weines ohne Qualitätseinbuße gezwungen und herabgestuft werden. Wenn man auch zugeben muß, daß für die Großanbieter, die ihre Weine in großen Gebinden zusammenstellen, dies aus Wettbewerbsgründen angenehmer wäre, so sollte Franken sich doch seiner naturgegebenen Sonderstellung unter allen deutschen, ja europäischen

Weinbauländern bewußt bleiben und weiterhin etwas Besonderes im Bocksbeutel bieten.

Der Kleinwinzer, der seine Weine selbst vermarktet, muß seiner festen Kundschaft mehrere Weinsorten anbieten. Dies kann er nur, wenn er mehrere Rebsorten mit Spezialitätencharakter besitzt. Diese Chance, die sich daraus ergibt, darf man dem Selbstmarkter nie nehmen.

Das Gebietstypische im Frankenwein ist seine Redlichkeit, Sauberkeit und Körperfülle, gepaart mit Charakter und Herzenswärme. Die Qualität des Frankenweines wächst im Weinberg. Garanten dafür sind die richtigen Rebsorten.

Warum gibt es so wenig Rotwein in Franken?

Diese Frage hört man oft, meist von Weinfreunden. In und um Klingenberg hat der Rote einen guten Ruf. Der Früh- und Spätburgunder bringt zwar nur in wenigen Jahren hervorragende Qualitäten, muß aber in den übrigen Jahren — und das ist in der Regel der Fall — durch den blauen Portugieser ersetzt werden. Dessen Qualitäten reichen nicht an die der Burgundersorten. Als Antwort auf die oben gestellte Frage hört der Kunde: »Für Rotweine ist unser Klima nicht geeignet. Die Rotweinsorten benötigen Mittelmeerklima.« Damit hat der Winzer nicht ganz unrecht. Nur muß man weiter fragen: Warum denn diese Mittelmeerklima benötigen? Die Antwort ist in der Herkunft unserer Viniferasorten zu suchen.

Die Kulturpflanzenforschung verlegt die Entstehung unserer meisten Kulturpflanzen, wie Gerste, Weizen, Leguminosen, Obst und auch Reben in den Raum zwischen dem Kaspisee und dem persischen Golf. Auch im Gilgameschepos (2500 v.Chr.), dem ältesten Schriftzeugnis, das wir besitzen, wird neben Brot auch schon der Wein erwähnt. Es erzählt von der Entwicklung des Menschen in diesem Raum vom Jäger- und Beerensucher zum Ackerbauer. Aus diesem Zentrum, dem Ursprungsgebiet der Vitis vinifera, vermutlich aus der Vitis silvestris oder einer ihrer verwandten Art, kamen durch die Amharen Gerste und Reben an den oberen Nil, wo sich für diese Arten ein zweites Mannigfaltigkeitszentrum entwickelte. Hier wurde nicht nur zuerst das Bier

1 *Weinprämierung in der Kelterhalle im Mainfränkischen Museum Würzburg*

2 (links)
Weinfaß mit Relief-
darstellung des letzten
Abendmahls, 1764,
Mainfränkisches Museum
Würzburg

3 (rechts)
Büttenmännchen der Würz-
burger Metzgerzunft,
17. Jahrhundert,
Mainfränkisches Museum
Würzburg

4 (Rückseite)
Weinprobe im Keller des
Juliusspitals in Würzburg

gebraut, sondern auch Weinbau mit rotbeerigen Rebensorten betrieben. Man darf sich keineswegs den Weinbau in jener Zeit so vorstellen, wie wir ihn heute kennen. Aber es wurden schon Weinfeste gefeiert. Die von Bombastis (ca. 2000 v.Chr.) waren damals so berühmt wie heute das Klingenberger Weinfest oder der Dürkheimer Wurstmarkt. Von dort aus verbreiteten sich die Rotweinsorten entlang der nordafrikanischen Mittelmeerküste über Spanien bis nach Südfrankreich, so daß angenommen wird, die Rotweinsorten sind vom Westen nach Mitteleuropa gekommen. Man nennt sie daher auch Vitis vinifera occidentalis.

Einen anderen Weg zu uns nach Mitteleuropa nahmen die weißen Weinrebensorten. Im Gilgameschepos wird von einer Sintflut berichtet, die ungefähr 7000 v.Chr. stattgefunden haben soll. Noah entging dieser Überschwemmung, indem er mit Tieren und den wichtigsten Pflanzen auf einem Kahn den Fluß aufwärts steuerte und sich am Fuße des Berges Ararat (Herat) ansiedelte. Der Berg Ararat liegt im Quellgebiet der Flüsse Euphrat und Tigris in Armenien. Dort will man ja auch Reste der Arche dieses biblischen Schiffsmannes gefunden haben. Nahe der Stadt Agori, am Fuße des Ararat wurde ein Gedenkstein aufgestellt mit der Inschrift: Hier pflanzte Noah seine Reben.

Wie am oberen Nil, entfaltete sich hier ein weiteres Mannigfaltigkeitszentrum der Vitis vinifera, die von hier aus über den Hellespont, entlang den fruchtbaren Gefilden am Fuße der Berge ihre Verbreitung bis an die Loire in Nordfrankreich erfuhr. Es handelt sich um Weißweinsorten. Sie werden von der Kulturpflanzenforschung daher als Vitis vinifera pontica bezeichnet. Die Vitis vinifera wird also im Norden von vorwiegend Weißweinsorten, im Süden dagegen von Rotweinsorten vertreten. In der Pflanzengeographie spricht man daher von sich gegenseitig vertretenden Formen oder genetisch ausgedrückt: von geographisch-vikariierenden Vitis-vinifera-Unterarten. An ihren Berührungsgrenzen haben sie sich verzahnt, so daß man z.B. in Südwestfrankreich auch Weißweinsorten, wie die dem Silvaner identische oder verwandte Formen des gelben Sauvignon petit (jaune) und grünen Sauvignon verde (grün)=Gros-Sauvignon findet, wie bei uns von den Rotweinsorten Früh- und Blauburgunder, die aber zahlenmäßig um so spärlicher werden, je weiter man nach Norden kommt.

Eine dritte Form, Vitis vinifera orientalis, die Stammform der großfrüchtigen Tafeltrauben, hat ihr Mannigfaltigkeitszentrum im palästinensischen Raum, von wo sie relativ spät, hauptsächlich durch den Islam ihre Verbreitung rings um das Mittelmeer erfahren hat. Da den Mohammedanern jeglicher Weingenuß verboten war, wurden anstelle der weinliefernden Sorten Tafeltrauben zum Essen gepflanzt. So gab es nach Abzug der Sarazenen aus Sizilien dort keine Keltertrauben, so daß der Wein für die Bewohner eingeführt werden mußte.

Von den alten Sorten, die früher in Franken angebaut wurden, sollen Gutedel und Trollinger zu dieser Unterart orientalis zählen.

Tafeltrauben liefern im allgemeinen keine guten Weine, da sie infolge ihrer Großfrüchtigkeit eine hohe Säure und relativ wenig Traubenzucker besitzen, wodurch sowohl ihre Qualität als Eßtrauben charakterisiert, wie auch ihre Transportfähigkeit gesichert wird.

Dies zu wissen, ist sicher auch für den Weinfreund von Interesse. Genau wie bei anderen Lebewesen, Pflanzen wie Tieren, wird bei Ausstrahlung in ungünstigere Lebensbezirke die genetische Formenmannigfaltigkeit größer, während unter günstigeren Bedingungen die Individuenzahl einer Form steigt. Dieses Naturgesetz gilt auch für die Reben, und es haben die Rebenzüchter wie die Weinbaupolitiker zu berücksichtigen. In südlichen Gefilden kann man daher eher einen gebietstypischen Wein erzeugen als in Franken. Der Gebietstypus des Frankenweins hat keine materielle Basis, sondern liegt in seiner geistigen Substanz begründet und wird durch den Bocksbeutel kundgetan. Rudolf G. Binding könnte seine Worte für den Frankenwein geschrieben haben: »Jeder Wein jedes kleinen Ortes hat seine sorgsam bewahrte Ehre. Gleichen sie einander auch im kühlen Boden, den sie auf der Zunge nicht verleugnen, so ist doch in jedem Naß, das sie darbieten, nach wechselnden Lagen und Sorten ein besonderes Stück von Unnachahmlichkeit, von Lust an eigener bestimmter Art, von freimütig bäuerlichen bis zur höchsten Feinheit adeliger Zucht und Genußkultur. Der Wein hat die ganze Mühe und Kraft, ja die Andacht des Winzers«, nicht aber die Gleichmacherei der Massen, noch Augenblickserfordernisse des Marktes.

Die »alten« Weißweinsorten Frankens

> »Jetzt sollts du mir willkommen sein
> Mondhell mit Gold der deutschen Reben,
> In deiner Tiefe heil'gen Schein
> Schau ich hinab mit frommen Beben.
> Was ich erschaue in deinem Grund,
> Ist nicht Gewöhnliches zu nennen;
> Doch wird mir klar zu dieser Stund,
> Wie nicht den Freund vom Freund kann trennen.«
>
> *Justinus Kerner*

Der Silvaner oder »Franke« oder »Oesterreicher«

Unter den fränkischen Weißweinsorten im oberen Muschelkalkboden war der Silvaner über fast 100 Jahre die Leitsorte, die den für den Bocksbeutel typischen kräftigen, körperreichen, milden und harmonischen Wein liefert, dessen reife Säure und zartes Aroma selbst die kundigste Weinzunge bisweilen irreführen und ihn für einen Rieslingwein halten lassen. Die Nebenbezeichnungen für die Sorte, »Franke« oder »Oesterreicher«, deuten den Wanderweg an, den sie gemacht hat. Nach Franken kam sie im 17. Jahrhundert. Die Abtei Ebrach im Steigerwald hat die ersten Silvanerreben in Franken gepflanzt. An dieses weinbaulich wichtige Ereignis des Jahres 1665 erinnerte ein Bildstock in der Lage Würzburger Stein mit dem Wappen des Ebracher Zisterzienserabtes Alberich Degen. Von hier aus nahm der Silvaner seine Verbreitung über das deutsche Weinbaugebiet. Die Gedenktafel befindet sich heute im Keller des »Bürgerspitalweingutes zum Hl. Geist« in Würzburg.

Das ganz andere, grundsätzlich von den Muskatbukett bildenden Rebensorten unterschiedliche Aussehen dieser Sorte deutet auf einen zweiten Entwicklungszweig innerhalb der von der Vitis silvestris abstammenden Vitis vinifera pontica hin, der z.B. von bulgarischen Rebenforschern 1937 als Vitis vinifera sativa bezeichnet wurde. Nach unseren heutigen Erkenntnissen müßte es heißen: V.v. pontica sativa.

Der Silvaner ist neben dem Müller-Thurgau heute noch die bedeutendste Rebensorte für Franken, wo er sich dank seiner vorzüglichen Leistung in Menge und Güte im Gebiet des oberen Muschelkalks zwischen Würzburg und Schweinfurt in guten Lagen nicht nur über alle anderen Rebensorten behauptet hat, sondern auch die besondere Beachtung der Rebenzüchter gefunden hat, so daß heute allein vier verschiedene Lokalrassen (Klone) von dieser Rebe den Grundstock für den Wiederaufbau des fränkischen Weinbaues abgegeben haben.

Besonders hervorzuheben sind die Klone 92 und 58, sowie der blaue Silvaner aus der Züchtung des bekannten Rebenveredlers Kaspar Steinmann. Verwandtschaftliche Beziehungen bestehen zwischen dem Klon 92 und dem Sauvignon petit (jaune = gelb), dem Klon 58 und dem Sauvignon verde (= grün), dem blauen Silvaner und dem Sauvignon cabernet, der Grundsorte für die Bordeauxweine.

Diese Sorte neigt in besonderem Maße durch das plötzliche Auftreten von erblichen Abänderungen im Erbgut der Knospen zur Bildung von physiologisch unterschiedlichen Rassen (Lokalrassen). Das beweisen die vielen Farbvarianten, welche die Rebenzüchtung Würzburg beim Silvaner in der Natur gefunden oder mittels Röntgenstrahlen ausgelöst hat. Es gibt Varietäten mit blauen, roten, grauen, gelben und völlig farblosen Trauben, wie auch Farbänderungen in den Blättern auftreten können oder auch stark behaarte Typen. Auch Joh. Christ. Fischer berichtet 1791 von grünen, gelben und blauen Silvanern. Der Silvaner ist anpassungsfähig, weil er erblich abänderungsfähig ist. Deswegen ist er auch wohl anbaumäßig den meisten übrigen Sorten überlegen gewesen und hat sich nicht nur in Franken erhalten und sich auch im großen deutschen Weinbaugebiet einen beachtenswerten Platz und als Sauvignon sogar die Anbaugebiete um Bordeaux erobert (s.S. 57).

Die Müller-Thurgau-Rebe

In den 70er Jahren hat unter den Weißweinsorten der Müller-Thurgau den Silvaner im Umfang des Anbaues überrundet, gefördert durch die Maßnahmen der Flurbereinigung, welche die Bonität benachbarter Lagen egalisierten. Die guten Lagengewanne glichen sich den geringeren an. Somit wurden sie für die an Boden und Klima weniger anspruchsvolle Sorte Müller-Thurgau gerade recht. Im Jahre 1972/73 wurden 45% der flurbereinigten Weinbaufläche in Franken mit der Rebsorte Müller-Thurgau bestückt, während der Silvaneranbau nur 25% betrug.

Die Rebsorte Müller-Thurgau ist eine Züchtung des Schweizer Professors Dr. Müller-Thurgau. Sie wurde von ihm 1883 in Geisenheim (Rheingau) unter Sämlingen ausgelesen, von denen angenommen wurde, daß sie der Kreuzung von Riesling × Silvaner entstammten. Als Müller-Thurgau in die Schweiz zurückkehrte, nahm er auch Sämlinge mit. Aus der Schweiz kamen die ersten Reben dieser Züchtung dank der regen Tätigkeit des bayerischen Fachreferenten der Regierung Dr. Dern, im Jahre 1913 zuerst nach Franken und damit nach Deutschland zurück. Sie wurden in Sendelbach bei Lohr (Main) versuchsweise gehalten, bis sich Dr. Ziegler, der erste fränkische Rebenzüchter, im Jahre 1921 ihrer annahm. In der Schweiz läuft diese Sorte unter der Bezeichnung » Riesling × Silvaner « in Luxemburg als Rivaner.

Seitdem wissenschaftlich-züchterisch im Weinbau gearbeitet wird, hat diese Rebensorte besonders in Franken die Aufmerksamkeit der Züchter erfahren. Da sie sich in der Sämlingszüchtung nicht so verhält, wie es die Vererbungsgesetze erfordern, wurde untersucht, inwieweit die vielfach angegebenen Elternsorten Silvaner und Riesling an ihrem Zustandekommen beteiligt sind. Seit 1904 wird in der Pflanzenzüchtung zur Feststellung der Eltern die Nachkommenschaftsprüfung verlangt. Diese wurde für Müller-Thurgau bis heute lediglich von der Rebenzüchtung Würzburg erbracht (Eichelsbacher 1957) (vgl. auch S. 263). Es erwies sich, daß Silvaner bestimmt nicht als Vatersorte in Frage kommt. Mit aller Wahrscheinlichkeit ist die Sorte Riesling sowohl Vater- wie Muttersorte. Die Sorte Müller-Thurgau ist aus einer Selbstung (Selbstbefruchtung) der Sorte Riesling entstanden. Diese Feststellung beeinträchtigt nun keineswegs die Bedeutung dieser ertragsreichen, frühreifenden Rebensorte, deren milde, reife, leichte Muskatweine zu den gefragten Kreszenzen des fränkischen Weinbaues am Steigerwald gehören. Während Riesling und Silvaner im Muschelkalkboden haltbare, inhaltsreiche Weine abgeben, sollte man reife Müller-Thurgau-Weine aus dem Steigerwald trotz ihrer Güte nicht allzu lange lagern, weil sie dann an Stoff und Lebendigkeit verlieren. Dabei muß betont werden, daß in keinem Weinland so herrliche Müller-Thurgau-Weine wachsen wie an den Keuperhängen des Steigerwaldes und der Frankenberge.

Der Riesling

Der Riesling ist der König aller deutschen Rebensorten. Wenn er auch mit nur 5 Prozent in Franken vertreten ist, so gehören seine Weine aus guten Jahrgängen und besten Lagen in Franken wie in anderen deutschen Gebieten zu den Spitzengewächsen. Ihre Feinheiten, Eleganz, Frucht, Körper, Bukett und Charakter sind so einmalig, daß man ihnen zuerkennen muß, daß sie den Ruhm der deutschen Weine in aller Welt begründeten und daß gerade die Rieslingweine auch heute noch als typisch deutsche Weine gewertet werden. Da der Riesling für das Klima und die Muschelkalkböden Frankens nicht so umfassend geeignet ist wie für die Urgesteinsböden des Rheingaues oder den Schieferboden der Mosel, bleiben seine Weine beachtenswerte Raritäten unter den Frankenweinen.

Rieslingreben wachsen in Franken vor allem in den Würzburger Lagen »Stein« und »Leiste«, in der Gemarkung Randersacker im »Pfülben« und »Sonnenstuhl«, in Escherndorf im »Lump«, in Homburg im »Kallmuth«, in Iphofen im »Julius-Echterberg«. Nicht zu vergessen ist der Rieslinganbau im Kahlgrund zwischen Aschaffenburg und Hanau, im einzigen Weinbaugebiet Frankens auf Urgestein (Schiefer, Gneis und Granit). Doch sollte man ehrlicherweise zugeben, daß es nur wenige reife Rieslingweine innerhalb eines Jahrzehnts gibt. Die meisten Rieslingweine müssen angereichert werden.

Der Rieslaner

So edel die Rieslingweine in reifen Jahren sind, so reichen aber die wenigen Jahre nicht aus, um den Rieslinganbau in Franken rentabel zu gestalten. Die Rieslingrebe verdient daher die ganze Aufmerksamkeit der Rebenzüchter. Das hat man in der Würzburger Rebenzüchtung schon in den zwanziger Jahren

62

erkannt, als Dr. Ziegler Kreuzungen zwischen den edelsten Rebensorten Riesling und Silvaner herstellte, aus denen eine Rebe vom
Autor ausgelesen wurde, die unter den Namen »Rieslaner« und
»Mainriesling« in Franken angebaut wird und gerade in den geringen Jahren, aber besten Lagen bewiesen hat, daß man in Zukunft jedes Jahr reife Weine in Franken mit Rieslingcharakter
produzieren kann, welche die edelsten Charaktere eines Weines
besitzen. Seine Anbaufläche beträgt in Franken 3–4%.

Ein bekannter Weinkenner, der frühere Direktor des berühmten Weinlokals »Bremer Ratskeller« *W. Basting*, hat die
Weine des Rieslaners einmal als die Vollendung des Rieslings
bezeichnet. Von ganz besonderer Güte sind die Spätlesen und
Auslesen, die mit ihrer einmaligen Frucht und Eleganz auch den
verwöhnten Weinkenner begeistern. Die Qualität ihrer Beerenauslesen und Trockenbeerenauslesen, die in sich Eleganz, Frucht und
Fülle vereinigen, erlaubt es, sie unter die vornehmsten Weine
einzureihen, welche die deutsche Erde zu bieten hat, brachte doch
eine 1964er Würzburger Neuberg Rieslaner-Auslese auf der
Weinversteigerung 1981 in Mainz den stolzen Preis von 750 DM/
Bocksbeutel.

Rieslaner-Weine liegen hoch im Preis. Er ist daher betriebswirtschaftlich dem Riesling überlegen, auch wenn er von
fachunkundigen Besserwissern der Verwaltung und anreicherungs-
gewohnten Großanbietern bisweilen abgelehnt wird; womit dann
leider bezweckt wird, daß Rieslanerweine als Rieslingweine geho-
bener Qualität angeboten werden.

Der Traminer

Der Traminer, so benannt nach dem Weinort Tramin
in der Nähe von Bozen (Südtirol), als »Rot-Fränkische« oder
»Rothwinner« in Franken von alters her bekannt, spielte bis vor
wenigen Jahren keine besondere Rolle. Er ist außerordentlich
blütempfindlich und liefert daher nur selten einen vollen Herbst.
Jetzt haben sich einige Weingüter seiner Kultur wieder gewidmet,
der hoffentlich Erfolg beschieden ist. Die Weine dieser Sorte sind
aromatisch, nicht aufdringlich, zart, lieblich und von edler Vornehmheit. Als reiner Satz ist der Traminer jetzt wieder häufiger
zu finden. In alten Weinbergen stand er in Gesellschaft mit Ries-

ling und Silvaner und soll in dieser Mischung dem Wein in früheren Jahren eine besondere Note verliehen haben. Von allen Weißweinsorten ist die Traminerrebe wohl die älteste. Bassermann-Jordan rühmt ihr ein Alter von 1 500 Jahren nach.

Die Perle

Ihre Ergänzung findet sie in einer neuen Rebensorte aus der Kreuzung mit Müller-Thurgau. Diese Sorte, Sämling Nr. 3951, ist frosthart, rieselfest, gibt harmonische, aromatische und milde Weine. 1963 erhielt sie den Bundessortenschutz unter dem Namen »Perle«. Ihre Frosthärte ist durch zwei Merkmalskomplexe bedingt. Sie treibt nämlich verspätet aus, u.a. erst dann, wenn die Eisheiligen vorübergegangen sind. Außerdem ist nach dem Austrieb der Zellinhalt der jungen Triebe so zuckerreich, daß auch der grüne Trieb tiefere Temperaturen übersteht, bei denen andere Sorten erfrieren. Während auch ihre Winterfrosthärte sehr bemerkenswert ist, versagt sie gegenüber Frühfrösten, wenn diese im September oder Oktober schon auftreten.

Da sie an Boden und Klima sehr geringe Ansprüche stellt, wird sie in frostgefährdeten Lagen und auf kargen Böden als Hochstamm gezogen.

Ihre Weine haben sich auf dem Markt durchgesetzt. Ihre Auslesen, Beerenauslesen und Trockenbeerenauslesen haben schon manche Auszeichnung bei fränkischen wie deutschen Weinprämiierungen erfahren. Besonders wegen ihrer ausgesprochenen Honigsüße sind die alten Jahrgänge ihrer Spitzenweine aus der Hammelburger Gemarkung berühmt.

Ruländer, Weißburgunder und Auxerrois

Eine Sorte, die schon im 18. Jahrhundert zu den fränkischen, aber immer problematischen Rebensorten zählte, dann aber fast ganz ausgemerzt wurde und erst im letzten Jahrzehnt dank der züchterischen Bearbeitung zahlreicher staatlicher und privater Weinbaubetriebe eine besondere Bedeutung außerhalb Frankens wieder erlangt hat, ist der Ruländer. Er bringt aber auch in Franken bisweilen Weine, die in ihrer Jugend ein bemerkenswertes Feuer aufweisen. Er gehört zur Gruppe der Burgunder, zu denen man auch die Sorten Auxerrois und Weißburgunder

64

rechnet, die in wenigen Weinbergen in Franken als Spezialsorten angepflanzt sind. Den Namen hat die Sorte Ruländer von dem Kaufmann Ruland, der sie einführte und vermehrte. Im Elsaß heißt er Pinôt gris.

Die Scheurebe

Wie Traminer und Ruländer beansprucht die Scheurebe eine besondere Aufmerksamkeit, deren Anbau sich merklich erweitert. Sie ist ein Kreuzungsprodukt aus Riesling × Silvaner und wurde von G. Scheu, Alzey, gezüchtet. Wegen ihrer langen Vegetationsperiode beansprucht sie die besten Lagen und verlangt Schutz vor Winden und Frösten. Ihre Weine besitzen ein eigenartiges Bukett, das im wesentlichen von einer an schwarze Johannisbeeren erinnernden Hauptkomponente bestimmt wird. In hochreifen Weinen dieser Sorte wird dieses fremdartig anmutende Aroma von einer feinen Pfirsichfrucht vertreten, dem sich mitunter ein zarter Rosenduft untermischt. Immer aber lassen die Weine einen kräftigen Körper erkennen.

Das Hauptabsatzgebiet dieser Weine ist England, wo sie die herrlichen englischen Steaks erst zu einem vollendeten Genuß werden lassen.

In den Jahren von 1969–1979 hat der fränkische Weinbau klimamäßig eine Blütezeit erlebt, wie sie im Verlaufe seiner Geschichte vergleichsweise nicht nachgewiesen werden kann. Unter den elf Jahren sind lediglich zwei Jahrgänge, 1972 und 1974, von mittlerer Qualität und ebenfalls nur zwei Jahrgänge, 1974 und 1979, ohne Vollherbst. Unter dem Eindruck dieses Erlebnisses eine Sortenbeschränkung anzuraten, ist verfrüht. Es kommen auch wieder Zeiten, wie sie der fränkische Weinbau in den ersten sieben Jahrzehnten des 20. Jahrhunderts durchstehen mußte. Dann wird sich zeigen, welche Bedeutung die Züchtung landeseigener Sorten hatte.

Die neuen Weißweinsorten in Franken
(Nach der Zeit der Reife geordnet)

Ortega (Ursprungszüchter: H. Breider)

Die bisweilen schon im September/Oktober auftretenden Frühfröste im kontinentalen Klimabereich Frankens lassen spätreife Sorten, wie Silvaner, Riesling, Scheurebe und Rieslaner nicht mehr ausreifen. Selbst Sorten, die allgemein als mittelfrüh gelten, werden in der Ausreife ihrer Trauben nicht selten behindert. Zu ihnen gehören: Müller-Thurgau, Ruländer, Weißburgunder u.a. Deshalb sind frühreifende Sorten, die in sogenannten minderen Lagen jedes Jahr reife, geschmacklich hochwertige Weine liefern, für Franken wie für alle Weinbaugebiete der nördlichen Weinbauzonen eine wünschenswerte Bereicherung des derzeitigen Sortenspiegels, sei es, daß ihre Weine als selbständige Kreszenzen eine Marktlücke im Angebot an Qualitätsweinen mit Prädikat ausfüllen, sei es, daß diese als Verschnittweine die minderen Qualitäten späterreifender Sorten anzuheben vermögen.

Hatte man bisher mit der Frühreife einer Sorte auch eine geringere Qualität verbunden, so konnten diese Vorurteile durch planmäßige Züchtungen, die ihren Ausgang in einer bewußten Zuchtwahl der Kreuzungspartner haben und deren Nachkommen einer sehr strengen, zielstrebigen Auslese unterworfen wurden, ausgeräumt werden. Auf diese Weise ist durch eine dreifache Kreuzung die sehr frühreifende, qualitativ hochwertige Sorte Ortega entstanden. Der Züchter bezeichnet solche Zuchtprodukte als »Triplobastarde«, da sie Erbgut von drei verschiedenen Sorten enthalten. Beim Ortega ist die Mutter eine F_1-Sorte aus Riesling × Riesling, der Vater eine F_1-Sorte aus Madelaine angevine × Gewürztraminer. Demnach besitzt der Ortega zu 50% Riesling-Erbgut. Der Ortega ist heute bereits inner- und außerhalb Frankens, der Bundesrepublik und Europas vertreten und hat sich in geringen, windstillen Lagen sehr gut bewährt. Er hat geographisch bereits eine größere Verbreitung gefunden als z.B. der Riesling. Seine Moste sind immer sehr inhaltsreich und seine Weine zeichnen sich durch Körperfülle und Charakter aus.

Bei der Namensgebung stand der spanische Philosoph Ortega y Gasset Pate, der in Deutschland während der Studienzeit des Züchters lehrte.

Cantaro (Ursprungszüchter: H. Breider)

Eine frühreife Weißweinsorte, deren Weine Rieslingcharakter besitzen. Der Cantaro (deutsch: Weinkrug) entstammt ebenfalls einer Rückkreuzung. Die Muttersorte war der Sämling 2765, eine F_1-Sorte der Paarung Riesling × Silvaner; Vatersorte war Müller-Thurgau, also Riesling × Riesling. Der Cantaro hat sowohl das Plasma wie 75% der Erbsubstanz vom Riesling. Er ist frohwüchsig, frühreif (Mitte September), trägt sehr gut und ist im Habitus der alten Rieslingsorte sehr ähnlich. Auch seine Weine, die in der Reife der Beeren mit 80°–95° als Möste geherbstet werden, gleichen den Rieslingweinen. Sie haben ein feines Pfirsichbukett. Als Rebsorte beansprucht er nicht die Lagen erster Bonität, die den spätreifenden Sorten vorbehalten werden sollten. Der Sortenschutz wurde bereits erteilt.

Albalonga (Ursprungszüchter: H. Breider)

Ihren Namen verdankt diese Sorte ihren langen (longa), weißen (alba) Trauben, zugleich aber auch der ersten legendären Ortsgründung der Etrusker, wo sie die ersten Reben auf der Apenninenhalbinsel anbauten und aus der Rom entstanden sein soll. Der Albalonga ist ein F_2-Rückkreuzungsbastard. Die Mutter ist eine F_1-Sorte aus Silvaner × Riesling, die mit Silvaner als Vatersorte rückgekreuzt wurde. Aus der Nachkommenschaft wurde unter vielen Geschwistern der Sämling mit der Nr. B 51-2-1 ausgewählt und erhielt den Sortennamen Albalonga. Charakteristisch für diese Sorte ist, daß sie 75% Silvaner-Erbgut und von der Großmuttersorte her auch Silvanerplasma besitzt. Durch diese erblich bedingte Eigenart wird ihre Ertragssicherheit und Ertragshöhe gesichert, d.h. Albalonga ist blütefest und sehr ertragreich.

Ihre Möste sind säurereich. Bezüglich der Qualität ihrer Weine ähnelt diese Sorte oftmals einem feinfruchtigen Riesling in der Wertstufe einer Spätlese. Sie ist mittelfrüh, reift also mit dem Müller-Thurgau bzw. kurz vor dem Müller-Thurgau. Bei überreichem Behang sind die Beeren i.allg. klein und sehr anfällig für den Fäulnispilz Botrytis.

Albalonga-Weine sind immer vornehm und anregend.

Fontanara (Ursprungszüchter: H. Breider)

Eine vielversprechende Weißweinsorte. Ihr Name bedeutet: Frisch wie eine Quelle. Im Namen charakterisiert sich die Qualität des Weines. Es handelt sich um ein selektiertes Zuchtprodukt aus der Rückkreuzungsgeneration einer F_1-Sorte (Silvaner × Riesling) = Rieslaner × (Riesling × Riesling) = Müller-Thurgau. Die Fontanara besitzt also zu 75% Rieslingerbgut und zu 25% Silvaner-Erbgut, von dem auch das Zellplasma stammt. Sie ist mittelfrüh, reift mit dem Müller-Thurgau, dem sie in der Menge nicht nachsteht. Die Gescheine sind im Ansatz zwar reichlich, aber sehr klein. Sie wachsen sich erst nach der Blüte zu ansehnlichen Trauben aus. Ihr Vorteil gegenüber dem Müller-Thurgau besteht neben der besseren Qualität der Weine weinbaulich in einer gewissen Frosthärte, ähnlich wie der Riesling; diesem gegenüber in einer gewissen Blütefestigkeit. Außerdem bringt sie auch in mittleren Lagen jedes Jahr reife Weine, die nicht angereichert werden brauchen. Diese haben ein wunderbares fruchtiges Bukett, das an einen Feldblumenstrauß erinnert. Dem Weinfreund kann man nur raten: Probieren!

Der Sortenschutz wurde am 3.12.1979 erteilt. Am 14.12.1980 wurde sie in die Sortenliste eingetragen.

Bacchus (Ursprungszüchter: A. Morio und B. Husfeld)

»Bacchus« ist der Name des römischen Weingottes. Die Rebsorte ist wie Müller-Thurgau eine mittelfrühe Sorte und wie Albalonga aus einer Rückkreuzung entstanden. Mutter ist eine F_1-Form aus der Kreuzung Silvaner × Riesling. Vatersorte ist der Riesling. Diese Sorte besitzt demnach das Plasma von Silvaner, dazu 75% Riesling-Erbgut. Ihre Traube ist dichtbeerig und mittelgroß. Im Wuchs ist sie bei gutem Behang etwas schwächer als

Müller-Thurgau. Bacchus-Weine sind betont fruchtig mit einem lauten Muskatbukett, das mehr verspricht, als der Wein hält. Dies gilt vor allem für Bacchusweine auf Muschelkalk- und Keuperböden. Im Angebot fränkischer Weine stellen sie eine echte Bereicherung dar.

Optima (Ursprungszüchter: A. Morio und B. Husfeld)

Aus der gleichen Nachkommenschaftsgeneration wie der Bacchus stammt die Sorte Optima, zu deutsch »die Beste«. Während sie im Ertrag schwach ist, zeichnen sich ihre Weine durch eine beachtenswerte Qualität aus. Die Optima-Traube ist verhältnismäßig klein und dickschalig. Die Sorte ist winterfrosthart, jedoch maifrostgefährdet. Die Reifezeit der Trauben liegt vor der der Müller-Thurgau-Trauben.

Kerner (Ursprungszüchter: A. Herold)

Der Kerner ist eine Züchtung des württembergischen Rebenzüchters August Herold und entstammt einer Kreuzung: Trollinger × Riesling. Sie ist also eine F_1-Sorte, die zu gleichen Teilen Erbgut der Sorten Trollinger und Riesling hat. Sie ist, wie alle F_1-Sorten, bezüglich ihrer Beständigkeit in Ertrags- und Qualitätsleistungen in besonderem Maße von Umweltbedingungen abhängig, da sich unter den jährlich wechselnden Lebensbedingungen bald die einen, bald die anderen Erbfaktoren stärker entfalten können. Im allgemeinen ist der Kerner aber reichtragend. Die Reifezeit der Trauben liegt kurz vor der des Silvaners. Er ist also zu den spätreifenden Sorten zu zählen. Dementsprechend verlangt sie auch klimatisch günstige Lagen. Dort hat sie auch in Franken bereits erste große Erfolge erzielt. Gegenüber Winterfrost verhält sie sich wie Riesling.

Die reifen Weine der Sorte Kerner sind geschmacklich sehr fruchtig und rassig, jedoch wenig nachhaltig, wenn die Möste angereichert werden müssen. Den Namen erhielt die Sorte nach dem Ludwigsburger, in Weinsberg geborenen Arzt und Dichter Justinus Kerner, einem Freund Eduard Mörikes, der durch seine weinfrohen Lieder ebenso bekanntgeworden ist wie durch seine Liebe zum Wein.

Mariensteiner (Ursprungszüchter: H. Breider)

Zu den spätreifenden Sorten, die hohe Ansprüche an die Bonität einer Lage stellen, gehört auch die Sorte Mariensteiner, die in sich die Vorzüge der großen Ertragssicherheit und Ertragsmenge vereinigt. Sie ist resistent gegenüber Stiellähme und Botrytis. Sie ist wie bereits vorher genannte Sorten aus einer F_2-Rückkreuzungsgeneration hervorgegangen. Ihre Muttersorte ist der Silvaner, die Vatersorte eine F_1-Form aus der Paarung Silvaner × Riesling. Wie der Albalonga besitzt der Mariensteiner neben Silvanerplasma mindest 75% Silvanererbgut. Dementsprechend sind seine Weine mit denen des Silvaners zu vergleichen, die sie aber an Frucht und Nachhaltigkeit übertreffen, wenn ihnen genügend Zeit zum Ausbau im Faß gelassen wird.

Der Weinausbau dieser Sorte sollte möglichst ungestört vor sich gehen.

Der Name wurde ihr von dem verstorbenen Ministerialdirektor im Bayerischen Staatsministerium für Ernährung, Landwirtschaft und Forsten, Dr. L. Dürrwächter, gegeben, der ein besonderer Förderer des Fränkischen Weinbaues war, auf dessen Initiative die Flurbereinigung eingeleitet und vor allem die causale Weinbauforschung dem Stande naturwissenschaftlicher Forschung angepaßt und entsprechend ausgebaut wurde.

Die Rotweinsorten in Franken
(s. S. 56)

Allzuwenig bekannt sind Frankens wenige Rotweine. Eigentlich zu Unrecht, denn die Kreuzwertheimer, Dorfprozeltener, Lengfurter, Klingenberger, Großheubacher, Bürgstädter, Miltenberger und Erlenbacher Rotweine sind von zarter Blume, besitzen einen feurigen, molligen, samtenen Körper, haben Alkohol und sind sehr bekömmlich.

Hinzu kommen die Rotweine aus Würzburg, Thüngersheim, Castell und Wiesenbronn.

Der Frühburgunder
Die wärmsten Rotweine bringt ohne Zweifel der Frühburgunder, der Süßschwarze. Diese Sorte ist möglicherweise eine

besondere Abart vom Cabernet-Semillon französischer Herkunft. Er gedeiht an den Buntsandsteinhängen um Bürgstadt, Dorfprozelten und Großheubach, wo er mit viel Mühe und Liebe von Winzern und in den letzten Jahren verstärkt vom Staatsweingut Würzburg gebaut wird. In seinen Qualitäten steht der fränkische Frühburgunder zwischen einem feurigen Beaujolais und einem warmen, molligen Bordeauxwein.

Die frohwüchsige Sorte beansprucht arme, aber warme, leichte Böden, sie verlangt wenig Nährstoffzufuhr und weiten Anschnitt.

Leider geht der Anbau dieser hervorragenden Rotweinsorte immer mehr zurück.

Der Spätburgunder

Mit dem Frühburgunder muß die bedeutendste Rotweinsorte Frankens, besonders Klingenbergs und Großheubachs, der Spätburgunder, erwähnt werden. Die Buntsandsteinböden des Untermains sind sein Dorado. Dort gedeiht er prächtig, bringt viel Holz und bei richtiger weiter Pflanzung, langem Anschnitt und bei harmonischer Düngung den bekannten »Roten« vom Mainviereck. In guten Jahren können seine Weine mit denen Burgunds verglichen werden. Wie diese sollten auch sie erst nach 3–4jähriger Reifung getrunken werden. Eine Weinkulturschande ist es, wenn sie süß gehalten wurden. Doppelnamen der Sorte Spätburgunder sind: Schwarzklävner, Spätrot, Klevner, Clävner, Aßmannshäuser, Süßling, Süßedel, Süßrot u.a.

Der Portugieser

Was die Sorte Müller-Thurgau unter den Weißweinsorten, ist der Portugieser unter den Rotweinsorten, nämlich der »wirtschaftliche Massenträger«. Die großen Trauben werden vielfach auch als Tafeltrauben verkauft. Als solche sind sie ohne weiteres zu empfehlen, während der Wein sich bei Massenertrag mehr zu Schillerwein als zu Rotwein eignet.

Der Portugieser verlangt weite Pflanzung, hohe Stammerziehung, Phosphor- und Kalidüngung. Er ist empfindlich gegenüber Heu- und Sauerwurm, Winter- und Maifrösten, sowie gegenüber pilzlichen Schädlingen.

Domina

(Ursprungszüchter: P. Morio, A. Ziegler, B. Husfeld)

Diese Rotweinsorte entstammt einer Kreuzung: Portugieser × Spätburgunder. Sie ist frohwüchsig, mittelfrüh, relativ blütefest, trägt reich. Die großen Trauben erinnern an die Elternsorte Portugieser, der Geschmack der Weine aber an den Spätburgunder. Diese Sorte bringt auch im Muschelkalk ansprechbare Rotweine, wenn sie auch nicht so vollmundig und füllig sind wie die reifen Spätburgunder der Bourgogne. Sie sind aber auf jeden Fall besser als Portugieserweine.

Aus der Chronik des Frankenweins —
ein historischer Überblick

» Alte Sitte ehren wir;
Laßt die frommen Klausner leben,
Die zuerst die fremden Reben
Pflanzten auf den Bergen hier!
Alte Sitte ehren wir. «

Der Weinbau

Als Begründer des fränkischen Weinbaues nennt die Sage
jene frommen Männer, die sich im Konvent nach der Regel St.
Benedikts zusammengefunden hatten, seit der Mitte des 8. Jahrhunderts. Früher dürfte der Wein im Feldbau in Franken kaum
bekannt gewesen sein, denn St. Kilian, Totnan und Kolonat, die
ersten Apostel des Frankenlandes im 7. Jahrhundert, mußten ihren Meßwein noch durch die Lande mitschleppen. Das wurde
erst anders, als St. Bonifaz sein Bekehrungswerk auch auf Franken
ausdehnte und 742 durch Gründung des Bistums Würzburg eine
dauerhafte Organisation schuf. Wie es sich für ein so wichtiges
und löbliches Werk ziemt, halfen von Anbeginn der fränkischen
Weinbaukultur Frauen mit, die den Weinbau dann nie mehr aufgegeben haben.

Der Legende nach soll der geregelte Weinbau erst mit der Gründung der Benediktinerinnenklöster in Kleinochsenfurt und Kitzingen begonnen haben, deren erste Vorsteherinnen, die hl. Thekla und die als St. Adelheid verehrte »Schwester« König Pipins, Hadeloga, waren.

Die älteste Benediktinerabtei ist die in Fulda gewesen, die 744 St. Sturmius, ein Schüler des hl. Bonifatius, in der alten Buchonia (Buchenland) gründete. In den Urkunden dieser Abtei findet man die ältesten Aufzeichnungen über den fränkischen Weinbau: 770 werden Weinberge bei Münnerstadt, im Grabfeld und bei Halsheim an der Wern, unweit Arnstein, sowie 775 zu Holzkirchen bei Üttingen und 776 bei Klingenberg erwähnt.

Diese Schenkungen an die Abtei Fulda stammen aus der Zeit des Frankenkönigs Karls des Großen, der dem jungen Weinbau in Franken seine besondere Förderung angedeihen ließ und für seine Ausbreitung Sorge trug. Von ihm ist die älteste Originalurkunde erhalten geblieben, die den Frankenweinbau erwähnt. Es ist ein Schenkungsdokument an die Abtei Fulda, die im Jahre 777 das Königsgut Hammelburg mit acht Weinbergen (später Schloß Saaleck mit seinen Weinbergen) erhielt. Nicht viel jünger ist das in deutscher Sprache abgefaßte Dokument, in dem vom Weinbau in Würzburg die Rede ist. Es handelt sich dabei um eine Markungsbeschreibung von Würzburg, die auf Befehl des Königs Karl am 14. des Weinmonds im 12. Regierungsjahr, d.h. am 14. Oktober 779, gefertigt wurde. Die Markungsgrenze führt durch den »Fredthantes wingarton«, also durch den Weingarten eines freien Franken namens Fredthant. Dieser Weinberg muß nach der Markungsbeschreibung im Alandsgrund bei Würzburg in der Abtsleite gelegen haben. Um diese Zeit grünte auch bereits die Rebe am Stein, während die Anlagen an der Leiste erst nach dem 30jährigen Krieg entstanden sind.

Nachdem einmal die Rebe heimisch und die Wirkungen ihrer hervorragenden Produkte bekannt waren, breitete sich der Weinbau sehr bald über das ganze Maintal und seine Nebentäler aus (Stetten im Werntal 816, Frickenhausen 903). Aber auch die Hänge am Steigerwald und die ihnen vorgelagerten Ebenen wurden sehr frühzeitig mit Wein angelegt. Eine der ältesten Urkunden stammt aus dem Jahre 918, als König Konrad I. dem Münsterschwarzacher Abt Drakulf, der zugleich Bischof von Freising war, eine Schenkung von Weinbergen und anderen Besitzungen zwischen Steigerwald und Main bestätigte. Der wohl älteste in Franken noch erhaltene Weinkeller in Kitzingen geht auf das 8. Jahrhundert zurück. Auch am Obermain blühte der Weinbau, zumal das Bistum Bamberg, 1007 durch Heinrich II. gestiftet, reich dotiert war.

Konrad von Megenberg (aus Mäbenberg bei Schwabach, nicht Mainberg bei Schweinfurt), Schriftsteller, Prediger und Domherr zu Regensburg, gestorben 1374, ein begeisterter Weinfreund und berühmter Weinkenner, berichtet von Witterungsunbilden, Plagen und Krankheiten im 14. Jahrhundert, wie sie der Reihe nach und in Verbindung mit guten und schlechten Weinjahrgängen aufgetreten sind. G. Stein zitiert ihn wie folgt:

Das Jahr 1337 war ein berühmtes Weinjahr, in dem es so viel guten Wein gab, »daß die Leute ein gut Teil Trauben an den Stöcken hängen lassen mußten, weil sie nicht genug Fässer hatten«. Im folgenden Jahr aber war das Unglück da und wirkte um so bestürzender, »als die Bauern und die Herren durch eine Reihe bester und reicher Jahrgänge, als da zu nennen wären 1328, 1330, 1332, 1334, 1336 und 1337, verwöhnt waren«.

Im Sommer des Jahres 1338 fraßen die Heuschrecken Felder und Weinberge kahl. Wörtlich heißt es bei Konrad von Megenberg: »Dô kâmen so vil häuschrecken geflogen von Ungern durch Österreich und durch Paiern auf über den Sand den Main ab gegen den Rein, daz sô vil getraides verderbte auf dem veld, daz manich gäuman verdarb.« Es gab Hungersnot. Dabei war es wie ein Hohn, daß das bißchen Wein, das man keltern konnte, gut wurde. Auch das Jahr 1339 brachte eine Mißernte; nicht anders war es 1340. Pest und Hungersnot verzeichnen die Chronisten. Und dieses Elend hielt an bis zum Jahre 1372. Furchtbare Schrecken, Not und Tod kamen über Land und Leute: Entweder eine Hitze, die alles versengte, oder im nächsten Jahr ein Maifrost, der den Austrieb vernichtete. Stürme und Hagelwetter, Wolkenbrüche, Wasserflut und Erdbeben, Seuchen, Krieg, Verfolgungen, Pest, Dürre und wieder Heuschrecken.

Solche furchtbaren Jahre mußten den Weinbau um so härter treffen, als im Mittelalter ganz Franken vom Fichtelgebirge bis zum Spessart und von der Rhön bis zum Steigerwald über die Frankenberge hinaus bis zum südlichen Jura (Eichstätt-Rebdorf) ein einziger Weingarten war. Max Domarus schreibt dazu:

»Der Wein war hierzulande ein ausgesprochenes Volksgetränk. Man verkonsumierte in jener trinkfesten Zeit täglich ganz bedeutende Mengen davon. Alte Aufzeichnungen berichten, daß nicht nur die Männer, sondern auch die Frauen täglich mehrere Maß (5–8) weißen oder roten Wein genossen, wobei zu bemerken ist, daß ›ein Maß‹ damals einer Menge von 1,22 Liter entsprach. Ein Pfarrer z.B., der 1599 auf einem der Steigerwaldschlösser zu Besuch war, ließ sich als ›Schlaftrunk‹ noch zwei Maß Rotwein mitgeben, als er sich nach dem Abendessen zurückzog. Im gleichen Jahr tranken dort Frauen bei einer Nachmittagszusammenkunft mehrere Maß alten Herrenweins pro Kopf.«

Daß bei dem hohen Weingenuß der Entzug von Wein eine Strafe sein konnte, kann man verstehen. Aus der Geschichte des ehemaligen Kartäuserklosters Grünau im Spessart, in der Nähe von Hasloch bei Wertheim — übrigens ein idyllisches Fleckchen, wie man es nur selten findet — ist bekannt, daß im 16. Jahrhundert der Ungehorsam der Mönche und anderer Klosterinsassen mit Entzug der täglichen Weinration bestraft wurde. Statt des Weines durfte der Bestrafte mittags einen »Untertrunk« und abends einen Schlaftrunk erhalten, der zu drei Teilen Wasser und zu einem Teil Wein enthielt.

Obwohl die Kartause Grünau, die wir als Beispiel zitieren, im 16. Jahrhundert bereits 40 Morgen Weinberge besaß und die jährliche Ernte mit Weinzehnt »40 Fuder und mehr« betrug, so wurden im Jahre 1630 doch noch 39 Fuder Wein in Würzburg zugekauft. Bei diesem Weinbedarf wundert es nicht, wenn die Kartäuser bestrebt waren, ihren Weinbergbesitz ständig zu vergrößern. Im 18. Jahrhundert, als der Weinbau in Europa allgemein, insbesondere aber in Franken, sich kraftvoll erholen konnte, waren 100 Morgen Weinberge der Kartause Grünau zu eigen, die größtenteils in der Haslocher und Kreuzwertheimer Gemarkung lagen.

Die Kartäusermönche in Grünau haben den Wein keineswegs allein getrunken. Sie waren immer nur zu viert. Im Kloster gab es außerdem noch 30–40 Bedienstete. Dazu waren die

Mönche vertraglich verpflichtet, ihren Untertanen, namentlich den Schöllbrunnern, Wein zu geben. Und schließlich übten die Klöster allgemein die Gastlichkeit in vorbildlicher Weise, so daß sie immer wieder aufgesucht wurden und einen enormen Verbrauch an Wein nachweisen konnten. Die Geschichte berichtet häufig davon, daß einige Mönche sich durch Trinkfestigkeit und Trinkfreudigkeit ausgezeichnet haben und sich in diesen Künsten und Genüssen freudig übten. Aber nur selten liest man, daß die Mönche auch sehr enthaltsam sein konnten. Der letzte Prior der Kartause Grünau, Ignatz Schmitt, setzte seinen Gästen den guten Kallmuthwein aus der Homburger Lage nur in Schnapsgläschen vor. Er selbst war genügsam und nahm von seinen Gästen das gleiche an.

Bei diesem Weinverbrauch kann man sich vorstellen, daß es noch im 18. Jahrhundert verboten war, Wein nach auswärts zu verkaufen.

Über den Betrieb des fränkischen Weinbaues in alter und neuer Zeit wäre gleichfalls gar manches Interessante zu erzählen. Von alters her war der Weinbau in Franken mehr im Klein- als im Großbetrieb; und auch die größeren » Herrschaften « ließen ihre Weingüter seltener in eigener Regie als durch Vergebung an kleinere » Bauleute « bestellen. Für den eigenen Betrieb hielten sich die großen Stifte regelmäßig einen » Bergmeister «, unter dem die » Wingertsleute « bei der Arbeit standen. Im übrigen war es das Bestreben der meisten Häcker, von irgendeinem Grundherrn ein paar Weinberge gegen Gült und Zins zu Lehen zu erhalten oder bei einem Stift als Baumann zu arbeiten. Die wirtschaftliche Lage dieser Leute bildete schon in alten Zeiten gar häufig den Gegenstand sozialpolitischer Maßnahmen und Untersuchungen. So schrieb schon anno 1545 der Würzburger Domherr und Humanist Daniel Stiebar: » Der Wein gerät nit allzeit; ob ein Jahr wohl geräth, so verdirbt er zwei. So ist es alsdann, bei Glauben, › vorgessen ‹ Brot. «

Und auch die » Leutenot « spielte damals schon eine gewisse Rolle, denn Stiebar klagt weiter: » Der Weinbau in Franken fordert viel größere Mühe als anderswo mit Hacken, Brachen, Decken, Düngen, Pfählen und Lesen. Das Land ist nicht so beschaffen, daß es solche ganze Arbeit mit den Inwohnern tun kann.

So muß man die Pirger (Fichtelgebirgler), Schwaben und Bayern brauchen, die man nicht genug bezahlen kann und die so schlecht arbeiten, daß man sie eher bezahlen sollte, daß sie aus den Bergen gingen, denn sie darin arbeiteten.« Um diese Verhältnisse zu bessern, ward teilweise ein »Arbeitsnachweis« eingerichtet — in Würzburg wurde früh $1/_2$6 Uhr am Grafen-Eckartsturm die Häkkerglocke geläutet. Auf Verweigerung der Arbeitsnahme zum behördlich bestimmten Lohn stand Strafe.

Auch sonst kamen schon früher allerlei heute wiederkehrende Sorgen vor. So wurde von der hochlöblichen fürstbischöflichen Regierung (namentlich im 18. Jahrhundert) mit Fürsicht danach getrachtet, den Eifer der weinbautreibenden Bevölkerung zu erhöhen und Nachlässigkeit in der Pflege der Weinberge zu verhindern. In einer Verordnung von 1745 für die »Weinbergsbesichtiger«, d.i. für die amtlichen Aufseher der Weinberge, wurden als besondere Punkte ihrer Beachtung bestimmt: »Ob die Lagen zur rechten Zeit und recht bebaut, ob beim Schneiden nicht zuviel oder zu wenig genommen, zu bald oder zu langsam aufgeschnitten werde, ob die Häcker beim Hacken, Brachen und Niederziehen den Karst recht führen, das Feld genugsam herumarbeiten und die Fechser sowohl als den tragbaren Stock ordentlich pflegen.«

Den Grundtenor in der Entwicklung des fränkischen Weinbaues bestimmten — auch nach der Reformation — die geistlichen Grundherrn. Solange dies der Fall war, wurde der Qualität des Frankenweines größte Aufmerksamkeit geschenkt; denn er war ein politischer wie wirtschaftlicher Faktor. In ihm erkannten neben den geistlichen auch die weltlichen Feudalherrn zwei Seiten: eine materielle Basis und eine geistige Substanz. Im Gegensatz zu heute wurde der geistigen Substanz eine besondere Rolle zugemessen. Sie war der Born guter Gedanken. Als solcher war sie in der Qualität des Weines verborgen. Logischerweise folgte daraus, daß mit der Steigerung der Qualität auch der Urquell guter Gedanken in dionysisch-lustvoller Freiheit reichlicher sprudeln würde.

Die darob getroffenen Maßnahmen lassen dies deutlich erkennen. Nach der kleinen Eiszeit im 15./16. Jahrhundert — wie die Meteorologen jenen klimatischen Umschlag nennen — wurden die Weinbergslagen im Bereich des Hochstiftes Würzburg in Bonitätsklassen eingeteilt. Das war zu Beginn des 17. Jahrhunderts, noch vor Beginn des Dreißigjährigen Krieges und damit 200 Jahre früher als dies im rheinpfälzischen Raum geschah (Lutz 1965, Bassermann-Jordan 1923).

Daneben wurden auch die Rebsorten nach ihrer von Reifezeit und Standort abhängigen Qualitätsleistung bewertet. In die »besten« Lagen sollten gepflanzt werden: Riesling, Traminer, Muskateller und Gutedel. Aus diesem Mischsatz wurde der Herrschaftswein gewonnen. Die Weinberge der Bonitätsklasse I waren zahlenmäßig wenig, größer war dagegen die Zahl der Weinberge mittlerer und geringerer Bonität. In ihnen stand ein Rebengemisch von zweifelhafter Herkunft und Abstammung, teils als Sorten bekannt, teils unkontrolliert aus Rebkernen aufgelaufen und von den Häckern vermehrt, denen der Ankauf von Setzlingen zu teuer war. Nach der kleinen Eiszeit machte sich die Veränderung des Weinbauklimas in solchen Lagen besonders bemerkbar, da die Massenträger in den meisten Jahren nicht reif wurden und dadurch die Qualität der Möste so verringerten, daß jene Sorten verboten wurden, die den Hauptprozentsatz eines Rebengemisches innerhalb dieser Lagen ausmachten. Schon 1702 wurde der Tauber- oder Sauerschwarze — gemeint war wohl der Lemberger —, 1726 der Elbling — den man in Umgehung des Verbotes in Grobriesling umtaufte —, 1778 der Trollinger, den man wegen seiner großen Trauben auch Hammelhoden nannte, und 1801 sogar der Silvaner, der erst 1665 eingeführt war und den man in seiner Leistung noch nicht kannte, verboten. Alle Sorten sind Massenträger, und überdies zählen sie zu den spätreifenden. Den Häckern aber ging es nicht um die Qualität, sondern nur um die Menge, damit sie ihrer Abgabenpflicht nachkommen konnten. Inwieweit sie ihre Zins- und Gültpflicht damals erfüllt haben, mag man daraus ersehen, daß zwar der Lemberger wie der Trollinger (zwei Rotweinsorten) mit der Zeit ausgemerzt wurden, während der Elbling sich bis in unsere Zeit erhalten hat, der Silvaner sogar zur Schicksalsorte des fränkischen Weinbaues im 19. Jahrhundert geworden ist.

Ähnliche weinbaulichen Maßnahmen fanden in entsprechenden Verordnungen verschiedener weltlicher Herrschaften ihre Ergänzung, von denen jene vom 28. September 1781 des Rates der Stadt Würzburg besonders erwähnt sei. Diese Verordnung unterschied drei Gruppen:

1) Das Eigengewächs, was mit der früheren Bezeichnung Originalabfüllung oder Wachstum und der heutigen »Erzeugerabfüllung« identisch sein dürfte. Dieser Wein war für die Herrschaften bestimmt. Er stammte nur von den vier besten Sorten.

2) Der Zehntwein, der aus allen vorhandenen Sorten, ob weiß, rot, oder schiller »zusammengeworfen« wurde! Aus diesem Sortengemisch war der Bestallungswein für die Beamten, Pfarrer usw. ohne Unterschied der Person zu nehmen. Der Überrest dieses Weines soll für das Hofpersonal geliefert werden.

3) Der Gültwein, der zusammengeworfen sein durfte aus allen Lagen und Sorten, lieferte den Bestallungswein für die Forstmeister und Gegenschreiber. Was übrig blieb, mußte für die »geringe Dienerschaft« bei Hofe ausgegeben werden.

Aber nicht nur Sortenbeschränkung, Sortenwahl und Sortenreinheit zeigte die Umstellung vom Quantitäts- zum Qualitätsweinbau: Statt der allgemeinen Bezeichnung »Frankenwein«, welche den ursprünglich ebenfalls allgemein angewandten Bezeichnungen wie Rheinwein, Moselwein, Pfalzwein entsprach, wurden Markungs- und schließlich auch die Lagenamen gebräuchlich. Von letzteren tritt in erster Linie der Steinwein als vielleicht die älteste Lagebezeichnung auf dem Etikett in Deutschland führend hervor. Die Lagennamen »Stein« wie auch »Leiste« werden schon im Verkehr des 18. und frühen 19. Jahrhunderts sehr häufig genannt, als in anderen deutschen Weinbaugebieten vielfach kaum die Klassifizierung nach Markungsnamen durchgedrungen war.

Viel Träubl hänge net dro - i hab mein ganza
Wengert in an körbla hem trog könn - Dunnerkeil!

5   *Fränkischer Winzer*

6 *Der Häckerschweiß.*
Handkolorierter Bilderbogen von Leo Flach, 1956

Weinbereitung und Weinbehandlung

Wie die Kultur der Reben ihre geschichtliche Entwicklung hat, so haben auch die Art der Weinbereitung und die Methoden der Most- und Weinbehandlung eine von den jeweiligen Volksstämmen, die Weinbau betrieben, abhängige, recht unterschiedliche Handhabung erfahren, die sich von einem Jahrhundert zum anderen verändern konnte.

Das Keltern

Die Gewinnung des Saftes aus den Weinbeeren durch Treten der Trauben mit den Füßen war wohl über Jahrtausende die einzige und allbekannte Methode des Kelterns. In der christlichen Mythologie hat sich ihre symbolische Wiedergabe in der Darstellung des kreuztragenden Heilandes als Keltertreter gefunden. Selbst heute noch wird in einigen Betrieben der größten Weinbauländer der Erde diese uralte Methode angewandt.

In Franken war diese Art der Weinbereitung wohl niemals gebräuchlich, jedenfalls sind darüber keine Angaben in der Literatur über die Geschichte des fränkischen Weinbaues zu finden. Es ist vielmehr anzunehmen, daß die erste in Franken benutzte Kelter die Baumkelter war, die nach dem Prinzip des einarmigen Hebels arbeitete, der am Ende mit einem schweren Stein noch beschwert wurde, wie er in der Vorhalle der Schloßkellerei in Aschaffenburg gezeigt wird. Sie ist vollständig im Weinmuseum der Stadt Meersburg/Bodensee aufgebaut. Die Baumkelter wurde durch die viereckige Holzspindelkelter abgelöst, von denen noch wenige Modelle in Museen und einigen traditionsbewußten Weinbaubetrieben in Franken vorhanden sind. Im 18. Jahrhundert wurde die Holzspindel durch eine Eisenspindel ersetzt; die vierekkige Form der Kelter aber beibehalten. Ende des 19. Jahrhunderts löste die Korbpresse die bis dahin gebräuchlichen Keltersysteme ab, die aber neben der Korbkelter noch bis in unsere Tage in privaten Betrieben, wie in Winzergenossenschaften und selbst großen Weingütern in Funktion waren.

Die Einführung der Korbpressen bedeutete einen gewaltigen Fortschritt. Die viereckige Form der Kelter wurde durch eine zylindrische abgelöst. Die Wände bestehen aus schmalen Hartholzplatten, die zwischen sich nur einen engen Spalt lassen, durch den nur der Traubensaft abfließen kann, aber Beerenhäute und Kerne nicht entweichen können. Der Druck auf das Lesegut erfolgt entweder von oben, indem der aus Hartholz bestehende Deckel über ein Gewinde gegen den Inhalt gepreßt wird, oder von unten, indem der bewegliche Boden hydraulisch allmählich gehoben wird. Die Trauben wurden bei diesen Keltertypen nie vollständig ausgepreßt, so daß immer noch ein Tresterkuchen übrig blieb, der sich bis zum Haustrunk weiterverarbeiten ließ. Die Korbkeltern gibt es auch heute noch im Gebrauch wie im Handel. Es gibt sie in Kleinstformaten von $^1/_2$ bis 5 Liter über Kleinkeltern bis zu Stück- und Doppelstückkeltern, d.h. über 15 — 100 — 1 200 — 2 400 Liter.

Nach dem zweiten Weltkrieg kamen mit dem industriellen Fortschritt ganz neue Pressertypen aus Stahl auf, die allmählich die senkrecht stehenden Korbkeltern ablösen. Die neuen Formen sind zwar auch zylindrisch, doch liegen sie jetzt horizontal. Die Wände bestehen aus Stahlgittern. Es gibt pneumatisch arbeitende Keltern, bei denen durch einen aufblasbaren Gummischlauch im Innern der Kelter das Traubengut gegen die Stahlgitter mit einem Druck bis zu 170 Atü gepreßt wird; und es gibt elektronisch gesteuerte, also automatisch arbeitende Spindelkeltern, bei denen der eine bewegliche Boden des Kelterzylinders gegen das Lesegut gedrückt wird, und zwar so lange, bis der eingestellte Druck erreicht ist. Läßt dieser nach, schaltet sich die Kelter automatisch wieder ein. Der abfließende Traubensaft kommt nunmehr in sein erstes Faß und damit in die Hand des Kellerwirtes.

Weinbehandlung — Weinschändung

Über die verschiedenen Behandlungsmethoden des werdenden Weines gibt es manche alte Aufzeichnungen, die nicht immer zum Ruhme und zur Ehre der Kellerwirte vergangener Zeiten gereichen. Noch anno 1899 schrieb der Königl. Bayer. Stadtarchivar S. Göbl in der Festschrift zum 18. deutschen Weinbaukongreß in Würzburg über die »gottvergessenen Weinfälscher und Schmierer«: »Diese Erbfeinde des reellen Weinbaues und Weinhandels, die ärger sind als all das Weinstockfressende Getier, scheinen fast ebenso alt und ebenso verbreitet zu sein wie der Weinbau selbst. Sie wußten die trefflichsten Mittelchen zur Verbesserung oder gar zur Erzeugung des Traubensaftes anzuwenden: Schwefel, Milch, Eier, Scharlachkraut, Lehm oder Ton, Holunder, Speck, Branntwein, Senf, Weidasche und Totenbein waren die fürnehmsten Schändungsmittel. «

In Würzburg war es vor allem Fürstbischof Otto v. Wolfskeel (1333–1345), der in seinen Erlassen und Geboten gegen die Weinfälscher zu Felde zog: »Man verbeutet auch allermenglich, daß nyman kein wein machen soll mit keinerlei gemechte noch groß noch klein, noch mit namen mit gebrentem weine, denn allein mit kemmen und mit beeren.« Konfiskation des »Zeugs«, Strafen an Ehre, Leib und Gut wurden angedroht. Trotzdem wucherte die Weinschmiererei noch weiter und erreichte in der zweiten Hälfte des 15. Jahrhunderts ein solches Ausmaß, daß »guter und gerechter Wein« zu den Raritäten gehörten. Im Jahre 1482 traten Beauftragte der Bischöfe von Würzburg und Bamberg, des Markgrafen von Ansbach und der Reichsstadt Nürnberg in Kitzingen zusammen und erarbeiteten eine Verordnung »des gemechts halben weines, daraus nach Anzeigung vieler vortrefflicher Doktoren der Arznei den menschen und sonderlich dem weiblichen geschlecht viel und mancherlei krankheit des leibes, auch abgang und verderbung der menschlichen Frucht entstehen und erwachsen «.

Der Nürnberger Reichstag vom 4. Oktober 1487 brachte ein allgemeines Verbot des Weinmachens, »des wein gemechts«. Mit Pranger und mit Landesverweisung drohte man den »Schmierern«. In Nürnberg, wo der aus Wipfeld stammende Dichter und Humanist Conrad Celtis mit flammendem Zorn gegen die abscheulichen Fälscher donnerte, wurde der Wein, der nicht gerecht war, auf einen Wagen mit einer rotweißen Fahne verladen, die die Aufschrift trug: »Weinschmierer«. Und während der Henkersknecht oben auf dem Fasse durch Paukenschlag das Volk herbeilockte, wurde der Wein zum Saumarkt gefahren, wo dem Faß der Boden ausgestoßen wurde und man »die schädlich Materi« in die Pegnitz laufen ließ.

Noch in der ersten Hälfte des 18. Jahrhunderts war die Behandlung der Weine mit Fremdstoffen zum Zwecke der Streckung, Süßung und Würzung an der Tagesordnung. Ein würzburgerisches Landesmandat vom 1. Oktober 1727 klagt, daß verschiedene Weinhändler, auch einige Untertanen des Hochstiftes, an dem selbst gebauten und gekauften Most und Wein, um solchen in höheren Preis zu bringen, »allerlei Künste und Anschmierung brauchen!«. »Sie sieden ihn und vermischen ihn mit verschiedenem Würzwerk, Süßungsmitteln und anderen nichtswertigen Sachen.« Da hierdurch der Frankenwein seinen Ruhm verlieren müsse, erneuerte die Regierung die früheren Verbote. Ohne dauernden Erfolg, da es damals noch keine amtliche Weinkontrolle gab. Im Jahre 1746 kommt aus Kitzingen die Anzeige, daß »ungescheut von Christen und Juden gefärbt und gebrauet« wird. Auch der Würzburger Magistrat gab die fast allgemeine »Schmiererei« und deren Gefährlichkeit für den Weinhandel zu.

Um diesen »greulichen« Zuständen ein Ende zu machen, griff die Regierung endlich energisch durch. Am 20. Juli 1747 erschien ein abermaliges verschärftes »Verbot des Wein- oder Mostbrauens und Anschmierens«, welches den Missetätern im Wiederholungsfalle Schanzarbeit, Zuchthaus und noch schärfere Leibesstrafen in Aussicht stellte. Überdies wurde eine »Generalweinvisitation« in sämtlichen Kellern des Hochstiftes Würzburg angeordnet und tatsächlich in der Zeit von 1751–1754 durchgeführt. Das Ergebnis muß wenig erfreulich gewesen sein, denn Konfiskationen und empfindliche Geldstrafen wurden verhängt. Sie scheinen nicht ohne Wirkung geblieben zu sein. In den späteren Landesberichten und -verordnungen finden sich weder Hinweise noch Anhaltspunkte, die auf unerlaubte Weinbehandlungsmethoden schließen lassen.

Wenn man sich die in der Literatur genannten Weinbehandlungsmethoden früherer Jahrhunderte in Franken näher ansieht, kommt man zu dem Schluß, daß sie vom heutigen Stande der Kellerwirtschaft betrachtet, gar nicht so abwegig waren. Denn auch heute noch werden Fässer wie Weine geschwefelt, Tonerden (Bentonite) und Eiweiß werden auch heute noch als Schönungsmittel benutzt. Statt mit Fett werden in südlichen Ländern die Weine mit Öl gegen Luftzufuhr geschützt. Die Herstellung von Würzweinen ist in außerdeutschen Ländern zu einem speziellen Industriezweig geworden. Das Zusetzen von Branntwein zum Wein ist in Frankreich wie in Italien gebräuchlich, vor allem zur Herstellung von Dessertweinen und Mistellen (unvergorene Traubensäfte, die mit Alkohol so stark versetzt werden, daß sie nicht mehr gären können).

Im Jahre 1738 kamen aus Spanien, Frankreich und Holland Konservierungs- und Stabilisierungsmethoden mit Alaun und Süßung mittels Bleiacetat (Bleizucker) auch in Franken auf, gegen die man sich wegen der Giftigkeit dieser chemischen Behandlungsmittel energisch zur Wehr setzte. Das kann man dem Buche von Joh. Christ. Fischer entnehmen, der selbst Weinbauer und Weinhändler war. Es heißt bei ihm: »Allein lasset uns die von unseren

Nachbarn gekommene Kunst, die bereits in den Händen der Samariter ist, verabscheuen. Lasset uns nicht solche Thoren werden, daß wir sogar von ihnen den Wein trinken, den sie bloß aus Gewinnsucht verkaufen und uns um unsre Gesundheit dadurch bringen... Denn keiner der Weinverfälscher läßt sich eine Bouteille seiner verfälschten Weine aus seinem eigenen Keller auf den Tisch bringen.« Im Kampf gegen die Weinschmierer hat es auch nicht an Stimmen gefehlt, die den fränkischen Häcker immer wieder zu einer sauberen Haltung in der Weinbehandlung ermunterten und ihm Wege zeigten, wie man schon in der Lesetechnik die Grundlage für Qualitätsweine legen kann, so daß sich eine künstliche Weinverbesserung erübrigt.

Joh. Christ. Fischer schreibt dazu: »Meine Landsleute wissen den Wein geschickt zu behandeln, ein Vorzug, wozu ich meinem Vaterlande in Wahrheit Glück wünschen darf, und darauf der edle Franke allerdings stolz sein kann.«

Die Gärung

Obwohl man sich im 18. Jahrhundert noch nicht vorstellen konnte, wie die Umwandlung des Traubenzuckers in Alkohol während der Gärung vor sich ging, stand die Kellerwirtschaft doch schon auf einer beachtenswerten Stufe. Aus der damaligen kellerwirtschaftlichen Ordnung seien drei Grundsätze wiedergegeben, die dies bestätigen mögen:

6) »daß je länger die sanfte Gärung dauert, um so vollkommener der Wein werde.

7) Wenn die zur zukünftigen Weinlese bestimmten Fässer oberhalb der Erde in Weinkammern liegen können (Gärkeller d. Ref.), so ist es besser, als wenn man sie im Keller aufbewahret hat. Denn durch die mehrere Wärme jener Örter wird die Gärung vollkommener geendigt.

8) Wo viele Fässer mit Most beisammen gären, und die ausgestoßenen Dünste den leeren Raum des Kellers oder der Weinkammer ganz ausfüllen und die durchstreichende Luft dieselben nicht ganz verteilen kann, ist man oft in Gefahr zu ersticken, wenn man zur Zeit der Gärung in den Keller geht.«

So alt die letztgenannte Weisheit ist, so kommt es doch auch leider heute noch in Franken vor, daß Winzer oder ihre

86

Familienangehörigen im Keller während der Zeit der Gärung umkommen.

Gegen Ende des 18. Jahrhunderts war auch die Schönung des Weines mittels Hausenblase (Schwimmblase des Fisches Hausen oder Stör) bekannt und sie wird noch heute in der gleichen Weise wie früher in kleine Streifen geschnitten, aufgequollen und dem Weine zugesetzt, den sie blitzblank macht.

Bestimmung der Mostqualität

Interessant ist es auch zu wissen, wie man früher aus der Zuckerkonzentration des Traubensaftes die Qualität des späteren Weines zu ermitteln suchte:

> *»Nehme man jährlich aus einem Weinberg von jeder Gattung 10 der vollkommensten, pflücke die Beeren ab, quetsche solche und seihe den Saft durch reine Leinwand.*
> *Von diesem Saft bringe man 8 Loth in eine porzellanene Schale und lasse solchen über gelindem Feuer verdünsten. Dieses Feuer unterhalte man solange, bis an einem dünnen Drahte oder an dem Kopfe einer Stecknadel ein Tröpfchen hänget bleibet.*
> *Jetzt wäge man das honigdicke Übriggebliebene nach Gewicht von Lothen, Pfennigen und Assen genau ab; das Loth wird zu 16 Pfennige, diese zu 15 Asse gerechnet. Je weniger verdünstet, desto besser ist die Güte des Mostes.«*

Eine weitere Methode war die der Destillation:

> *»Man nehme jährlich aus einem Weinberge von jeder Gattung Weintrauben 20 der vollkommensten, pflücke die Beeren ab, zerquetsche solche und lasse den Saft durch einen englöcherigen Seiher laufen.*
> *Diesen Most erwärme man in einem Kessel bis zur Wärme einer frisch gemolkenen Milch und lasse sie in einem sauberen Fäßchen oder Glas in einer warmen Stube gären. Wenn die Gärung vollendet ist, bringe man 80 Loth in einen Glaskolben und destilliert. Den übergegangenen Geist wägt man genau ab, so wird man die Probe gefunden haben.«*

Joh. Christ. Fischer hat sich dieser Methode zur Feststellung der Mostgewichte in den Jahren von 1759 bis 1790 bedient und die Resultate aufgeschrieben und daraus seine Schlußfolgerungen gezogen.

Das Konzentrieren von Mösten

Überreiche Weinjahre brachten auch früher den Häcker in Schwierigkeiten, weil auch ihm der notwendige Faßraum fehlte, um den unerwarteten Erntesegen aufzufangen. Während man sich im Jahre 1960 sommerlicher Swimming-pools aus Plastik bediente, die im Keller aufgestellt und mit Most gefüllt wurden, gab es im 18. Jahrhundert noch nicht eine ähnliche Aushilfe. Ein findiger Eibelstädter Häcker, namens Kellermann kam im Jahre 1739 auf die Idee, den Most durch Einkochen in der Menge zwar zu verringern, in der Güte aber aufzubessern. So konnte er seinen Most konzentrierter einlagern und es soll einen kräftigen süßen Wein gegeben haben.

Abbeeren

Im 18. Jahrhundert war das Abbeeren bereits bekannt. Man brachte in der Tragebutte die Trauben zur Kufe, über die ein durchlöchertes Sieb lag, dessen Löcher einen Durchmesser wie die Beeren hatten. Die Trauben wurden geraspelt, so daß keine Kämme (Traubenästchen) mit in die Maische kamen. Dieses Qualitätsstreben der Häcker wurde jedoch durch die hohen Abgaben zunichte gemacht. Bei der Ablieferung an Steuern und Weinzehnten, die in Naturalien zu erfolgen hatten, zogen die qualitätsbewußten Häcker den Kürzeren, da es nicht auf Qualität ankam, sondern einzig und allein darauf, ob die Butte gefüllt war.

Entschleimen

Auch das Entschleimen war im 18. Jahrhundert schon bekannt: »Jedes Faß von 2 Fuder wird Tage vorher (d.i. vor dem Füllen mit Most) mit ein Loth Schwefel eingebrennt, worein dann der gekelterte Most gefüllet wird. Nach 24 oder 36 Stunden — denn bis dahin haben sich die groben erdigen und hefigen Teile niedergeschlagen — wird der Most auf ein anderes Faß gezogen.«

Sorgfältige Lese

Tritt schon Joh. Christ. Fischer für eine pflegliche Behandlung des Lesegutes ein, für die Trennung von Sorten, von reifen und unreifen Trauben, von gesunden und kranken Beeren, erhebt im 19. Jahrhundert Seb. Englerth erneut und eindringlich seine Stimme gegen »jede künstliche Beeinflussung der Weinqualität, bevor nicht alle natürlichen Möglichkeiten ausgenutzt sind. Nicht im Verbessern des jährlichen Mosterzeugnisses durch Zusatz fremder und nicht einmal bekannter Stoffe wollen wir unsere Bemühungen setzen, sondern wir wollen diesem Verbessern eine höhere, nicht künstliche, sondern eine naturgemäße Richtung geben, nämlich unsere Weine durch sorgfältige Auslesen, angemessenes Behandeln in der Kelter und bei ihrer Gärung und Entwicklung zu verbessern...«

Die Qualität wächst im Weinberg

In dieser Beziehung hat selbst in einer von technischen Errungenschaften geprägten Zeit weder die staatlicherseits geförderte weinbauliche noch die kellerwirtschaftliche Beratung der allgemein gültigen Ansicht widersprochen, daß die Qualität eines Weines zuallererst im Weinberg wächst.

Von Zins, Gült, Handlohn, Weinzehnt und anderen Abgaben und Steuern

> »Laß sie singen,
> Wenn sie nur bezahlen.«   *Mazarin*

In einer sehr eingehenden und aufschlußreichen Arbeit über die Geschichte des Weinbaues in Würzburg im Mittelalter und in der Neuzeit bis 1800 hat W. Lutz u.a. der Abgabenwirtschaft einen breiten Raum gewidmet. Sie war in ihren Anfängen dem täglichen Leben und dem Weinbau so angelehnt, daß der Häcker immer nur gerade sein Dasein fristen konnte. Die Belastung hatte nach dem Dreißigjährigen Krieg unheilvolle Folgen für den Bestand des fränkischen Weinbaues gebracht. Es ist daher kaum verwunderlich, wenn in der Zeit ab 1650 bis 1800 die Weinbaumoral in Franken unter gleichzeitiger Abwendung von der Qualität und der Hinwendung zur Quantität rapid zurückging. Es kam ja doch bei der Ablieferung von Naturalabgaben auf die Menge und nicht auf die Qualität an. Sie waren jeglichem Fortschritt im fränkischen Weinbau hinderlich. Dementsprechend wurden bei der Neuanlage eines Weinberges Massenträger wie Trollinger und Elbling den schwachtragenden Qualitätssorten Riesling und Traminer vorgezogen. Anordnungen und Aufmunterungen der regierenden Fürstbischöfe und der Städte haben das Verblassen des einstigen Ruhmes fränkischer Weine ebensowenig aufhalten können, wie das Eintreten von Literaten und Poeten für einen Stoff, dem sie ihre Ideen, ihren Schwung und ihre Kraft verdankten. Im 19. Jahrhundert endlich lief die Entwicklung umgekehrt, nachdem man erkannt hatte, daß das Streben nach Menge dem Verfall des Weinbaues dienlicher war als seiner Erhaltung. Der Qualitätsgedanke setzte sich so stark durch, daß nunmehr überall dort der Weinbau aufgegeben wurde, wo die Qualität nicht der Erwartung entsprach. Von 40 000 ha im 16. Jahrhundert, 18 600 ha um 1800, 4 000 ha um 1900, beträgt die heutige Weinbaufläche in Franken sogar 5 000 ha.

Anstoß zu diesem Rückgang waren neben den Wirren des unglücklichsten aller Kriege die ungesunden Verhältnisse, die durch die Abgabenwirtschaft entstanden. Und weil diese in ihrer Art, nicht jedoch in ihrer Höhe soviel Ähnlichkeit mit dem derzeitigen Steuer- und Zinssystem haben, seien sie in enger Anlehnung an W. Lutz hier dem Leser nähergebracht.

Der Häcker war damals Kontraktist einer Herrschaft, die Besitzer des Weinberges war. Der Weinberg war ihm als Lehen übergeben. Er hatte seinen Jahreszins zu zahlen, entweder als Naturalzins oder als Geldzins. Während im 13. Jahrhundert der Naturalzins dominierte, wurde er bereits im 14. Jahrhundert mehr und mehr durch einen Geldzins abgelöst, ohne allerdings als Naturalabgabe ganz aufgegeben zu werden. Der Naturalzins oder die Naturalpacht hat sich bis in unsere Zeit erhalten. Nicht selten findet man in Franken, daß jemand seinen Weinberg einem anderen zur Bebauung und Nutznießung gegen ein Drittel oder ein Viertel der Weinernte verpachtet.

Der Wein war früher wie heute das erste und wichtigste Zinsobjekt. Vielfach waren kirchliche oder klösterliche Einrichtungen die Grundherren. Obwohl Kirchen und Klöster durch die Säkularisation größtenteils der Weinberge verlustig gegangen sind, wird eine Abgabe doch hie und da noch heute von den Weinbergsbesitzern an die Kirche oder an ein Kloster gezahlt.

Es ist anzunehmen, daß es sich bei diesem Zins wohl um den sogenannten Seelzins handelt, der für die Ausgestaltung der Kirche und des Gottesdienstes gefordert wurde, wofür an einem Tag des Jahres des Zahlenden bei der Messe besonders zu gedenken war. Da für diesen Seelzins meist Kerzen gekauft wurden, nannte man ihn auch den Wachszins.

Der Naturalzins, der einen Teil der Ernte ausmachte, war kein fester, bestimmter Zins, weder als Natural- noch als Geldquote, sondern ein Teil des jährlich wachsenden Rohertrages.

Die Ablieferung der jährlichen Naturalzinsen war an bestimmte Termine gebunden. Bis zum St. Martinstag war beispielsweise die Lese durchweg beendet. So wird dieser Tag auch als Abgabetermin für die Naturalzinsen bestimmt. Es versteht sich, daß bei der jährlich wachsenden Menge und Güte des Weines die automatisch schwankenden Naturalzinsen dem Grundherrn keine vorausschauende Planung erlaubten.

Das war anders beim Gült, der unserem heutigen Pachtzins entspricht. Der Gült betrug im allgemeinen pro Morgen = 1 Eimer = 75 Liter = 64 Maß (1 Maß = 1,22 Liter). Diese Menge mußte pro Morgen entrichtet werden, gleichgültig, ob die Ernte gut oder gering war.

In geringeren Jahren konnte es bei großzügiger Entscheidung des Grundherrn geschehen, daß der Gültwein in Geldzins umgewandelt wurde. In den schlechten Jahren nach dem Dreißigjährigen Krieg wurde die Tendenz allgemein, den Gültwein und den Wachszins in Geldzinsen umzuwandeln.

Die Wirrsale des Dreißigjährigen Krieges hatten, wie nach dem ersten wie zweiten Weltkrieg, im fränkischen Weinbau verheerende Folgen. Aus dem Nachlassen der Gülten einerseits und aus den Versuchen der Steuerhinterziehung andererseits betraf der Niedergang sowohl die Wirtschaft als auch die Moral.

Für das Nachlassen der Gülte durch den Grundherrn waren weinbautechnische und weinbauwirtschaftliche Gründe maßgebend. So wurden auf den Gült zum Zwecke der Neuanlage vier bis sechs Jahre verzichtet. Der Winzer mußte versprechen, in dieser Zeit den alten Weinberg auszuhacken, eine Kleebrache anzulegen, das Grundstück zu rigolen (= wenden, reuten) und neu anzulegen. Nun waren vier bis sechs Jahre für eine derartige Arbeitsauflage nicht viel. Auch der Grundherr mußte das schon erkannt haben, denn er geizte keineswegs mit dem Nachlaß der Gülte um weitere zwei bis drei Jahre. Gingen auch diese Jahre ohne Ertrag vorüber, drohte der Besitzer mit dem Heimfallsrecht, nach dem der Weinberg wieder an den Grundherrn zurückfiel, der ihn dann anderweitig verpachtete.

Trotz Entgegenkommens seitens der Grundherrschaft kam es früher wie heute vor, daß der Winzer in Not und damit in einen »Gültmostrückstand« kam. Es hing, damals wie heute, von der Einsicht und Großherzigkeit des Beamten ab, ob dem notleidenden Häcker Aufschub gewährt wurde oder sein Weinberg dem Grundherrn wieder anheimfiel.

Die Geschichte weiß auch zu berichten, daß der Winzer nicht gerade den besten Most als Zins ablieferte. Da er den Gültwein nach der Fläche und nicht nach dem Ertrag zu entrichten hatte, war er darauf bedacht, möglichst viel zu ernten, um die Abgaben relativ niedrig zu halten. Waren aber Naturalzinsen nach dem Brutto-Rohertrag (ein Viertel bis ein Drittel) zu liefern, so stimmte die Rechnung der Häcker für den Gültwein und den Wachszins nicht mehr.

Der Gültwein war eine Bringschuld, so wie heute unsere Steuer. Man mußte sie zum Einnehmer bringen. Wehe, wenn man in Rückstand kam und die Gülte eingetrieben werden mußten!

Der Grundherr erließ in solchen Fällen eine Leseordnung, welche alljährlich die Gemarkung nach Lagen in Lesebezirke (Lauben) einteilte, und aus der er genau den Lesetag (die Laub) seiner zinsbaren Weinberge ermitteln konnte. Zur rechten Zeit fanden sich seine Leute dann dort ein und nahmen den Gültwein vom Felde gleich mit. Im Volksmund hieß dieser Wein »der Knötschwein«.

Man kannte im fränkischen Weinbau schon frühzeitig auch eine Art »Umsatzsteuer«. Das war der Handlohn. Er betrug generell ein Zwanzigstel des Wertes eines Weinbergs und mußte entrichtet werden, wenn dieser verkauft wurde, sozusagen als Anerkennungsgebühr der grundherrschaftlichen Obrigkeit durch den Käufer.

Waren Zins, Gülte und Handlohn grundherrliche Abgaben, so kamen dazu noch die »Kirchensteuer«. Das war der Weinzehnt. Die Kirche beanspruchte ihren zehnten Teil, der zunächst eine freiweillige Abgabe, später aber gefordert wurde. Diese bestand für den Würzburger Häcker in einem Natural- oder Realzehnt, d.h. es mußte bei der Lese im Herbst jeweils die zehnte Butte dem kirchlichen Zehntherrn abgeliefert werden. Diesen Zehnt einzutreiben, verstand man wohl. Zur Zeit der Laub wurden Zehnt-Knechte am Weinberg postiert, die darüber zu wachen hatten, daß keine Zehnt-Hinterziehung geschah. Die Zehntknechte waren eingeteilt in Pfeiffer, Buttenträger und Buttenzähler. Bei einer so starken Kontrolle konnte es kaum zu einem Verschwinden auch nur einer Butte kommen.

Schließlich gab es noch eine Art »Grundsteuer«, die sogenannte »Wingartbet«. Sie war nicht auf die Person des Häkkers, sondern auf die Weinberge gelegt und trug vogteilichen Charakter. Kennzeichnend für sie ist, daß sie für ganz bestimmte Zwecke nur vorübergehend zu leisten war und zunächst keine Angaben dafür sprachen, daß sie zu einer traditionellen Weinbergssteuer auswachsen würde. Der Bischof mußte sie sich erbeten. Aber schon im 14. Jahrhundert war die Wingartbet eine von alters hergebrachte ständige Weinbergs- oder Grundsteuer geworden. Da sie nicht fest fixiert war und auch keine Rücksicht auf den Ertrag der jeweiligen Weinernte nahm, stellte sie eine härtere Belastung dar als der Weinzehnt.

War die Besteuerung des Winzers in Form von Naturalabgaben vor der Säkularisation schon erheblich, so änderten sich die steuerlichen Verhältnisse auch nach Abschaffung des Zehnten in der bayerischen Verfassung von 1818 keineswegs zum Besseren. Das Gegenteil war der Fall. Der am 1.1.1834 geschlossene Zollverein forderte seinerseits eine Abgabe, die als Grundsteuer und Übergangssteuer bar zu entrichten war. Abgesehen davon, daß der Winzer für den Absatz seiner Trauben, Moste oder Weine selbst zu sorgen hatte, blieben ihm aber auch noch die landeseigenen Abgaben, die sich aus den früheren Weinzehnten, Weingülten, Handlohn und einer neugeschaffenen Dominikalrente zusammensetzten. Ab 1830 mußten zudem auch diese Abgaben in Geld entrichtet werden.

Wie hoch die Belastung für eine Gemeinde insgesamt und für einen Häcker im einzelnen waren, möge aus Aufzeichnungen ersehen und errechnet werden, die wir Sebastian Englerth aus Randersacker aus dem Jahre 1851 verdanken. Die Angaben Englerts beziehen sich auf die Jahre 1831–1835. Damals besaß die Stadt Würzburg 2264 Tagwerk Weinberge = 752 ha. Davon mußten in einem Jahr 61094,73 Goldmark als Steuern abgeführt werden. Auf ein Hektar umgerechnet waren das 81,23 Goldmark. Nach heutiger Währung und bei dem derzeitigen Weinpreis wäre das eine begrüßenswerte Summe, die jeder Winzer heute gern zahlen würde. Aber im vergangenen Jahrhundert, das sich überdies durch häufige Mißernten auszeichnete, so daß der Häcker seine Trauben aus einem Morgen in einem Gang nach Hause tragen konnte, waren die Abgaben an den Zollverein und an das Land Bayern in Goldmark kaum aufzubringen. Im Durchschnitt der Jahre 1831/35 lag der ha-Ertrag in den Lagen bester Bonität in der Würzburger Gemarkung bei 8–10 hl/ha. Ein Würzburger Eimer betrug 75 Liter Most und kostete 9,60 Goldmark; das waren 12 Pfennige/Liter.

Randersacker mußte jährlich den Wert für 145 Fuder Wein, Eibelstadt für 104 Fuder (ein Fuder = 900 Liter) in barem Geld abliefern, unabhängig davon, wie die Ernte mengenmäßig und qualitätsmäßig ausgefallen war. Der Weinpreis lag in Randersacker und Eibelstadt um 50% niedriger als in Würzburg. Für einen Würzburger Eimer Randersackerer Most zu 75 Liter wurden 4,80 Goldmark gezahlt. Ein Liter kostete also gerade 6 Pfennige. Selbst wenn wir bei der damaligen Pflanzweise im Mischsatz von Massenträgern einen Durchschnitts-Hektarertrag von 20 hl annehmen, konnte der Häcker aus einem fränkischen Morgen zu 20 Ar gerade 400 Liter Most herbsten, für den er im günstigen Falle 16 Goldmark bekam oder 80 Mark/ha. Aber bei der Qualität, die der Mischsatz brachte, war es noch fraglich, ob der Most überhaupt abgenommen wurde. Sebastian Englerth schreibt nämlich, daß der Absatz guter Qualitätsweine trotz der hohen Zölle, mit denen Frankreich, England, Holland, Belgien und Amerika die einzuführenden Weine belegt hatten, ohne Schwierigkeiten möglich war, daß aber die qualitativ minderen Weine häufig keinen Käufer fanden und daher in den Kellern der Winzer verblieben, wo sie gänzlich verdarben, da die notwendigen kellerwirtschaftlichen Kenntnisse ebenso fehlten wie der fachgerechte Keller und der gepflegte Faßraum.

Die Steuerlast, die der einzelne Winzer zu tragen hatte, war sehr hart, besonders wenn mehrere Mißjahre aufeinander folgten. Es gab weder ein staatliches Entgegenkommen, noch eine staatliche Unterstützung wie zur Zeit der Feudalherren, noch eine Genossenschaft, die sich um den kleinen Winzer kümmerte. Daß unter diesen Umständen der Hang zum Quantitätsweinbau und zur künstlichen Verbesserung und Vermehrung der Weine aufkommen konnte und sich zusehends steigerte, ist kaum verwunderlich. Mit dem Quantitätsweinbau aber wurde der Verfall des fränkischen Weinbaugebietes eingeleitet. Der Weinhandel war nicht bereit für geringe Weine, die künstlich hergerichtet waren, vergleichbare Preise zu zahlen wie für naturbelassene Erzeugnisse, deren Bekömmlichkeit — auf den Frankenwein bezogen — über Jahrhunderte sprichwörtlich geworden war.

Der Verfall

Ausgerechnet in dem Jahrhundert, in dem sich die Kunst in Architektur und Malerei in Franken zur besonderen Blüte entfaltete, ging der fränkische Weinbau seinem Niedergang entgegen. Das mag wohl mehr mit der steuerlichen Belastung und den allgemein aufkommenden Zeitströmungen des Kapitalismus und Liberalismus zusammenhängen, als mit der Veränderung des Weingeschmacks im Zeitalter des Barock.

Der Würzburger Stadtrat und Professor der Rechte K.A. Franz (1958) läßt keinen Zweifel darüber, daß mit der Ausweitung des Handels Betrügereien, Unterschleife und Fälschungen aufka men, die vielfach ihren Ursprung in Holland, Spanien und Italien hatten, von wo sie durch die Weinhändler verbreitet wurden. So entstanden in vielen — auch nicht weinbaubetreibenden Ländern — regelrechte Weinfabriken und man sprach ganz offiziell von Weinfabrikation und Kunstwein. Es konnte nicht ausbleiben, daß der durch Naturalabgaben belastete fränkische Häcker, durch die geduldete Kunstweinfabrikation verführt, sich allmählich auch unlauterer Methoden bediente, um die Quantität seiner Möste und Weine zu erhöhen. Franz zitierte aus einer Kammerverfügung des Jahres 1780 wie folgt: »Die Zins- und Gültweine seien oft von so schlechter Qualität gewesen, daß sie fast ganz und gar ungenießbar und mehr dem Wasser als dem Weine geglichen haben und, daß die Kammerbeamten der Herrschaft gegen Gunst und Gabe jede von dem Zins- und Gültleuten erbrachte Brühe angenommen haben.« Daher wurden die Kellereiverwalter, Beamte und Gegenschreiber angewiesen, »bei Mostablieferungen sorgfältig zu kosten und die verfälschten Möste nicht anzunehmen und die Censiten zu guter Lieferung anzuhalten — oder von ihnen Ersatz in Geld zu verlangen für die schlechte Qualität; den Beamten wurde angedroht, daß sie der Hofkammer bzw. Kellereiverwaltung selbst den Wertersatz zu bezahlen hätten, oder die schlechte Brühe als ihren Bestallungswein bekämen.«

Die Zins, Gült und Zehnt verführten die Häcker entgegen den Verboten auch weiterhin dazu, Massenträger anzupflanzen und diese noch auf Höchsterträge anzuschneiden. Für die Neuanlage ihrer Weinberge oder als Lückenbüßer bezogen sie ihnen unbekannte Setzlinge (Würzlinge, Fechser oder Gräslinge) von Rebenvermehrern, die Handel damit trieben und sie als gute Träger von Menge und Güte anpriesen, ohne sie selbst zu kennen, noch auf ihren Gesundheitszustand und die Vermischung zu achten. Ganz ähnlich wurden die Häcker mit Weinbergspfählen, die wie die Setzlinge zu Hundert gebündelt sein sollten, betrogen. Die Häcker gehörten bald zu den Betrogenen, bald zu den Betrügern. Alle diese Geschehnisse aber waren letzten Endes Ausdruck einer immer weiter um sich greifenden mit dem politischen und allgemein wirtschaftlichen Verfall einhergehenden Demoralisierung der Häcker, die zur Abwendung von der naturgegebenen Qualität der Weine und zur Hinwendung zur minderwertigen Mas-

7   *Bildstock bei Sommerach*

8/9   (Rückseite)
Müller-Thurgau, Trauben und Blätter im Muschelkalkboden,
gezüchtet 1884. In Franken seit 1950 stark verbreitet —
(unten) Silvaner, Trauben und Blätter der fränkischen Hauptsorte

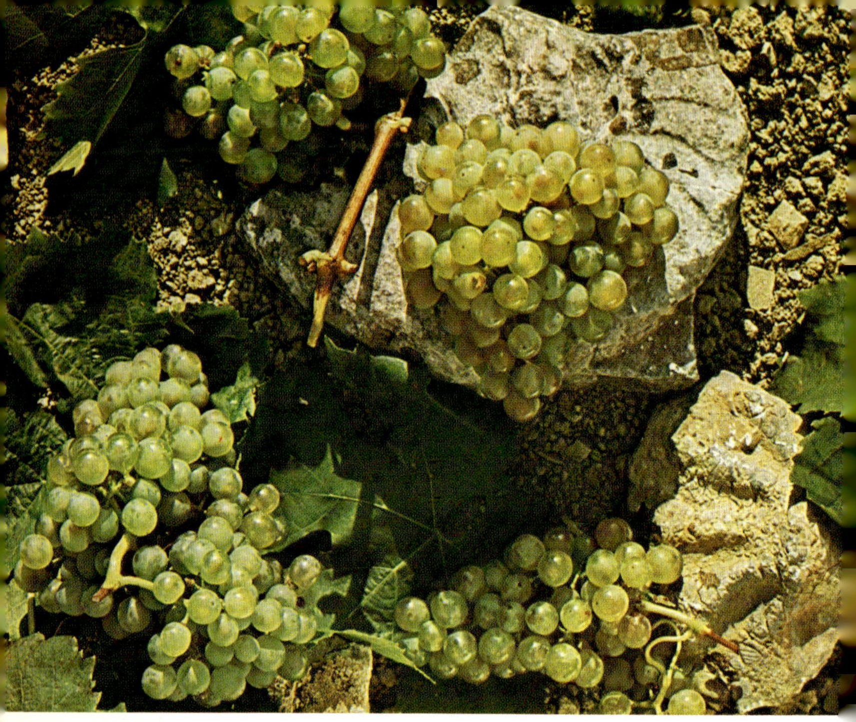

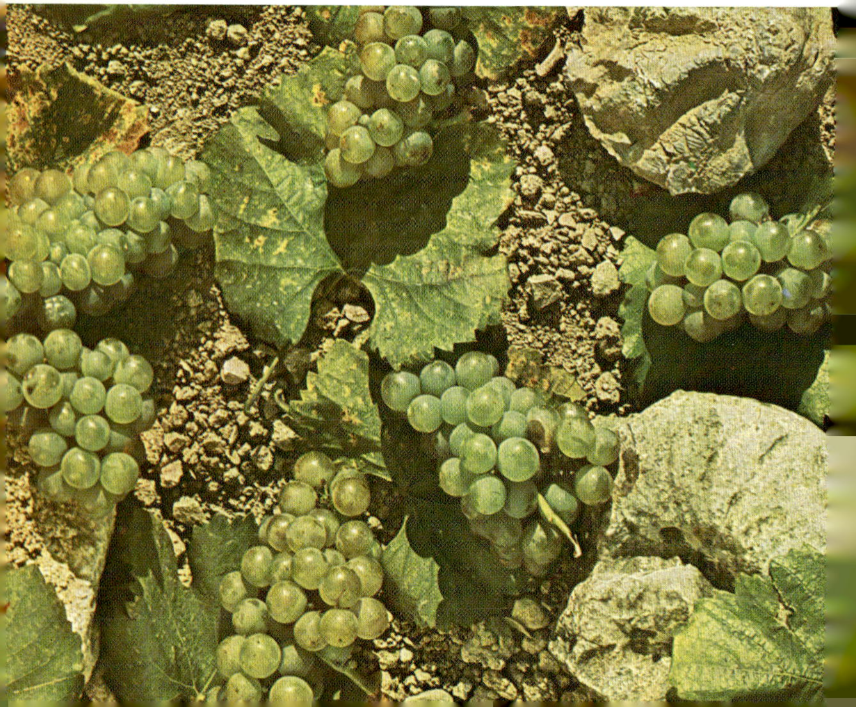

senproduktion mit allen erlaubten und nicht erlaubten Mitteln, schließlich zur Kunstweinproduktion auch im Erzeugerbetrieb und damit zur weinbaulichen Katastrophe führte. Bei Egalisierung der Frankenweine zu einem einheitlichen Gebietstyp war es nicht schwer, auf künstlichem Wege oder durch Fremdweinverschnitte gleiche Qualitäten herzustellen. So florierte die Kunstweinfabrikation zum Schaden der Häcker über 100 Jahre und länger.

Unter diesen Umständen kamen viele Häcker zu Beginn des 19. Jahrhunderts mit ihrem Pachtzins in Verzug und liefen darob Gefahr, ihres Besitzes verlustig zu gehen. Viele verpfändeten darob ihre Trauben den Weinhändlern schon am Stock, was sie in ihrer Unerfahrenheit vollends an den Rand des Ruins brachte. Traubendiebstähle waren an der Tagesordnung. Ein Hungerjahr löste das andere ab.

Überdies hatten die Erfolge der französischen Revolution auch die Bürger, Bauern, Häcker und Tagelöhner in Franken aufgeweckt. Wenn sie auch nicht den Parolen: »liberté, égalité, fraternité« folgten, so fand der englische wie französische Liberalismus mit seinen Prinzipien: Freiheit, Fortschritt, Toleranz im Nachgang zu der französischen Revolution und den nachfolgenden napoleonischen Kriegen in den deutschen Ländern einen fruchtbaren Boden.

Besonders schwer wurde der fränkische Häcker durch die Säkularisation getroffen. Ganz abgesehen davon, daß selbst Weinhändler in Franken ihre Weinkeller mit welschen, französischen und Pfälzer Weinen gefüllt hatten, die sie billiger einkaufen konnten als fränkische Möste, fielen überdies Kirche und Klöster, die ihre auswärtigen Niederlassungen und Einrichtungen bis dahin mit Frankenwein versorgt hatten, ebenso aus wie die Staatsdiener und Beamte, die aus den Zins- und Gültweinen täglich 5 Liter als Deputatwein erhalten hatten. Die Weinfälschungen und Weinschmierereien erhielten zusätzlich neue Varianten durch Verschnittmöglichkeiten mit Auslandsweinen, die als Frankenweine verkauft wurden. Dadurch kamen die Frankenweine nicht nur stärker in Verruf, sondern die Häcker blieben entweder auf ihren Naturmösten sitzen oder mußten diese zu Spottpreisen dem Handel überlassen.

So kam es, daß im ersten Drittel des 19. Jahrhunderts die Not in den Häckersfamilien saß und blieb, nicht aber im Handel und nicht in den Gasthäusern, die beide einer Blütezeit entgegengingen.

Der Wiederaufstieg

Durch die Säkularisation hatten die Häcker mit der geistlichen Herrschaft auch ihre geistige Führung verloren. Wohl gab es viel Männer aus den verschiedensten Disziplinen der Wissenschaft und Verwaltung, die sich ehrlich bemühten, durch Ratschläge den fränkischen Winzern zu helfen, allein es fehlte an Persönlichkeiten, die ihren Worten auch die Taten folgen ließen. Dies sollte einem Manne vorbehalten bleiben, der 1804 in Randersacker geboren, den fränkischen Weinbau im 19. Jahrhundert neu belebte und ihn so gestaltete, daß auch der Weinbau des 20. Jahrhunderts eng mit seinem Namen verknüpft ist: Sebastian Englerth (s.S.178).

Sebastian Englerth

Als 1835 der erste Fränkische Weinbauverein, der nur 8 Jahre Bestand hatte, in Anlehnung an Dr. Bronners württembergische Rebsortenliste den Spätburgunder (Schwarzklävner) an die erste Stelle rückte, dem Traminer, Ruländer und Riesling folgten, eigene Rebschulen als Aktienrebschule mit der Anzucht von Wurzelreben dieser vier Sorten beauftragte und sogar Fechser von Württemberg einführen ließ, war es Sebastian Englerth, der den auch vom Weinbauverein nicht empfohlenen Silvaner nach gründlicher Auslese der fruchtbarsten und qualitativ wertvollsten Stöcke anstelle des Spätburgunders setzte, ihn wie auch die anderen Rebsorten weiterhin züchterisch bearbeitete, vermehrte und an die Häcker abgab und so den fränkischen Weinbau zu einem Weißweingebiet machte. Der Silvaner wurde damit zur Schicksalsorte des fränkischen Weinbaus.

Aber nicht nur in diesem Punkt. Englerth hatte erkannt, daß der Silvaner als spätreifende Sorte bevorzugte Lagen beansprucht, um Qualitätsweine liefern zu können. Im Gemisch mit Riesling und Traminer im allgemeinen, mit Muskateller, Ruländer oder Gutedel in einigen Fällen erhöhte er dank seines reichen Ertrages die Ha-Erträge erheblich, während Riesling und Traminer und hie und da die drei anderen Sorten die Qualität und das Aroma des Weines garantierten. Da aber die klimatisch bevorzugten Lagen zahlenmäßig beschränkt waren, zog sich der Qualitätsweinbau immer mehr in ökologisch-ökonomische Nischen zurück. Insofern erwies sich als Ursache für die Umstellung vom Quantitäts- zum Qualitätsweinbau wiederum der Silvaner als Schicksalsorte. Dieser Vorgang brauchte seine Zeit, fast 100 Jahre. Während Englerth noch 1878 in seinem Kataster über 13 000 ha als vorhandene Rebenanbaufläche verzeichnete, hielt er persönlich nur 4000 ha für anbauwürdig, wobei der Silvaner als Testsorte galt.

Seine Überzeugung, daß Franken als Rotweingebiet keine glückliche Zukunft haben werde, untermauerte er durch eine Reise nach Frankreich ins Burgundische, machte 1837 die Lese der Rotweinsorten, vor allem des Spätburgunders mit und lernte die spezielle Kellerwirtschaft in der Rotweinbereitung kennen. Er brachte Fechser von allen dort gefundenen Rotweinsorten mit und legte in Randersacker einen Weinberg mit 18 Rotweinsorten an, die er separat kelterte und ausbaute, um ihre mögliche Eignung für Franken herauszufinden. Der Weinberg bestand bis zum Tode Englerths 1880.

Von 1843–1875 war der fränkische Weinbau ohne Berufsverband. Die Fürsorge um ihn übernahm das Kreiskommitée, eine halbamtliche Einrichtung des Landes Bayern, Vorläufer des heutigen Bezirksverbandes.

In der Abteilung Landwirtschaft und Weinbau war Englerth 2. Vorsitzender. Als solcher war er Versuchsinspektor für Weinbau und konnte nunmehr als Versuchsringleiter auch außerhalb des Würzburger Raumes Versuchsanlagen anlegen. Im Rahmen der ihm dabei obliegenden Aufgaben stellte er die Eignung der Buntsandstein-Böden um Klingenberg für den Rotwein fest, während im Muschelkalkgebiet wie im Keuper keine den Burgunderweinen ähnliche Qualität erzeugt werden konnte.

Englerth war aber nicht nur Versuchsinspektor, sondern auch der erste Weinbauwanderlehrer (1865). In dieser Eigenschaft kam er in seinen Vorträgen mit vielen Häckern zusammen, konnte sie belehren, ermuntern und beraten. Er lehrte den Häckern vor allem eine weitere Pflanzweite, einen den Sorten entsprechenden Schnitt, in Zusammenarbeit mit dem 1. Vorsitzenden Dr. List eine andere Bodenbearbeitung, eine Erneuerung der Bodenfruchtbarkeit durch Zufuhr von Humus und mineralhaltigen Erden, führte die von J. v. Liebig entwickelte Mineraldüngung ein, ließ Ackersenf als Chlorosehemmer und Schutz vor Bodenerosion einsäen, kümmerte sich um die Sauberkeit im Keller, um die Erhaltung der naturgegebenen Qualitäten, und führte einen harten politischen Kampf um die Naturreinheit der fränkischen Weine und gegen die Kunstfabrikation, Weinfälschungen und Weinschmiereien. Er war deswegen weit über die Grenzen Frankens hinaus bekannt und angesehen.

Als Vertrauensmann der fränkischen Häcker und Weinhändler fand er in der deutschen Gesellschaft der Land- und Fortwirte, der Obst- und Weinproduzenten von 1837–1852 eine gute Resonanz. Auf diesem Wege wurde auch die deutsche Nationalversammlung (1848) mit den Problemen der deutschen Weinwirtschaft bekannt gemacht, von der jedoch keine rechtliche Regelung bezüglich einer sauberen Weinbereitung ausgehen konnte. Jedes Land war nach wie vor auf sich angewiesen. Trotzdem versuchte Englerth die übrigen süddeutschen Weinbaugebiete für seine Weinbaupolitik zu gewinnen.

Als nun gar die Naßverbesserung nach Dr. Gall in die Weinbehandlung eingeführt wurde, lehnte er sie für Franken ab. Mit Ausnahme von Württemberg schlossen sich alle süddeutschen Weinbauländer dem Englerthschen Vorschlag an. Die Naßverbesserung hat in Franken auch später keine Rolle gespielt.

Die Weinbauschule

Englerth mußte seine Ablehnung natürlich auch den Häckern klarmachen und ihnen immer wieder den Wert von naturgegebenen Qualitätsweinen vor Augen führen. Die »Alten« konnten nicht immer seinen Ideen folgen, zu tief saßen ihnen die Weinkünsteleien in den Knochen. Er mußte die Jugend gewinnen. Im Kreiskommitée versuchte er erfolgreich die Gründung einer Weinbauschule, die 1874 als Spezialzweig der Landwirtschaftsschule Würzburg in seinem Weingut in Randersacker für 8 Winterschüler ihre Tore öffnete. Wohl hatte er seitens der Regierung die Genehmigung dazu erhalten, fand jedoch für die Weiterführung keine Unterstützung, so daß sie schon nach 4 Jahren einging. 24 Jahre später (1902) wurde sie von der Regierung als königlich-bayerische Obst- und Weinbauschule in Veitshöchheim endgültig gegründet und zwar, als spezielle Landwirtschaftsschule, in der entsprechend der neuen Struktur des fränkischen Weinbaues neben Weinbau und Obstbau auch Gartenbau, Ackerbau und Tierhaltung gelehrt wurden. Dazu wurde die Lehranstalt für Wein- Obst- und Gartenbau mit Weinbergen, Weinkellerei, Obsthof, Gärtnerei, Landwirtschaftlichem Gut und Tierställen für Schweine und Rinderhaltung ausgestattet. Das brachte endlich dem fränkischen Weinbau die von Englerth erstrebten Vorteile.

Die Winzerjugend zeigte sich aufnahmefreudig, zumal sie mit dem Besuch der Weinbauschule in Veitshöchheim auch die Landwirtschaftsschule absolvieren konnte. Im Gemischtbetrieb hatte der Qualitätsweinbau eine gute Chance; denn der Weinbau war nicht mehr eine Lebensnotwendigkeit, sondern im Nebenerwerb eine gut gepflegte Einnahmequelle barer Münzen zu den lebensnotwendigen Nahrungsgütern, welche die Möglichkeiten einer Hungersnot aus den Häckerfamilien verdrängt hatten. Der Schwund der Weinbaufläche wandelte sich bis zu einer Beständigkeit von rund 4000 ha (von Schwankungen nach unten durch Kriegseinwirkungen abgesehen), wie bereits Sebastian Englerth es in den 70er Jahren des 19. Jahrhunderts als erstrebenswertes Ziel für einen wirtschaftlichen Weinbau aufgezeigt hatte. Von einer Weinbaukrise noch zu sprechen, die sozialwirtschaftliche Mißstände zur Folge hatte, ist nicht richtig. Die Weinbaufläche in Franken verringerte sich um die Jahrhundertwende deswegen, weil die Häckersöhne in dieser Zeit Berufe erlernen konnten, die ihren Neigungen entsprachen, in denen sie auch entsprechende Leistungen vollbringen konnten, deren Entgelt ihren Lebensstandard sicherte. Sie wandten sich nicht aus Not vom Weinbau ab, sondern betätigten sich, sofern es ihrer Neigung entsprach, als Feierabendwinzer und wurden dadurch zu Förderern und Erhalter der heimischen Weinbaukultur. Franken möchte diese Häcker auf keinen Fall missen. Sie gehören wie der Bocksbeutel zum Frankenwein.

Diejenigen aber, die sich zum Häcker berufen fühlten, erhielten nunmehr eine gründliche Ausbildung, die Voraussetzung dafür wurde, daß der Qualitätsweinbau in den klimatisch günstigen Lagen der Bonitätsklasse I. Ordnung, in denen einst die Herrschaftsweine wuchsen, seine Wiedergeburt erlebte. Die Grundlagen dafür wurden aber, wie in den technischen Berufen, bereits im 19. Jahrhundert gelegt.

Man darf nicht übersehen, daß im Lande Bayern der pfälzische Weinbau eine Präferenz hatte. Die Gestehungskosten waren dort nicht nur bedeutend niedriger, sondern die Hektarerträge um das Drei- und Vierfache höher als in Franken. Während also in Franken die Weinanbaufläche schrumpfte — allerdings zugunsten des Qualitätsweines — vergrößerte sich die der Pfalz in dem Maße, wie sie in Franken zurückging. Die Qualitätsunterschiede waren dementsprechend erheblich. Der Frankenwein forderte dafür seinen Preis.

Der Fränkische Weinbauverband

Mit der Gründung des deutschen Reiches 1871 erhielt die Weinbaupolitik der Länder einen besonderen Wert. Soweit die süddeutschen Länder über einen gebietlichen Weinbauverein verfügten, wurden diese zum 29. September 1874 nach Trier zur Gründung eines deutschen Weinbauvereins eingeladen. Franken hatte noch keinen Weinbauverein. Aber Englerths Gewicht in weinbaupolitischen Fragen war so bedeutend, daß er persönlich als Gründungsmitglied eingeladen wurde. Ein halbes Jahr später, am 21. März 1875, wurde der Fränkische Weinbauverein geboren, in dessen Statuten das Eintreten für den Naturwein und der Kampf gegen jede Weinverfälschung an erster Stelle standen. Von nun an war die Weinbaupolitik eigentliche Aufgabe des Fränkischen Weinbauvereins.

Englerth forderte die fränkischen Häcker zum Beitritt auf, indem er sie zur Gründung örtlicher Weinbauvereine animierte, die als Mitglied dem fränkischen Weinbauverein beitraten, der dadurch den Status eines Verbandes erhielt. Als solcher wurde er 1877 Mitglied des Deutschen Weinbauverbandes, der nunmehr die Weinbaupolitik aller deutschen weinbautreibenden Länder im Reichstag kraftvoll vertreten konnte. Dieser Deutsche Weinbauverband erkannte die Verdienste Englerths für den deutschen Naturwein dadurch an, daß er bereits den 4. Weinbaukongreß zur Ehrung Englerths 1878 nach Würzburg einberief, wo er die Maßnahmen der Umstrukturierung des fränkischen Weinbaus zu einem Qualitätsweinanbaugebiet an Ort und Stelle kritisch bewerten konnte und dieses auch in dankbarer Anerkennung tat.

Der Fränkische Weinbauverband hat wesentlich dazu beigetragen, daß der Wein 1879 in das Reichs-Nahrungsmittelgesetz mit einbezogen wurde. Doch hatte dies noch keine günstige Auswirkung zum Schutze des Naturweines, da das Gesetz, das Verfälschungen und Nachmachen von Nahrungsmitteln zwar verbot, jedoch nicht festlegte, was unter Nachmachen und Verfälschen von Wein zu verstehen war.

Der Kampf um den Naturwein ging weiter. Franken nahm darin eine führende Stelle ein, denn noch hatte es keinen Kampf mit der Reblaus zu bestehen. Das Land am Main und seinen Nebenflüssen nahm die Erzeugung von Qualitätswein ernst. Die Mischbestände mit unbekannten und qualitativ minderwertigen Rebsorten verschwanden von selbst. In den Kellern der Häkker gab es keine Weinkünsteleien und künstliche Mengenerweiterungen mehr.

Die regionalen Verbände im Deutschen Weinbauverband drängten auf ein eigenes Weingesetz, das dann auch erstmalig 1892 zustande kam. Es brachte wohl manche Verbesserungen, konnte jedoch die Kunstweinfabrikation, die aus Wasser, Zucker, Rosinen, Himbeersäften, Glycerin und einer Reihe anderer Stoffe allerhand Weinsorten fabrizierte, nicht beseitigen, weil die Festlegung auf chemische Grundzahlen den Winzern keinen Vorteil brachten, den Kunstweinfabrikanten aber durch die Angabe von Grenzwerten für analysenfeste Weine ein nicht geahntes Feld ihrer Tätigkeiten erschloß. Begünstigt durch die niedrigen Zollsätze für Rosinen nahm die gewerbsmäßige Herstellung von Kunstweinen erst recht überhand. Für den qualitätsbewußten fränkischen Weinbau bedeutete dies eine große Gefahr. Die Lücken in einem Gesetz erkennt man im allgemeinen erst dann, wenn es sich über Jahre als unzureichend erwiesen hat. So trat dann auch bereits 1901 das zweite deutsche Weingesetz in Kraft, das die Konkurrenz der Kunstweinfabrikanten endgültig beseitigen sollte. Die Exekutive erwies sich allerdings als den Anforderungen der Weinwirtschaft nicht gewachsen. Die Kunstweinfabrikation funktionierte weiter, wenn auch einzelnen Weinbaufabrikanten der Prozeß gemacht wurde.

Mit der Einführung der Naßverbesserung und der Erlaubnis des Verschnittes von fränkischen Weinen mit Auslandsweinen zeigte sich schon frühzeitig die Notwendigkeit eines dritten Weingesetzes ab, das die Grenzen für die quantitative und zeitliche Begrenzung einer allenfalls notwendig werdenden Weinverbesserung festlegte und Ordnung in die Verschnitterlaubnis bringen mußte. Allein hier erwies sich das dritte Gesetz als ungenügend, denn es gestattet nicht nur den Verschnitt der heimischen Weine mit Auslandsweinen, sondern auch die Benennung des Verschnittes nach dem Anteil des Weines, der im Verschnitt überwog und die Art des Weines bestimmte. Damit war praktisch die Möglichkeit zur Mengenvergrößerung des Frankenweines gegeben, wie das 100 Jahre zuvor gang und gäbe gewesen war. 51 Teile Frankenweins verschnitten mit 49 Teilen minderwertigen Auslandsweinen ergab einen Frankenwein. Wiederum hatten die Weinfälscher einen weiten Spielraum.

Sie bedrohten die Entwicklung eines neuen Qualitätsweinbaues in Franken, wenn dieser nicht den Weinbauverband gehabt hätte, der sich um die Beseitigung der Gefahren bemühte.

So wurde das vierte deutsche Weingesetz geboren, das im Jahre 1930 in Kraft trat. Der Verschnitt von Auslandsweinen mit deutschen Weinen wie auch der deutschen Weine verschiedener Anbaugebiete untereinander wurde endgültig verboten, was heute zur Erzeugung von EG-Weinen wieder eingeführt ist. Innerhalb des deutschen Raumes ist auch bereits die Herstellung von deutschem Wein durch Verschnitt von Weinen aus allen deutschen Weinbaugebieten gesetzlich geregelt.

Das Weingesetz von 1930 hatte vier Jahrzehnte des fränkischen Qualitätsweinbaus gesichert, ehe für die Eingliederung in die Europäische Gemeinschaft ein 5. Weingesetz erarbeitet werden mußte, das 1969 geschaffen, aber erst 1971 in Kraft trat. Die Vorarbeiten für die Erstellung eines einheitlichen europäischen Weingesetzes durch die Verwaltung der EG in Brüssel hatten eine Flut von Verordnungen über den Weinbau zur Folge. Mehr und mehr trat anstelle einer sach- und fachkundlichen Weinbaupolitik die Weinbauverwaltung. Und schon zeigen sich die ersten Kratzspuren am fränkischen Qualitätswein. Wie sagte doch Ortega y Gasset? »Lange, lange bevor der Wein ein Verwaltungsobjekt war, war er ein Gott!«

Die Reblaus in Franken

Eine ausführliche Beschreibung der Rebenschädlinge ist in diesem Buche bewußt unterblieben, weil sie nicht in das Stimmungsbild passen, das dem Wein gerecht wird und das er selbst erzeugt. Dennoch muß ein Schädling herausgestellt werden, der zunächst als Weinbauschädling Nr. 1 der Begründer eines neuen und ertragreichen Weinbaues wurde: Die Reblaus. Ihr Name »Phylloxera«; ihre Vornamen: Vastatrix und vitifolii. Vastatrix ist, wie ihr Name schon sagt, die gefährlichere. Sie kommt bei uns in Franken vor; möglich, daß sie bis heute vorkam. Vielleicht ist sie dank sorgfältiger Beobachtung und Gegenmaßnahmen heute bei uns ausgerottet.

Sie lebte früher nur in Amerika an Wildreben. Anfang des 19. Jahrhunderts wurde sie nach Europa eingeschleppt. Nach Franken kam sie mit Tafeltraubensetzlingen aus Amerika über England (London) in eine Baumschule nach Erfurt, von wo sie mit bewurzelten Tafeltraubensetzlingen durch einen Lokomotivführer an das Bahnwärterhäuschen in Sickershausen bei Kitzingen verschleppt wurde. Das mag im Jahre 1902 gewesen sein; denn 1904 wurde ihre Anwesenheit in Iphofen amtlich registriert. Nun war es aber schon zu spät für eine Beschränkung ihrer Aufenthaltsgenehmigung. In der Folgezeit vermehrte sie sich derart, daß vom Winde verweht bald Iphofen, Rödelsee und Wiesenbronn bevorzugte Besiedlungsräume dieses kleinen Schädlings geworden waren. Die Rebstöcke gingen ein, ein Weinberg nach dem anderen mußte vernichtet werden; und doch war kein Ende des Schadens abzusehen, zumal die Bedeutung des Schwefelkohlenstoffs für die Vernichtung der Reblaus erst 1931 erkannt, aber auch dann noch nicht allenthalben eingeführt wurde.

Wo die Reblaus entdeckt, die Reben ausgehackt waren, blieb der Weinberg über mehr als sechs Jahre brach liegen, bis man annehmen konnte, daß auch die Reblaus im Boden durch

Hunger vernichtet war. Dann wurde mit Pfropfreben wieder aufgebaut. Aber man hatte noch nicht genügend Erfahrung mit dem Weinbau mittels Pfropfreben. Sie wurden u.a. so tief gepflanzt, daß die Veredlungsstelle, von der man annahm, daß sie besonders winterfrostempfindlich sei, vom Boden bedeckt war. Zwar wurden die Winzer angewiesen, im Juni eines jeden Jahres die Veredlungsstellen wieder frei zu stellen, um eine Besiedlung der vom Edelreis gebildeten neuen Wurzeln durch die Wurzelreblaus zu verhindern. Aber wer kümmerte sich schon um diese Anweisungen? Nur die staatlicherseits eingesetzten örtlichen Beobachter kontrollierten die Weinberge und machten neue Befallsareale aus, die dann vom Reblauskommissar vernichtet wurden. Für die vernichteten wurzelechten Stöcke — nicht für Pfropfreben — erhielt der Winzer eine ansehnliche Entschädigung.

Im zweiten Weltkrieg fielen die örtlichen Beobachter aus. Die Winzer wie auch ihre Frauen waren an die Kopferziehung wurzelechter Rebenstöcke gewöhnt. Also verfuhr man auch mit den Pfropfreben. Man legte die Veredlungsstellen nicht mehr frei, sondern riß den Kopf der Veredlungsstelle, die nur aus dem Edelreis bestand, mehrfach. Ein immer stärkeres Kallusgewebe entwickelte sich, bis schließlich der Kopf einen Durchmesser von 10–20 cm hatte. Da er aber vom Boden bedeckt war, fanden die Wurzelrebläuse mehr als einen gedeckten Tisch vor, sogar auch einen hervorragenden Schutz gegen Kälte- und Frosteinwirkungen. Die Pfropfweinberge gingen unter diesen Umständen stärker ein als früher die wurzelechten. Unter den Rebenköpfen wurden Reblauspopulationen in einer Fülle und Buntheit entdeckt, wie sie der Autor, der sich seit 1936 eingehend mit diesem Schädling befaßt hatte, noch nie gesehen hatte. Man war auch staatlicherseits verzweifelt und wollte schon den ganzen Steigerwald auflassen, als die Flurbereinigung begann. Die Böden wurden entseucht, die Pfropfreben so hoch gepflanzt, daß die Veredlungsstellen nicht mehr von Bodenteilen verdeckt werden konnten und die Winzer in der Pflege und im Schnitt geschult. Nun erst erkannten die Winzer die Wohltat einer Pfropfrebe. Sie trug mehr als das Doppelte — Dreifache einer wurzelechten Rebe. Wenn auch die Reblaus vernichtet war, man blieb fernerhin bei Pfropfreben, wie sie die indirekte Bekämpfung der Reblaus erforderlich gemacht hatte. Man sollte der Reblaus eigentlich dafür ein Denkmal setzen!

Die Weinbergflurbereinigung in Franken

Die Struktur des fränkischen Weinbaues wies in früheren Jahrhunderten, wie geschildert, eine Reihe schwerer Mängel auf. Dadurch war in vielen Gemeinden der Fortbestand des wirtschaftlichen Weinbaus fraglich geworden. Die in Mainfranken vorherrschende Vererbungssitte der Realteilung führte zu einer starken Zersplitterung des Grundbesitzes; die Grundstücke waren dazu noch oftmals ungünstig geformt. Ungleiche Grundstücksbreiten und unzweckmäßige Grundstückslängen erschwerten die Bewirtschaftung. Vor allem in den Hanglagen bildeten Raine, Böschungen und die zahlreichen Zwischenmauern — für die Naturfreunde ein herrliches Bild — Bewirtschaftungshindernisse. Die Zufahrt von der Ortschaft zu den Weinbergen war im allgemeinen so schlecht, daß die Winzer ihre Grundstücke nur über zeitraubende Umwege erreichen konnten. Bewirtschaftungswege innerhalb der Weinberge fehlten fast völlig. Vorhandene Wege waren in der Regel zu schmal und oft infolge der ungeregelten Wasserführung zu Hohlwegen ausgewaschen.

Da das Wasser meist völlig ungeregelt abfloß, traten bei stärkeren Regenfällen Abschwemmungen auf, die dann oft am Fuße der Weinberge zu Verschlammungen von Feldern, Straßen usw. führten. Die Weinbergslagen waren zudem nicht geschlossen mit Reben bepflanzt, sondern oft durch Äcker, Baumfelder und Ödungen unterbrochen. Auch fand man in den Weinbergen zwischengepflanzte Bäume und Sträucher. Die mögliche Frostgefahr wurde infolge ungünstiger Geländegestaltung durch Bildungen von »Kaltluftseen« in den tieferen Lagen begünstigt. Zu den höhergelegenen Lagen hatten kalte Winde vielfach durch das Fehlen von Windschutzpflanzungen einen ungehinderten Zugang. Die Weinberge waren mit überalten und wurzelechten — und damit reblausgefährdeten — Reben bestockt. Die Rebsorten entsprachen nicht immer den Standortbedingungen und die oft unzweckmäßige Auszeilung verhinderte eine moderne Bewirtschaftung der Rebhänge.

107

Seit der ersten fränkischen Weinbergbereinigung im Jahre 1954 in Erlenbach bei Marktheidenfeld ist mit tatkräftiger Unterstützung des Staates und des Bundes ein grundlegender Wandel eingetreten. Mit der agrarstrukturellen Verbesserungsmaßnahme der Weinbergflurbereinigung konnte im überwiegenden Teil des fränkischen Weinlandes eine Senkung der weinbaulichen Produktionskosten bei gleichzeitiger Ertragssteigerung erzielt werden. Bis zum Jahresende 1980 wurden insgesamt rd. 2476 Hektar Weinberge flurbereinigt und wiederaufgebaut. In den letzten Jahren der Flurbereinigung wurden die Forderungen des Naturschutzes stärker berücksichtigt. Bis 1981 wurden rund 54 ha Schutzpflanzungen angelegt, 455 km befestigte und 110 km unbefestigte Wege, 22 km Mauern, 203 km Wasserführungen, 436 Schlammfänge (für abgeschwemmten Weinbergsboden), sowie 64 Rückhaltebecken gebaut. Nach Abschluß der Sanierung sollen etwa 3500 ha bereinigt sein. Nach Drosselung der finanziellen Zuschüsse seitens des Bundes und des Staates hat sich die Weinbergflurbereinigung erheblich verzögert. Die nicht bereinigten Weinberge sollten als Museumsstücke dem Denkmals- wie dem Naturschutz unterstellt werden, damit die Geschichte des fränkischen Weinbaues der Nachwelt erhalten bleibt und die faunistischen wie floristischen Besonderheiten der fränkischen Weinbauareale in den unterschiedlichen geographischen wie klimatischen Regionen ungestört erhalten bleiben und sich entwickeln können.

Die Maßnahmen der Weinbergflurbereinigung werden in Franken unterteilt in

1) Ausführungsmaßnahmen der Flurbereinigung; hierzu zählen insbesondere die Erdarbeiten, die Baumaßnahmen sowie die Abfindung für vorhandene Dauerkulturen, schließlich die Ausgestaltung mit künstlerischen Weinbergsplastiken.

2) Wiederaufbaumaßnahmen; hierzu zählen insbesondere die Bodenuntersuchungen, Düngungen, Abgrenzungen der Wiederaufbaufläche, Erstellung des Sortenplanes, Festlegung der Pflanzabstände und der Erziehungsart, Überwachung der Pflanzung und der Pflegemaßnahmen.

Für die Ausführungsmaßnahmen ist die Flurbereinigungsdirektion Würzburg, für den Wiederaufbau die Regierung von Unterfranken zuständig. Trotz klarer Trennung der Zuständigkeiten müssen zur Erzielung des gewünschten Erfolgs alle Maßnahmen der Weinbergflurbereinigung harmonisch aufeinander abgestimmt sein. Eine gute — und bisher bewährte — Zusammenarbeit von Flurbereinigungsdirektion und Regierung unter Hinzuziehung anderer Fachstellen, wie Wasserwirtschaftsämter zur Erstellung der Wege- und Gewässerpläne, des deutschen Wetterdienstes zur Erstellung agrarmeteorologischer Gutachten, der Bayerischen Landesanstalt für Bodenkultur und Pflanzenbau zur Durchführung der Bodenuntersuchungen und Erstellung der Düngungspläne, und nicht zuletzt der Bayerischen Landesanstalt für Wein-, Obst- und Gartenbau Würzburg-Veitshöchheim zur Ausarbeitung von Vorschlägen für die Pflanzpläne und sonstiger weinbautechnischer Vorschläge ist daher unumgänglich.

Heute bieten die flurbereinigten Rebhänge in Franken das Bild einer großartigen, auf Jahrhunderte hin angelegten Weinlandschaft. Nach dem Grundsatz, daß nur ökonomisch sein kann, was ökologisch vertretbar ist, wurde die Funktion der Landschaft als Erholungsraum und Kulturlandschaft geprägt. Aus ökologischen Nischen wurden ökologisch-ökonomische Nischen. Die Betriebsstruktur wurde nachhaltig verbessert. Für den selbstvermarktenden Winzer ergaben sich jedoch insofern Schwierigkeiten, als er nach der Zusammenlegung seiner Weinberge aus mehreren Lagen in eine Fläche eine Vielfalt seiner Weine nur erhalten konnte, wenn er mehrere Rebsorten pflanzte, was Gemeinschaftskellereien nicht wünschenswert war (dazu s.S. 279).

Durch die Umgestaltung des Weinbaues in Franken entstehen allerorts neue Initiativen in den Weinbaugemeinden. Die Bemühungen um die Hebung des Fremdenverkehrs nehmen zu. Die Errichtung von Weinlehrpfaden, die Veranstaltung von zahlreichen Wein- und Winzerfesten, Kellerbesichtigungen und Weinproben sind hierfür Beispiele.

Die tatkräftige und finanzielle Unterstützung des Staates und Bundes hat sich nicht nur unmittelbar ausgewirkt, sondern darüber hinaus auch mittelbar dem fränkischen Häcker neuen Mut und seiner Initiative zum sinnvollen Handeln im Weinbau, in der Weinbereitung wie in der Weinwerbung einen erfreulichen und erfolgreichen Auftrieb gegeben.

Von Hecken- oder Straußwirtschaften in Franken

>»Zünd, o Schenke, die Lampe mir an
mit Lichte des Weines,
Lade Sorgen und Kummer mir
vor Gerichte des Weines!«

F. Rückert

Zum charakteristischen Bild des fränkischen Weinlandes gehören neben Madonnen und Weinheiligen die Hecken-, Strauß- oder Strohwirtschaften. Sie sind in keinem anderen deutschen Weinbaugebiet in der Vielfalt und in der persönlichen Art zu finden wie in den Dörfern am Main und seinen Nebenflüssen.

Bei genauem Quellenstudium läßt sich die Entstehungsgeschichte der Heckenwirtschaften sicherlich noch exakter darstellen, als es hier nach der Zusammenstellung historischer Daten über den Würzburger Wein in alten Satzungen des Hochstifts und des Rates vom 14. bis 18. Jahrhundert des Würzburger Stadtrechtlers A.K. Franz dem Charakter des Buches vom Frankenwein entsprechend geschehen ist.

Schon im 14. Jahrhundert wurde der Weinausschank behördlich geregelt. In einer Satzung des Rates der Stadt aus den Jahren 1355–1360 wird unter anderem der heimliche Ausschank von Wein und Bier verboten. Also muß es damals schon so etwas wie einen Ausschank gegeben haben, der hinter Hecke, d.h. im Verborgenen geschah. A.K. Franz unterscheidet deutlich zwischen Heckenwirtschaften und Häckerwirtschaften. Die Häckerwirtschaften waren die regulären, für immer genehmigten Weinkneipen, die zu ihren Eigenbauweinen auch noch Weine zukaufen durften. Wann die Heckenwirtschaften erlaubt bzw. genehmigt wurden, geht aus den Satzungen des Hochstifts und des Rates in der erwähnten Darstellung nicht hervor. Im 16. Jahrhundert sind sie da und werden als »Strauß- oder Strohwirtschaft« angesprochen.

Die Bezeichnung »Strauß- oder Strohwirtschaft« deutet auf die amtlich angeordnete Kenntlichmachung zeitlich begrenzten Ausschanks von Eigenbauweinen hin. Wollte oder will ein Häcker seinen Eigenbauwein selbst ausschenken, so bekam er früher und bekommt er noch heute auf Antrag bei der Behörde die Genehmi-

gung dafür. Er bezahlt dafür eine Gebühr, die im 16. Jahrhundert
»Accis« hieß. Für die ungesetzte Menge hatte er eine Umsatzsteuer (Ungeld im 16. Jahrhundert) zu entrichten. Vom Tag an,
da er mit dem Ausschank seines eigenerzeugten Weines beginnt,
bis zum Ende des Ausschanks, wird ein grüner »Buschen« oder
ein »Strohwisch« an einem langen Stock zum Dachfirst herausge-
hängt, die den Vorübergehenden zum Probieren des »selbst gebauten Weines« einladen. Diese ursprünglich obrigkeitlich geforderte
Kenntlichmachung hat sich als Werbemittel so ausgezeichnet bewährt, daß kein Heckenwirt auf den Buschen oder den Strohwisch,
auch Strohkranz, verzichtet.

Damit die Fremden wie auch die Einheimischen hinrei-
chend Gelegenheit haben, sich am »Eigenbau« des fränkischen
Winzers zu erfreuen, wird behördlicherseits die Schankgerechtigkeit so verteilt, daß man Straußwirtschaften das ganze Jahr über
in Franken finden kann, am meisten in der Umgebung von Städten
wie Würzburg, Miltenberg, Aschaffenburg und Gerolzhofen. Man

findet sie aber auch in Bach und Kruckenberg bei Regensburg, wo sie sich eines regen Besuches seitens der Regensburger Bürger erfreuen.

Zum Eigenbau-Schoppen gibt es echte Häckerbrotzeiten aus eigener Schlachtung und dazu das gute fränkische Brot. Fränkische Spezialitäten zum Wein sind: Der Gelegte, weißer und roter Preßsack, fränkische Bratwürste, blaue Zipfel mit gekochten Zwiebelringen, Knäuteli, Griebenwurst, Cervelat und Schinken.

Wem läuft bei der Nennung dieser zwar recht einfachen, aber für trockene Weine hergerichteten Brotzeiten nicht das Wasser im Munde zusammen? Man sollte alles einmal versuchen. Zum zweiten Versuch braucht man nicht mehr aufzufordern.

Der Winzer räumt für die Zeit des Ausschankes von Eigenbauweinen seine beste »Stube« aus und nimmt alle, die ehrlichen Herzens zu ihm kommen, in seine Familie auf. Man trinkt, ißt, scherzt und lacht und hat das Gefühl, selbst ein Häcker zu sein.

Der Ausschank von Eigenbauweinen im oder am Haus hat früher wie heute den regulären Weinausschank der Wirte erheblich gestört. Aber diese Störung hatte auch einen erzieherischen Wert, da die Wirte, wie die Chronik zu berichten weiß, bisweilen so geringe zugekaufte Landweine ausschenkten, daß sie das Renommee der Stadt oder ihrer fürstlichen Herrschaften beeinträchtigten.

Die Schankgerechtigkeiten weisen daher ein verhältnismäßig kompliziertes Bild in den Stadtrechten der fränkischen Städte des Mittelalters auf. Es galt als unantastbares Recht, daß die Häcker in den Städten und Gemeinden sämtlich ein mit den Wirten konkurrierendes, jedoch gutgehendes Schankrecht sozusagen als Naturrecht besaßen. Daran war überhaupt nicht zu rütteln. Man findet auch keine Aufzeichnungen, die etwa die Aufhebung dieses Grundgesetzes zum Inhalt hätten. Die Verordnungen seitens der Behörden und Eingaben seitens der Bürger betreffen immer nur den Umfang und die Art und Weise des Ausschanks. Viel bedeutender als die Heckenwirte wurden dagegen die Wirte beschnitten, die zwar laufend auch zugekaufte Weine ausschenken durften, jedoch bei Überhang nur solche, die im Stadtgebiet oder in der Gemarkung gewachsen waren.

10   *Alte Weinkelter im Schloßhof von Rödelsee*

11   Weinkeller des Juliusspitals Würzburg mit alten,
schauprächtigen Holzfässern

Es muß wohl Grund zu Eingaben und Verordnungen vorhanden gewesen sein. Wie der Chronist berichtet, führten Häkker und Wirte in Würzburg im 16. Jahrhundert gleichermaßen ebenso Klage dagegen, daß fremde Bürger z.B. aus Zell nach Erschleichung des Bürgerrechts Möste und Weine in die Stadt einlagerten, die sie von auswärts gekauft hatten, wie gegen die Zulassung von Straußwirtschaften, deren Besitzer entgegen der Ungeldordnung keinen Weinbergsbesitz hatten und dementsprechend fremde Weine ausschenkten, die auf Borg in den umliegenden Weinorten Heidingsfeld, Erlabrunn, Zellingen usw. gekauft waren. Schon 1554 wurde in einer Polizeiverordnung bekanntgegeben, daß die Schenken von Eigenbauweinen (Strohwirt oder Hekkenwirt) jedes Quantum dem Ungelder (Steuereinnehmer) anzuzeigen hatten. Dieser mußte den Faßinhalt feststellen, das Faß versiegeln oder einen Span schneiden (d.i. ein Span aus dem Faßboden als Marke, wie hoch der Wein z.Z. der Prüfung stand). Nach dem Verkaufsschluß war zu versteuern und sofort zu zahlen.

Jedem Heckenwirt stand von jedem Fuder (900 Liter) ein Eimer (= 75 Liter), vom halben Fuder (450 Liter) ein halber Eimer (= 37,5 Liter) als Abzug vom Ungeld für Unkosten und Schwund zu.

In einem fürstlichen Mandat vom 9. September 1652 wurde u.a. verordnet: Wer als Heckenwirt ausschenken wollte, darf den Strauß erst nach Anmeldung zum Accis heraustun — und ohne Abmeldung nicht wieder abwerfen — bei Strafe von 10 Reichstalern.

1687 führten Würzburger Bürger und Häckersleute erneut durch den Rat der Stadt Klage beim Landesregiment über Schädigung ihrer Weinausschankgerechtigkeit durch Inwohner, die weder Bürger waren noch Weinbergsbesitz hatten, die aber große Mengen geringer Landweine einführten und ausschenkten und den Einheimischen schweren Abbruch taten. Diese Klage bezog sich u.a. auch auf den Ausschank der Vikare der geistlichen Stifte der Stadt Würzburg, die ihren Bestallungswein entweder in einer eigenen Heckenwirtschaft ausschenkten oder ihn an Wirte und Heckenwirte verkauften. In ihren Protest bezogen die Würzburger auch das Kloster St. Afra ein (wo heute der Friedhof liegt), deren Nonnen eine gutgehende Heckenwirtschaft führten.

Die Bediensteten bekamen ihren Deputatwein bisweilen so reichlich, daß sie die Menge gar nicht allein trinken konnten. So kam es mitunter vor, daß die Übersicht über die verkäuflichen und steuerbaren Weinvorräte verlorenging, zumal jeder berechtigt war, seinen Eigenbau zu verschenken. Wenn dieses auch nur unter strenger Aufsicht der Ungeldstube (Steuerbehörde) und unter Zahlung des sogenannten Ungeldes (Umsatzsteuer) möglich war, so versuchte man seitens des Zahlenden, früher wie heute, doch die Steuer möglichst niedrig zu halten.

Die städtische Ungeldstube (Stadtsteueramt) erließ daraufhin am 13. März 1687 folgende Verordnung (zitiert nach A.K. Franz):

1. Wein soll in Würzburg nur verzapfen dürfen, wer Bürger oder in der Stadt begütert ist.

2. Jeder Bürger oder Begüterte darf nur seinen Eigenbau ausschenken.

Ziffer 3 und 11: Es soll sich die Bewilligung der Ausschankzeit nach dem Umfang des Weinbergsbesitzes des einzelnen Wirths oder Heckenwirths richten; und es soll den »Ungeldern« aus den Schätzungsprotokollen des Rathes Auskunft gegeben werden über den Weinbergsbesitz. Damit werde der Unfug abgestellt werden, daß jemand sich einen oder mehrere Morgen Weinberge erhandelte und dann unbeschränkt ausschenkt über das selbst angebaute Quantum hinaus.

4. Wer Wein durch die Thore in Butten oder Kötzen einbringt, muß sich erst eine Bestätigung über die Ungeldzahlung beschaffen.

5. Die Einbringung von fremdem Wein in Fäßchen soll nur solchen gestattet werden, die nicht ausschenken.

6. Das fäßchenweise Weinhausieren ist verboten.

7. Rath und Zöllner sollen verhindern, daß die Fischer über den Main *nächtlicherweise* Wein einschmuggeln, auch die Aufsicht auf den Weinverkauf »in den Paraquen« — (Marketender?) wird den Ungeldern unterstellt.

9. Das Kloster St. Afra mit seinem unbefugt versuchten Ausschank war schon wiederholt von der Hofkammer abgewiesen worden und der Landesherr ließ das Verbot weiter aufrechterhalten.

10. In geistlichen Höfen darf nicht ausgeschenkt werden.

12. Die Wirte sollen eine eigene Gewerbeordnung noch bekommen, aber schon jetzt werden sie »ermahnt, in ihren Wirtshäusern nur einheimischen Wein zu verlegen«.

13. Kein Bürger soll in mehr als einem Haus das Heckenwirtschaften gestattet sein, ausgenommen die Wirte, die viel Eigenbesitz an Weinbergen haben.

Im folgenden Jahr erschien eine amtliche Erläuterung dieses Mandats unterm 3. Januar 1668. Darin wird richtiggestellt, daß es den einheimischen Bürgern nicht verboten sein soll, für ihren Haustrunk auswärtigen Wein einzukaufen und ohne vorherige Accisanmeldung in die Stadt einzuführen. Nur den Wirten und Heckenwirten ist die Einfuhr und der Verschleiß fremder, d.h. nicht Würzburgischer Gewächse, verboten: »Damit unsere an baarem Geld sehr notleidende Bürgerschaft ihr erwachsenes Tröpflein Wein um so viel ehender versilbern« — und die herrschaftlichen Abgaben leisten kann! Den Ungeldern wird nochmals eingeschärft, daß sie darauf zu achten haben, »daß niemand anderen Wein, als sein eigenes Gewächs, auch solches nur nach der Morgenzahl seiner habenden Weinberge« auszapfe.

In der Versorgung der Heckenwirte mit geringen Landweinen spielten in Franken vor allem die Fischer eine große Rolle als Schmuggler, die in ihren Schelchen Fäßliweine aus Heidingsfeld, Zellingen und anderen Orten mitbrachten und damit auch ihre Zechereien in den Zunftstuben betrieben.

Viele Heckenwirte schenkten ihre guten Eigenbauweine gar nicht aus, sondern führten sie gegen gutes Geld fuhrenweis aus dem Land heraus; kauften aber schlechte Landweine für ihre Gäste, die annahmen, sie würden in einem viel gerühmten Weinort auch einen echten lauteren Wein bekommen und dieserhalb die Stätten des Bacchus, von weither kommend, aufsuchten. Aber wie oft wurden sie enttäuscht, so daß die Herrschaft Verordnungen erlassen mußte, die den Verkauf von Landweinen verboten. So entstand im ausgehenden Mittelalter das strenge Einfuhrverbot fremder Weine. Dazu muß man wissen, daß der Landwein mittlerweile nur noch aus Trester und geringen und verdorbenen Trauben gewonnen wurde.

Um zu verhindern, daß Heckenwirte mehr als ihren Eigenbau ausschenkten, wurde von den konkurrierenden Wirten gefordert, der Rat möge die Dauer des Ausschanks im Verhältnis zum Weinbergsbesitz bemessen: »Wer nur 3–4 Morgen Weinberge habe, solle nicht länger als 4 Wochen ausschenken, weil den anderen, die 20 bis 30 Morgen besitzen, auch nicht länger zugestanden wurde.«

Wir entnehmen aus diesen kurzen Aufzeichnungen, daß das Schicksal der fränkischen Heckenwirtschaften immer sehr beweglich war; mal ging es ihnen gut, mal so schlecht, daß sie Klage gegen die unlautere Konkurrenz führten und um Almosen bei ihren Herren und Regierungen betteln mußten. 1793 z.B. brachte eine schon fünf Jahre aufeinanderfolgende Weinmißernte die Winzer in eine solche Notlage, daß ihre Existenz selbst den Regierungen größte Sorgen bereitete. Die herrschaftlichen Kassen konnten einen ganzen Stand nicht durchhalten; deshalb wurde die Bevölkerung mit einer Verordnung vom 14. Oktober 1793 zu milden Spenden für die Winzer aufgefordert. Die Gaben sollten an die Pfarrer und Orts-Kommissionen abgeliefert werden, woraus Brot für die Winzer gekauft werden sollte.

Das Auf und Ab in der Geschichte der fränkischen Straußwirtschaften spiegelt die Wechselhaftigkeit des Weinbaues wider. Ist kein Wein im Faß oder gar der Wein seiner Natürlichkeit zu sehr beraubt, so bleibt auch der Gast aus; eine Erkenntnis und Erfahrung, die auch heute noch Beachtung finden sollten. Ein guter Jahrgang aber bringt volle Weinstuben, trinkfreudige Gäste und volle Kassen. Für solche Jahre gilt Scheffels vielgesungenes Lied, das sich in seinen letzten Strophen direkt an den Heckenwirt wendet und den fahrenden Scholaren burschikos und weindurstig singen läßt:

»Ei, Senner, das war mißgetan,
daß du dich hubst von hinnen.
Es liegt, ich seh's dem Keller an,
ein guter Jahrgang drinnen.«

Mit der neuen Zeit sind keineswegs die Heckenwirtschaften in Franken verschwunden. Man muß nur zu Fuß die Dörfer durchwandern, nicht durchrasen!

Vom Bocksbeutel

» Turget › Capri sacculus‹
Bockes-Beutel glüht und schwillt. «

Das richtige Gefäß für den fränkischen Edelwein ist und
bleibt der Bocksbeutel, jene originelle Flasche, die in ihrer Form
eigentlich gar nicht zu beschreiben ist (eine » platte Kugel«), die
aber als fränkische Originalität weit und breit bekannt ist und
die gewiß nicht wenig dazu beigetragen hat, die Eigenart und
den Charakter des Frankenweines auch äußerlich als den eines
selbständigen Originalweines zu kennzeichnen.

Und er ist auch wirklich etwas Originelles, solch ein
Bocksbeutel. Er ist nicht schlank wie eine rheinische Schlegelfla-
sche und sieht auch nicht so langweilig aus wie die Burgunderfla-
sche — nein, der Bocksbeutel ist ein gedrungener, fester Geselle,
und selbstbewußt behauptet er seinen Platz.

Man hat sich gar oft schon den Kopf zerbrochen, woher
die Form kommt und woher der Name stammt.

Die Form des Bocksbeutels ist sehr alt. Im Mainfränkischen Museum befindet sich eine kleine Flasche, die unserem
heutigen halben Bocksbeutel gleicht. Sie stammt aus der Zeit
um 100 vor Chr. Sie ist offenbar eine der ersten Versuche, die
ursprünglich rund geformte Flasche durch Abplatten der Seiten
zum Lagern und durch Eindrücken des Bodens zum Stehen geeig-

net zu machen. Ältere Skulpturen zeigen schon vielfach eine ähnliche Form der Flaschen. So enthält beispielsweise der Altar der Nagelkapelle im Bamberger Dom ein gotisches Relief »Abschied der Apostel«, worin dargestellt wird, wie sich die Apostel für ihre Reisen in alle Welt wohlweislich mit weingefüllten Bocksbeuteln verproviantieren. Noch interessanter ist das alte Steinrelief über der Toreinfahrt des Würzburger Juliusspitals von 1576, in dessen Mitte neben der Figur des Arztes eine bocksbeutelähnliche Flasche abgebildet ist. Offenbar dachte der Stifter des Spitals, wie Scheffel in seinem Jubiläumslied von ihm singt:

> »Und Mainwein und Steinwein sind auch Medizin.«

Auf den niederländischen Bildern von Trinkszenen aus dem 17. Jahrhundert, wie in den galanten Gemälden und Stichen der Rokokozeit (z.B. auf Watteaus »Das Frühstück«) zeigt sich vielfach die bocksbeutelartige Flasche, wie sie auch in der zeitgenössischen Porzellankunst nicht fehlt. Auf der berühmten »Bacchantischen Gruppe« der Meißener Manufaktur von Kändler aus der Mitte des 18. Jahrhunderts wird der Wein ebenfalls in einen Bocksbeutel abgefüllt. Gar in den launigen Sittenbildern des englischen Satirikers Hogarth ist die Zahl der bocksbeutelartigen Flaschen Legion (z.B. auf dem bekannten Bild »Die Punschgesellschaft«). Aus all dem geht hervor, daß der Bocksbeutel der früher allgemein üblichen, dickbauchigen »Bouteille« entsproß. Während man aber anderswo zu den schlankeren, für den Versand auch tatsächlich bequemeren Flaschenformen überging, hielt man in Franken, dessen Weinverkehr ja auch sonst in seinen Gewohnheiten recht konservativ ist, an der alten, lediglich abgeplatteten Bouteillenform fest. Schließlich wurde der Bocksbeutel überhaupt zu einer fränkischen Eigenart. Diese Entwicklung hat sich aber schon mindestens vor etwa 150–180 Jahren vollzogen, denn seit ungefähr dieser Zeit fließen bereits literarische Quellen, nach denen der Bocksbeutel als Besonderheit für Franken nachweislich ist. Der geniale Dichter E.T.A. Hoffmann, bekanntlich selbst ein begeisterter Zecher und durch seinen Bamberger Aufenthalt (als Dramaturg des ersten Theaterdirektors der vereinigten Würzburger und Bamberger Theater des Grafen v. Soden) sicher mit den

Vorzügen des Frankenweines unmittelbar bekannt geworden, läßt in den phantastischen »Kreisleriana« des »Kater Murr« den weinfrohen klösterlichen Chor- und Kellermeister Pater Hilarius dem Kapellmeister Kreisler (bekanntlich das Abbild des Dichters selbst) folgenden Weintrost spenden:

> »Echter Bocksbeutel, Carissime Johannes, echter Bocksbeutel aus dem St.-Johannis-Hospital zu Würzburg, den wir, unwürdige Diener des Herrn, erhalten in bester Qualität — ergo bibamus!«

Als E.T.A. Hoffmann dies schrieb (der »Kater Murr« entstand 1819–1821), galt also der »echte« Bocksbeutel unbedingt schon als Würzburgs Spital-Wahrzeichen.

Mit den weinbautreibenden Würzburger Spitalstiftungen hängt ja zweifellos zum guten Teil die Entwicklung des Bocksbeutels als Spezialform für den Frankenwein zusammen. In einem gewissen Zusammenhang damit steht eine im Turmknopf der Bürgerspitalskirche gefundene Urkunde, wonach anno 1728 der Stadtrat von Würzburg zur »Steuerung allenfalsiger Handelsmißbräuche« bestimmte, daß die Steinweine des Stadtrates und Bürgerspitals vom trefflichen Jahrgang 1718 in Flaschen von 1 Maß Inhalt zu füllen und zum Beweis ihrer Echtheit und des vollen Gemäßes mit dem Stadtsiegel zu »verpetschieren« seien.

Und der Name? Mit mehr oder weniger Geist sind da die verschiedensten Deutungen versucht worden, woher wohl die sonderbare Bezeichnung »Bocksbeutel« kommen möge. Nach einer Lesart soll der Name eigentlich »Bugsbeutel« heißen und soll von dem Beutel bzw. der Feldflasche stammen, die ehedem von weltlichen und geistlichen Personen, namentlich von den Mönchen, die des Weinbaues pflegten, an der Hüfte (am Leib- oder Buggurt) getragen wurden.

Nach einer durch den fränkischen Poeten A.J. Ruckert verwerteten Sage sollen lebenslustige Nönnchen der alten Benediktinerinnenabtei Kitzingen bei ihren Spaziergängen sich durch einen schelmischen Klosterknecht statt der Breviertaschen die mit Wein gefüllten Beutel zur Vesper im rebengrünen »Hochgarten« haben nachtragen lassen, ...

»Bis endlich voll Herzensschmerz und Gram
Die alte Äbtissin dahinter kam,
Der Buchsbeutelfüllung mit strenger Acht
Ein unerwartetes Ende macht.
Und aus »Buchsbeutel« des Klosters ist
»Bocksbeutel« worden zu anderer Frist;
Und wer »Bocksbeutel« nicht schätzt, nicht ehrt,
Ist Frankens köstlichen Wein nicht wert.«

Andere meinen, daß vielleicht eine Ähnlichkeit mit dem niederdeutschen »bookesbeutel« (Beutel, worin Gebet- und andere Bücher getragen wurden) Veranlassung zu unseren Bocksbeuteln gegeben habe. Bei all diesen Deutungen mag wohl etwas Prüderie mitgewirkt haben, worauf auch die zuweilen gebrauchte Schreibart mit »x« (also Boxbeutel«) offenbar zurückzuführen ist. Die einfachste und natürlichste Erklärung des Namens kommt, wie die Bezeichnung »Bocksbeutel« ganz klar sagt, von der Form her, die eben einmal — was braucht man dabei zimperlich zu tun? — Ähnlichkeit mit dem »Beutel« eines Bockes (»capri sacculus«) hat. Übrigens heißt eine in der Pfalz zuweilen gepflanzte aus Franken stammende Traubensorte gleichfalls »Bocksbeutel«. Der Trollinger wurde in Franken im 18. Jahrhundert »Hammelhoden« genannt. In beiden Fällen mag wohl der Vergleich mit dem »capri sacculus« wegen der vollen Form der Traube maßgebend gewesen sein.

Doch weg mit all dem sprachlichen Kram! Freuen wir uns, wenn der runde, dicke Bocksbeutel auf dem Tische steht! Die Herkunft des Namens ist dann ebenso gleichgültig oder nach des einzelnen Geschmacks beliebig, wie die zahlreichen Varietäten, die auch in der ehrenwerten Familie der Bocksbeutel selbst wieder vorkommen. Denn es gibt auch hier wieder ganz verschiedene Bocksbeutel: kurze, gedrungene und höhere, schlanke, solche mit längerem Hals oder fast ohne Halsansatz, kugelige, wohlbeleibte oder flache, gehenkelte und mit Glassiegel am oberen Bauchrand.

Wohl haben andere Gegenden den Bocksbeutel zu kopieren versucht; ja selbst im Ausland (Österreich, Portugal, Südafrika, Argentinien usw.) sind findige Leute auf den Gedanken gekommen, ihrem »Gewächs« mit der Bocksbeutelflasche ein Anziehungsmittel zu geben. Allein ein richtiger Kenner findet mit leichtem Blick diese Falsifikate gleich heraus. Allgemeinere Anerkennung haben diese Pseudobocksbeutel nie gefunden; denn das Publikum sieht eben doch in der Bocksbeutelflasche ein absolutes Spezifikum des edlen Frankenweines. In seinem ausgezeichneten Buch »3000 Jahre Bocksbeutel« hat sich Hermann Jung mit der geschichtlichen Entwicklung des Bocksbeutels bis zur heutigen einheitlich geformten soliden Vermarkungsflasche eingehend befaßt. Der Bocksbeutel ist unbedingt die bezeichnende Hülle des Frankenweines, die letzte eigenartige Form, in der sich der Edelwein Frankens dem genußfrohen Zecher präsentiert.

Dies hat im Jahre 1957 ein Prozeß vor dem Landgericht Würzburg und dem Oberlandesgericht Bamberg in der Berufungsinstanz ausdrücklich bestätigt. Die Entscheidung ist so bedeutsam, daß sie literarisch festgehalten und allen Freunden des Frankenweins bekanntgegeben zu werden verdient. Sie lautet:

»Die Bocksbeutelflasche in der von der Beklagten verwendeten Form und Farbe (grün) gilt allgemein als Kennzeichen des Frankenweines. Als Hinweis auf eine Ware von bestimmter Herkunft hat diese eigenartige Ausstattung nicht bloß Verkehrsgeltung im Erzeugergebiet und in den Kreisen der Abnehmer, der Händler und des letzten Verbrauchers, wie es § 25 WZG verlangt. Sie hat vielmehr darüber hinaus Kennzeichnungs- und Werbekraft auch bei der großen Masse des Publikums, die nicht Wein trinkt. Auch für sie verbindet sich mit dem Anblick der Flasche der Gedanke an Wein aus Franken, und zwar auch außerhalb des eigentlichen Erzeugergebietes. Der Frankenwein wird in dieser Form in ganz Deutschland vertrieben und hat sich dadurch gegenüber anderen Weinen besonders einprägsam bekanntgemacht. Diese Ausstattung hat also überragende Verkehrsgeltung. Nicht erforderlich ist, daß sich diese Verkehrsgeltung auf die ganze Welt erstreckt. Es genügt vielmehr, daß die Ausstattung sich in dieser Bedeutung intensiv genug im Inland durchgesetzt hat. (BGHZ 15, 112, RGZ 132, 180; Becker GRUR 1957, 490.)« Die Entscheidung des Oberlandesgerichts Bamberg hat ihre Bestätigung durch das höchstrichterliche Urteil des Bundesgerichtshofes in Karlsruhe im Jahre 1971 gefunden. In der Bundesweinverordnung ist in § 17 deutlich ausgesprochen, daß in bauchig-runden Bocksbeutelflaschen nur Qualitäts- und Prädikatsweine aus Franken, aus dem badischen Tauber- und Schüpfergrund und aus einigen Gemeinden der mittelbadischen Ortenau (Neuweier, Varnhalt, Umweg und Steinbach) abgefüllt in den Verkehr gelangen dürfen.

Damit dürfte deutlich genug zum Ausdruck gebracht sein, daß dem Frankenwein allein das Recht gebührt, auf Bocksbeutel abgefüllt zu werden und daß der Bocksbeutel das untrügliche Wahrzeichen des Frankenweines ist. Ihm die Ehre eines genießenden Studiums zu geben, sei Aufgabe aller guten Frankenweinkenner.

»Unsterblicher Bocksbeutel«

»So steht er nun vor uns, der Bocksbeutel, gleichsam verklärt von der Patina seiner urzeitlichen Herkunft, Meditationen heraufbeschwörend um das Mysterium seiner zeitenüberdauernden Existenz, umhaucht vom Fluidum vieler Epochen. Der Duft edlen Weines steigt aus seiner prachtvollen Fülle, köstlichen Genuß verheißend. Der Wein gab ihm das Leben, und der Wein erhielt ihm seinen Glanz. Und denen, die sich um seine behagliche Rundung scharen, vermittelt er jenen eleusinischen Geist, der seine Weihen nur dort spendet, wo man die kostbare Bacchusgabe im ehrwürdigen Gefäß zu schätzen weiß« (Hermann Jung).

Lob des Bocksbeutels

Zu Würzburg, im 1730er Jahr,
Beschloß die städtische Räteschar,
Den Wein der Lagen »Leisten« und »Stein«
In Bocksbeutelflaschen zu gießen
Und mit dem Stadtsiegel zu schließen.
Ich will meinen Gesang
Von den bauchigen Bocksbeuteln damit beginnen:
Hunderte lagen im weihrauchduftenden Pfarrhaus
Bauch an Bauch, umwebt von Spinnen.
Der Pfarrer war weise, liebte den Honig der Kleeäcker
Und stammte aus Franken

Sein Sinn war zur Hälfte Gott,
Zur Hälfte waren es Weingedanken.
»Ich überschaue«, sprach er,
»Die Reihe der Zecher seit vielen verflossenen Jahren:
Es sind darunter Fürsten, Bischöfe, Ritter,
Doktoren und straßengebräunte Scholaren,
Es sind Minister, Bürger, Stadträte
Und viele Schultheißen,
Maler, Künstler, Dichter — Goethe, Dauthendey,
Rückert — und wie sie all noch heißen.«

Dann trat der Pfarrer ans Fenster und sprach ergriffen:
»Sei gegrüßt, glitzernder Main,
Sei gegrüßt,
Heiligenbrücke aus mächtigem fränkischen Stein!
Sei gegrüßt, schöner Berg mit Festung
Und geweihter Wallfahrtskapelle,
Seid gegrüßt, Dächer von Würzburg,
Segen Gottes über dich, hüg'lige Welle!«

Und es liebkoste sein Auge die holdselige Stadt,
Heiter, turmfröhlich, barock,
Und an den Hängen die Zeilen der Reben,
In prächtiger Ordnung, Stock an Stock.

»Ich liebe«, sagte der Pfarrer,
»Von allen Lagen am meisten
Den vergeistigten Tropfen vom »Stein«
Und die schlafverklärende »Leisten«.
In beiden ist ganz Franken geläutert
Und vollkommen enthalten:
Die Muschelkalkerde, der Kleeduft, die freundlichen
Hügel, der Julinächte sternsilberne Himmelfalten,
Der schimmernde Main, die sengende Sonne,
Das Domgeläute von unten —
Schöne Heimat heißt das Geheimnis, warum
Die Kranken genesen und fröhlich sind die Gesunden.
Der heilige Kilian,

Der auf verwetterter Weinbergsmauer steht,
Schickt für die Reben durchs ganze Jahr
Zum Herrgott sein Bittgebet.
Ich sah es selbst, daß die Jungfrau Maria
Herabstieg vom Sockel, wo sie saß,
Und zur Herbstzeit eigenhändig mit den Frauen
Vom »Bürgerspital« die honighäutigen Beeren las.

»Wir wollen den Wein nun erproben!«
Und er holte eine Flasche, 1959 darauf stand,
Da glühte der Sommer darinnen, der wie Feuer rauchte
Über dem lieblichen Muschelkalkland,
Gesiegelt war sie mit dem Bürgerspital-Wappen,
Sie war eine *echte* vom »Stein«
Und hatte gewaltiges Feuer,
Das sprang mir heiß ins Gebein.
Dann kam eine vollmundige »Leisten«: sie roch
Nach blühenden Mandeln und betupfte die Zunge mild
Und zauberte in die Seele ganz Franken
Als berückend heiteres Bild.
Oh, möge die Reblaus
Von diesen herrlichen Lagen fernbleiben,
Kein Gewitter mit Hagel blutige Rinnen
In die Rebzeilen schlitzen und schreiben,
Keine Schmarotzerpilze
Die zarten Blüten und Blätter vergrauen,
Sondern mögen immer glühende Sommer
Und heitere Herbste die Trauben kochen und brauen!

Anton Schnack
aus »Weinfahrt durch Franken«

II. Mainfranken — Weinfranken

» Wohlauf, die Luft geht frisch und rein,
Wer lange sitzt, muß rosten.
Den allerschönsten Sonnenschein
Läßt uns der Himmel kosten.
Jetzt reicht mir Stab und Ordenskleid
Der fahrenden Scholaren,
Ich will zu guter Sommerszeit
Ins Land der Franken fahren.
Valleri, vallera,
Ins Land der Franken fahren.«   *Viktor von Scheffel*

Wein und Kultur

Wer Mainfranken durchwandert — ob von Ost nach West, ob von Nord nach Süd — geht unentwegt in den Spuren einer wechselvollen Geschichte, die durch den alten Stamm der Franken am Main, an Tauber, Wern und Saale in einer bezaubernden Kultur ihre plastische Darstellung erfahren hat. Wie kostbare Patina liegt diese historische Stimmung über dem weiten Land. Was die Jahrhunderte hinterlassen haben, gehört zu den wertvollsten Besitztümern des deutschen Volkes. Es sind nicht tote, museale Ablagerungen, nein, es ist die lebendige Kulturgeschichte, die das innige religiöse Gefühl eines großen bedeutsamen Volksstammes und seine Kunstwerke harmonisch vereint. In den Städten und Dörfern spiegelt sie sich mannigfaltig wider. Sie erfüllt alle Lebensbereiche und ist so in das Gesamtbild der Landschaft hineingewachsen, als wenn Natur und Kultur von Anfang an eins gewesen wären.

Was den Reiz des fränkischen Landes in besonderem Maße ausmacht, ist das Durchdrungensein vom Geist eines edlen Weines. Herz und Sinn des Volkes am Main und seiner geistlichen und weltlichen Herren erfüllte er das ganze Mittelalter hindurch bis in die jüngste Zeit mit seiner liebevollen Kraft, löste die Zungen, öffnete den Augen eine Welt frohen Schaffens und dem Gemüt den Reichtum seiner Innigkeit. In Städten und Dörfern, in Klöstern und Schlössern erblühte ein Kunstadel, durch den auch die schöpferische Gestaltung des Alltags ihre historische Prägung erfuhr, vor der bis zum heutigen Tage die Welt bewundernd steht. An unzähligen Beispielen sakraler und profaner Art läßt sich der Einfluß des Frankenweines auf die Kultur- und Landschaftsgestaltung nachweisen. Aber was sind Einzelfälle, wenn man das ganze Franken nicht kennt! Man muß erst Jahre am Main leben, um dieses bezaubernde Land in seiner die Jahrhunderte überdauernden vollendeten Harmonie von künstlerischem und kulturellem Reichtum, von religiösen und wirtschaftlichen Kräften wirklich zu erleben und in sich aufzunehmen.

Gewiß, in Städten wie Würzburg, Bamberg, Ansbach, Fulda, Wertheim, Miltenberg und Aschaffenburg haben Geschichte und Kultur des Frankenlandes auf kleinem Raum einen

127

sichtbaren Ausdruck gefunden, und ihre Museen versuchen, dem Wanderer die Bindungen zwischen Stadt und Land zu vermitteln. Sie werden auch deswegen immer das Ziel des Reisenden sein und bleiben. Aber kein Museum und keine Ausstellung kann die Landschaft wiedergeben, die zu den Kunstschätzen gehört. Man muß sie vielmehr sehen lernen in ihrer Verknüpfung mit den geschichtlichen Mächten, in ihrer Geschlossenheit und Ganzheit, in ihrer Vielfalt und Harmonie. Dann wird man erst erkennen, wie sie noch heute die Züge und Farben früherer Hochstifte, alter Reichsstädte und -dörfer, tatkräftiger kunst- und baufreudiger Fürstbischöfe und Landesherren trägt, die alle vom Geist des Frankenweines umfangen waren, so daß, wohin man immer auch kommt, in allen Bauwerken des Mittelalters bis zur Neuzeit, in der Gestaltung der fränkischen Dörfer und Dorfgemeinschaften, ja sogar in den Fluren der Einfluß des Weines sichtbar wird. Ob wir die Zeit der Staufenkaiser oder der Fürstbischöfe, eines Julius Echter oder eines Lothar Franz v. Schönborn betrachten, darf man ohne Übertreibung mit H. Jung sagen: »Solange die Traube im Mittelpunkt des fränkischen Lebens stand, erlebte das Frankenland die glücklichsten Tage seiner Geschichte. In jener Zeit entstanden die hervorragendsten Kunstwerke, die herrlichsten Bauten und damit die von Schönheit und Lieblichkeit durchfluteten Städte, Dörfer und Fluren, deren äußerer und innerer Glanz später in dem Maße verblaßte, wie die Bewohner sich in ihrer Lebensauffassung von der Mystik des Weines entfernten.«

Wenn wir in den noch urtümlich erhaltenen fränkischen Weinstädten und Weinbaugemeinden, in Gäßchen und Winkeln, Höfen und Kellern, in alten Weinstuben und historischen Gaststätten Umschau halten, wird uns offenbar, wie sehr insbesondere das bürgerliche Leben des Barock und Rokoko unter dem Zepter des Weines stand. In den engen anheimelnden Weinbaugemeinden Mainfrankens ist die breite Bauform vorherrschend. Mittelalterliche Adelssitze werden zu barocken Schlössern, und über die Flüsse schwingen sich die Rundbögen massiver Brücken. Neben steile, mittelalterlich anmutende Hausgiebel setzt der Häcker ein stolzes, ausladendes, mit Emblemen seiner Zunft geschmücktes Barocktor. Von der Hauswand grüßt segnend die barocke Madonna. Bisweilen zieren die Dorfmitte noch heute barocke Brunnenhäuser, Sta-

13   Stein-Wein-Lehrpfad im flurbereinigten Würzburger »Stein«

tuen der Dorfheiligen oder andere Sinnbilder des religiösen Empfindens. Auch die Fluren schmücken sich mit der barocken Spielfreude zahlloser Kapellen, Bildstöcke und Marterln. Selbst das buntschimmernde Kleid der Lebensfreude der bäuerlichen Gaue nehmen barocken Glanz an und fügen sich in die große, vor Wollust und Freude übersprudelnde, barocke Landschaft, die »Mainfranken« heißt.

Die Bocksbeutelstraße

> »Sonntags früh im Frankenland
> zieh ich meine Wege,
> unterm Kreuz am Weinbergsrand
> ich zur Rast mich lege.
> Schau hinab ins weite Tal —
> Horch! Da klingt wie ein Choral:
> ›Vinum bonum, vinum bonum‹
> voller Glocken Schall.
> Wo ein spitzer Kirchturm steht,
> hängt ein Kranz daneben,
> heut mein Weg zum Weine geht:
> Hoch, ihr Frankenreben!
> Horch! Es klingt zu Bacchus' Thron:
> ›Vinum bonum, vinum bonum‹
> voller Becher Ton.«
>
> *J.B. Kittel*

Vieles hat sich geändert seit der Zeit, da die Postkutsche mit dem Schwager auf dem Bock durch das Frankenland fuhr und die Weisen des Posthorns über Hügel und Täler Mainfrankens schallten. Auch heute gibt es keine fröhlichere und schönere Reiseroute als die »Bocksbeutelstraße«, jene Straße der Weinkultur und Weinromantik, die Heribert Schenk dem Frankenwein zum Ruhm, dem Wanderer im Frankenland zur Freude, zum Schauen und Erleben aufgezeichnet und besungen hat. Es handelt sich bisher nicht um eine festgelegte Verkehrstraße. Sie ist vielmehr in Franken überall dort zu suchen, wo der Wein wächst und der Bocksbeutel auf dem Tische steht. Sie zieht von Stadt zu Stadt und von Dorf zu Dorf, bald gerade und bald krumm, zwischen Alzenau im Freigericht, dem Saaletal, Schweinfurt, Bamberg, Würzburg, Ansbach, Rothenburg, Bad Mergentheim, Wertheim, Miltenberg und Aschaffenburg. Sie ist die Straße des fränkischen Weinlandes schlechthin. Sie führt durch verträumte, mittelalterlich anmutende Weindörfer am Main, an Saale, Wern und Tauber. Sie geleitet dorthin, wo verspieltes Barock seine Putten durch Schlösser und Schloßgärten tanzen läßt, wo in alten Gärten Springbrunnen rauschen und Wasserspiele die Rokokozeit lebendig werden lassen. Sie führt vorbei an Domen, Kirchen und Klöstern, an verfallenen Burgen und überwachsenen Ruinen, an spätgotischen und barocken Bildstöcken, an Stadtmauern und Wehrtürmen und geleitet behutsam, unaufdringlich durch idyllische Stadttore zu behaglichen Gasthäusern und Weinstuben, die mit kunstvoll geschmiedeten Schildern zum Verweilen einladen.

Frankens Weinstuben und Gasthäuser sind seit alter Zeit berühmt; sie dürfen für sich in Anspruch nehmen, die Weinhaustradition über Jahrhunderte so gepflegt zu haben, daß sich an die alten, bekannten Gaststätten aus dem 15. Jahrhundert die modernen Weinstuben lückenlos anschließen, in denen sich zu jeder Zeit Geschichte und Kultur im mythischen Glorienschein des alten Weinkultes und im Glanze bacchantischen Zaubers harmonisch vereinen. Und wer schon einmal in den heimeligen Weinstuben mit dem Bocksbeutel Zwiesprache gehalten hat, der hat vielleicht etwas von dem Geiste berühmter Frankenweinzecher verspürt. Das Geheimnis der romantischen Flasche liegt nicht im Weine allein. Das Fluidum, dieses Verwobensein von Gemüt, Wärme und Herzlichkeit vermittelt erst den rechten Genuß vom Frankenwein. Daher verführen die alten historisch geprägten Weinstuben entlang der Bocksbeutelstraße so recht zum besinnlichen Trinken.

Die Bocksbeutelstraße entlang

Am Obermain

> »Zum heil'gen Veit von Staffelstein
> Komm' ich emporgestiegen
> Und seh' die Lande um den Main
> Zu meinen Füßen liegen.«   *Viktor von Scheffel*

Die Gloriole von Vierzehnheiligen leuchtet noch immer.
Pommersfelden und Banz strahlen in unvergänglicher Schönheit
und beherbergen das Geheimnis einer großen Zeit. Im tausendjährigen Bamberg hält der »Reiter« im Kaiserdom die Wacht
vor den Wahrzeichen großer deutscher Vergangenheit: Werke von
Riemenschneiders Meisterhand, der Altar des Nürnberger Veit
Stoß, die barocke Herrlichkeit, die mit dem Namen der Fürstbischöfe aus dem Geschlecht der Schönborn verbunden ist, werden bei jeder Begegnung zu einem immer wertvoller empfundenen
Besitz und verleihen auch dem der Sachlichkeit verschworenen
Menschen eine Ahnung jenseitiger Welt und tiefer Andacht. Welche Kraft und Beschwingtheit aus jenen Werken spricht, vermögen
wir Menschen des Atomzeitalters nur dann zu erkennen, wenn
wir die Vorbereitung, das Losgelöstsein von seelischer Belastung
mitbringen, um uns selbst zu erkennen und zu erfreuen.

Welch ein Glück, daß uns dieses Bamberg, die ehrwürdige Kaiserstadt Heinrichs und Kunigundens, erhalten ist. Und
wenn man von Vierzehnheiligen und dem liedumwobenen Staffel-
stein auf der »Pfaffengasse des Heiligen Römischen Reiches«
herkommt, wo ehedem Weinbau getrieben wurde, wird man durch
den einmaligen Zauber der Romantik belohnt. Jetzt versteht man
Scheffel so recht, der uns das Frankenlied schenkte, zu dem der
Würzburger Altmeister der Tonkunst, V.E. Becker, die rechte
Melodie fand. Und nun klingt der weinselige, übermütige Sang
überall in Franken in wandernden Jugendgruppen, beim Kommers
jugendfroher Studenten und an der Tafelrunde lustiger Zecher.
Das Frankenlied ist zum Volkslied geworden, das uns über Bamberg zum Grabfeldgau begleitet:

>>Von Bamberg bis zum Grabfeldgau
Umrahmen Berg und Hügel
Die weite stromdurchglänzte Au —
Ich wollt', mir wüchsen Flügel!<<

Wenn *Bamberg* heute auch keinen Weinbau mehr betreibt, so halten solide Weinhandlungen und wackere Weinwirte
doch die alte Tradition wach. Sie sind bisweilen auch die Pioniere
des Weinbaues am Obermain, der unterhalb der beiden Schwester-
orte *Ebelsbach-Eltmann* beginnt, wo die Ausläufer der Haßberge
steil zum Main abfallen. Seine stärkste und intensivste Beachtung
und Pflege findet er in der Gemarkung *Ziegelanger,* wo sich mehrere Feierabendwinzer vorbildlich um die Wiederherstellung des
Weinbaues am Obermain bemühen. Schon grüßen neue schmucke
Weinbergshäuschen vom grünen Rebenhügel. Junganlagen lassen

Dom, Erzbischöfliche Residenz, Michaelsberg und
Altes Rathaus in der Altstadt vom Bamberg

die Liebe zur Scholle und zur Rebe erkennen, Buschheide und grünende Hecken zaubern im Wechsel mit liebevoll gepflegten Weinbergen eine lustvolle Landschaft. Die Güte der dort gewonnenen Weine aus neuen Rebensorten kann mit jener der Weine vom Steigerwald und Mittelmain konkurrieren.

Schwer hat der Weinbau im dortigen Keuperboden zu kämpfen, und so muß man um so mehr anerkennen, daß sich immer wieder vom Geist des echten Häckers beseelte Männer finden, die dem Weinbau ihre ganze Liebe widmen. Mit Schweiß und Sorge düngen sie die steinige Erde. Sie kämpfen oft Jahre vergebens mit den Unbilden der Natur und hoffen doch, daß sie eines Tages auch damit fertig werden. Ein einziger guter Herbst gibt ihnen wieder für Jahre Mut. Gewissenhaft werden durch Jahrhunderte schlechte und gute Weinjahre verzeichnet. Jeder Frost, jeder Hagelschlag sowie der Ertrag im Herbst und der erzielte Preis werden noch heute in der Hauschronik festgehalten. Diese schlichten Aufzeichnungen sind mehr als eine Chronik, sie sind ein Bekenntnis des Häckers und künden, daß er mit seinem ganzen Hause der Rebe und dem Wein verbunden war.

Die zähe Unverdrossenheit ist besonders charakteristisch für den Häcker am Obermain.

Dem lieblichen Städtchen Zeil gegenüber, auf der anderen Mainseite, liegt *Sand,* das ebenso wie das tiefer im Steigerwald gelegene *Zell* am Ebersberg in gut gepflegten Wingerten kernige Weine von betonter Eigenart zu bieten hat. Die Reben wachsen hier nicht etwa im Sand, wie der Name des einen Ortes anzunehmen geneigt macht. Es sind vielmehr die Keuperböden des Steigerwaldes. Rings umschlossen von tiefen Eichenwäldern fangen die dunklen Böden der Südlagen die wärmenden Strahlen der Mittagssonne auf und führten sie den Rebenwurzeln zu. Der Ebersberg ist das Wahrzeichen eines sauberen Weinortes am Osthang des Steigerwaldes. Seine grünenden Weinberge zwischen den dunklen Wäldern erwecken einen eigenartigen panisch-bacchantischen Eindruck, den man beim funkelnden Schoppen gerne lange auf sich einwirken läßt.

Dort, wo die Haßberge zwischen Zeil und Haßfurt vom Main abrücken, setzen *Unfinden* und vor allem *Königsberg* den traditionellen Weinbau fort. Vom hohen Berggipfel grüßt noch der Bergfried einer früheren Burg, dem ein freundlicher, weit ins Land hinein leuchtender Fachwerkbau einen friedlichen Schein verleiht. Die Altstadt von Königsberg ist ein Juwel am Obermain. Fachwerkhaus reiht sich an Fachwerkhaus, gut erhalten und sauber gepflegt. Das schönste unter ihnen ist das Geburtshaus des berühmten Johannes Müller, lat. »Regiomontanus«, d.h. der Königsberger, genannt. Unter den dicht belaubten Kastanienbäumen auf dem alten Marktplatz hat die Stadt ihm ein Denkmal errichtet. Aus den Schaufenstern des bekannten Gasthauses mit seiner wundervollen fachwerklichen Breitseite leuchten alte Bocksbeutel, als ob sie den die Schönheiten dieses Stadtplatzes bestaunenden Besucher darauf aufmerksam machen wollten, daß ihr großer Sohn »Regiomontanus« sein Wirken dem Wein verdanke, den er nie vergaß, ob er in Wien als Bibliothekar des Königs tätig war oder als Mathematiker und Astronom oder als Kalenderreformer am Vatikan. Königsberg ist sich seines Ruhmes aus alter Zeit wieder bewußt geworden und beginnt, sich erneut eine Krone aus Rebenlaub zu flechten, die zu Beginn dieses Jahrhunderts vernachlässigt war. Fortschrittliche Winzer haben neue Weinberge angelegt, ohne die man sich dieses städtebauliche Kleinod frühester Zeit eigentlich gar nicht denken kann.

Weiter geht's am Main entlang, vorüber an *Haßfurt,* dem netten Städtchen mit seiner zierlichen Ritterkapelle und dem zweitältesten Weinhaus Frankens, dem Gasthof »Zum Walfisch«, an *Obertheres* mit seinem prächtigen ehemaligen Benediktinerkloster und schließlich vorbei an *Schonungen,* das mit seinen vereinzeltliegenden Weinbergen ein neues Weinbaugebiet ankündigt.

Hoch über *Mainberg* grüßt das alte Schloß, mit steilen Giebeln und Türmen wie ein Bild aus trutzigem Mittelalter. Es war einst ein Besitz der Grafen von Henneberg, jenes alten Geschlechtes, das die Geschichte Frankens in bedeutendem Maße beeinflußte.

Unterhalb des Ortes Mainberg beginnt die *»Mainleite«,* jener gesegnete Bergrücken, dessen Weine Ruhm und Ruf haben. Als Krone trägt der langgestreckte Hügel die malerischen, erneuerten Ruinen der *Peterstirn,* einst eine Burg der Grafen von Schweinfurt, dann ein Benediktinerkloster. Am Fuß der Mainleite sprudelt ein frischer Quell, der »Ludwigsbrunnen«. Ihr schönster

Schmuck und zugleich der Boden eines edlen Trankes ist aber
das herrliche, wohlgepflegte, mit zahlreichen Weinberghäuschen
der Schweinfurter Bürgerschaft geschmückte Rebengelände, das
L. Bechstein mit poetischen Worten rühmt als

> » Weinbepflanzter, grüner Hügel,
> an des Mainstroms Lustgelände «.

Um » Peterstirn « und » Mainleite « wob auch die Sage
ihre duftigen Schleier. Der Volksmund kündet die geheimnisvolle
Mär von des Schweinfurter Markgrafen Hezilo wunderschönem
Töchterlein Judith, das von dem Böhmenherzog Bracislaw ent-
führt wurde. Nach dem Tode ihres Gatten brach das Unheil über
sie herein. Von ihren eigenen Söhnen wurde sie verfolgt. Selbst
die Fürstengruft zu Prag konnte ihr nicht die Ruhe geben. Ihr
Geist strebte immer der geliebten fränkischen Heimat zu. Des
Abends erschien sie zuweilen als weißgekleidete Frau oder auch
in Gestalt einer gekrönten Schlange dem erschrockenen Winzer.

136

»In der Sommermittagsstunde
Hackt ein Häcker stark und kräftig,
Unermüdet dort im Weinberg,
Arbeit fördernd, treu geschäftig.
Horch, da rauscht's und aufwärts blickend
Sieht er eine große Schlange,
Die gekrönt mit goldner Krone,
Und den Karst erhebt er bange.«

Allein, wie er zuschlagen will, erblickt er im Schlangen-
auge Tränen, und erschüttert läßt er den zum Schlag erhobenen
Arm fallen; die Schlange verschwindet. Erst der Sohn des Häckers
löst den Zauber, als er an der Mainleite gräbt; er entreißt der
gekrönten Schlange einen Silberschlüssel und hebt den Schatz
der Peterstirn, mit dem er seine bedrängte Vaterstadt rettet.
      Der tiefe Sinn dieser Sage scheint wohl der zu sein,
daß des Winzers Fleiß einen wirklichen Schatz an jeder sonnenbe-
glänzten Stätte zu heben vermag, den Schatz der Reben, die unter
des Winzers Sorge und durch seine Hände Arbeit gedeihen. In
diesem Sinne sei der düsteren Sage von der Peterstirn froh gedacht.

»Von der Vorzeit Sagenkränzen
warst Du überreich umhangen,
Und die Gegenwart erfreuend,
standest Du im frischen Prangen.
Nur zur Zeit des gold'nen Herbstes
frohe Lese, Winzerwonnen,
Jubelschall und Becherschwingen,
Gottes Segen in den Tonnen.«   *L. Bechstein*

Schweinfurt — welche Erinnerungen aus großer, alter
Zeit tauchen bei diesem Namen auf! Erinnerungen an das Regi-
ment der Markgrafen von Schweinfurt, des stolzen Henneberger
Grafengeschlechtes, an die Kämpfe gegen die mächtigen Nach-
barn, namentlich den Würzburger Fürstbischof, an die inneren
Stürme zwischen Einwohnerschaft und Rat, an die Bauern- und
Fürstenkriege, die schweren Zeiten der Schweden und Franzosen
und an die in all diesen Wirren bis ins frühe 19. Jahrhundert

bewahrte Reichsfreiheit. Auch diese ist nunmehr über 150 Jahre verloren, dafür erblühte der Stadt unter Bayerns Herrschaft der Segen wirtschaftlichen Aufschwunges. Der kernige Bürgergeist der Schweinfurter bewährte sich in einer reichentwickelten Industrie und in einem regen Handel, letzterer nicht zum wenigsten auch mit dem Wein. Der Schweinfurter Bürger ist aber auch stolz auf seine Vaterstadt, die in ihrem schönen Rathaus ein hervorragendes Zeugnis einer starken und tatkräftigen Bürgerschaft besitzt.

Der Schweinfurter ist gesellig; bei der berühmten Schweinfurter Schlachtschüssel oder bei Pellkartoffeln, Wurst und Nußkernen werden selbst internationale Gäste angeregt, bei einem Glas »Mainleite« den Volkshumor an der Quelle zu studieren. Die gemütlichen Kneipen sind noch immer beliebt. Und noch immer singt man das weinumnebelte Lied beim »Wächtala«, jenem urwüchsigen Volkstanz, der in hockender Stellung getanzt wird:

> »Kraut nein Hafala
> Unglücksmadala
> Flesch nein Tiegala
> Fall nit üm.«

Volkacher Gau

Bei Schweinfurt wendet sich der Main nach Süden. Er hat sein altes Bett bewahrt, das er sich in Jahrtausenden in die Hochfläche der fränkischen Platte eingrub. Mehr als 100 m liegt bisweilen die Talsohle unter den angrenzenden Höhen des Volkfeldgaues, jenes gesegneten Bauernlandes, das im Osten von der weitgeschwungenen Silhouette des Steigerwaldes mit dem Zabelstein im Norden und dem Schwanberg im Süden begrenzt wird. Der landschaftlich reizvollste Teil dieses Gebietes ist das Maintal, an dessen steilen Hängen die Weinberge hinaufklettern. Anmutige Dörfer in ihrer altfränkischen Schönheit schmiegen sich entweder eng den Bergen an oder sie verstecken sich in der Niederung in einem Park fruchtbarer Obstbäume. Es ist gar nicht so leicht, den richtigen Anmarschweg zu den Orten zu finden. Sie scheinen nur sich selbst zu leben, zu träumen in der Erinnerung an frühere, glücklichere Zeiten. Große Verkehrstraßen ziehen hier oben nicht ins Maintal, und der kann von einem glücklichen Zufall sprechen, der gegenüber dem lieblichen, romantischen *Wipfeld* unverhofft auf den Main stößt. Malerisch in den Berg hineingebaut, grüßt dieser Ort über den Main. Ein Häckerssohn hat ihm schon im Zeitalter des Humanismus unvergänglichen Ruhm gesichert; es war der gelehrte Konrad Celtis (eigentlich »Pickel« geheißen), der im Jahre 1487 von Kaiser Friedrich III. zum ersten Dichter gekrönt wurde. Wenn man nach der Lese den steilen Weg zum gotischen Kirchlein folgt, dann glaubt man, Britting habe hier den Impuls zu seinem »Gang durch das Weindorf« erhalten:

> »Es riecht nach
> Dauben und Fässern,
> Fruchtdumpfig
> In den Kellern liegt der
> Verborgene Schatz.
> Still mit sich redend,
> Betrunkene
> Verse sprechend.
> Und das wortlose Echo
> Durchduftet die Gassen.«

Mainabwärts folgen beiderseits des Stromes neu aufgebaute, verjüngte Weinberge, die durch die Flurbereinigung eine sinnvolle Zusammenlegung, Gliederung und rationelle Bearbeitungsmöglichkeiten erfahren haben.

Das nahegelegene *Obereisenheim* kredenzt schon einen köstlichen, feurigen Wein aus seiner neuen »Höll«, zu dem die weichen, duftigen Müller-Thurgau-Weine vom lieblichen »Sonnenberg« aus der Gemarkung *Untereisenheim* eine glückliche Ergänzung bilden. Die 1974 eingeweihte rustikale Weinprobierstube der Kelterstation Obereisenheim ist ein sehenswertes Beispiel stilvoller fränkischer Weinkultur.

Am anderen Ufer rücken *Stammheim* mit der Lage »Eselsberg«, *Gaibach* mit seinem »Kapellenberg« und *Fahr* am »Volkacher Ratsherrn« in den Blickpunkt des Weinfreundes. Weitabliegend von der lauten Welt haben sie sich ein echtes, altes

An der Mainschleife bei der Vogelsburg,
links »Maria im Weingarten« auf dem Kirchberg

Gepräge bewahrt. Sie sind, obwohl als Straßendorf (Stammheim)
wie als Runddorf (Fahr) verschieden, doch geschlossen in der
schön gefügten Ordnung ihres Siedlungsbildes, in der strengen
und so lebendigen Zeichnung ihrer Fachwerke. Es sind Siedlungen, die noch echt den alten fränkischen Typus von Haus
und Hof zeigen und die geborgene Stille der »guten, alten Zeit«
vermitteln.

Mit Fahr beginnt eines der Hauptweingebiete Frankens,
die »Mainschleife«, die man auch hin und wieder »Weinschleife«
nennt. Weinberg reiht sich an Weinberg um die Weinorte wie
Astheim, Escherndorf, Nordheim, Köhler, Sommerach und, mit-
tendrin gelegen, *Volkach,* die anmutigste Weinstadt Frankens,
Hauptort des Volkfeldgaues. Die Siedlung ist älter als 1 100 Jahre
und besitzt seit 700 Jahren Stadtrecht. Die alten Mauern halten

noch etwas vom Zauber der Romantik des Weines gefangen. Über tiefen Kellern bauen sich stattliche, barocke Giebel auf. Das Rathaus mit seiner stolzen Freitreppe, der große Brunnen auf dem Marktplatz, die reiche gotische Kirche, der wehrhafte » Krack «- und » Diebenturm « vermitteln eine Geschlossenheit, wie sie nur selten in Städten zu finden ist. Lange war Volkach im Besitz der Grafen von Castell, dann des Würzburger Hochstiftes, das viel für seinen Amtssitz getan hat. Heute ist die regsame Stadt vielbesuchter Fremdenverkehrsort, besonders zur Blüten-, Spargel- und Bremserzeit, wenn im Herbst der Most vom » Volkacher Ratsherrn « die Fässer füllt und der vom » Kirchberg « sein Loblied der Beschützerin des Weinbaues im Volkfeldgau, St. Maria in vinea, singt. Das Kirchlein » Unserer Lieben Frau im Weingarten « steht wie ein lieblicher Traum im imposanten Rebenberg als alljährliches Ziel vieler Wallfahrer und Kunstfreunde. Die Wallfahrten und Bittgesänge zur » Madonna im Rosenkranze « von Riemenschneider führen direkt in die himmelselige Zauberpracht, die der Volkacher Wein frommen Betern zu schenken vermag, daß sie die Gnade empfangen, den leisen zwitschernden Gesang des Madonnenmundes zu hören. Andere Bittsteller, mehr weinverliebt, vernehmen beim Gang durch dieses romantische Städtchen aus den stilechten Weinstuben in Volkach die trunkenen Sommerlieder der heimischen Weine und sie empfinden diesen Gesang als tröstend, der sie mit jeglicher irdischen Unbill versöhnt.

Die weinbauliche Verbindung zur früheren Kreisstadt Gerolzhofen stellt der » Obervolkacher Landsknecht « dar.

Im barocken Schelfenhaus der Stadt Volkach finden alljährlich bei den bundesweit bekannten Volkacher » Weinseminaren « unzählige Weinfreunde zueinander.

Wie der » Kirchberg « nördlich von Volkach den Gau beherrscht, so ragt südlich über demselben auf einsamer Höhe die *Halburg,* gleich berühmt durch ihre wundervolle Fernsicht wie durch ihre Bedeutung für den Weinbau, ein malerisches, durch interessante Konturen ausgezeichnetes Schloß, in dessen Besitz sich seit dem hohen Mittelalter das Hochstift Würzburg und die Grafengeschlechter von Castell, Stadion und Schönborn ablösten. Der » Halburger « aus der Gräflich Schönbornschen Domänenkellerei ist einer der feinsten Weine der Volkacher Gegend.

Auch gegenüber von Volkach grünt üppiges Rebengelände rings um das alte, mit Volkach durch die Mainbrücke verbundene *Astheim*. Der »Astheimer« ist aber absolut nicht mit dem »Hohenastheimer« (Sachsenhäuser Ursprungs) zu verwechseln; die ältere, richtige Schreibweise des Ortes lautet vielmehr »Ostheim«. Astheim war im Mittelalter Besitz der Herren von Seinsheim, der Stammväter des späteren Hauses Schwarzenberg. Erkinger von Seinsheim stiftete aus seinem Grundbesitz, darunter zahlreiche Weinberge, ein Kartäuserkloster, das bis zur Säkularisation im Jahre 1803 bestand; das großartige Klosterportal sowie das prächtige, geschnitzte Chorgestühl und das kunstreiche Gewölbe in der Klosterkirche, in der die Ahnen des Geschlechts Schwarzenberg begraben sind, zeugen noch heute von dem Kunstsinn der früheren Besitzer. In der Neuzeit erwarb das Würzburger Juliusspital in Astheim ein größeres Weingut und erzeugt darin ausgezeichnete Weine.

Von Astheim steigen Lokalbahn und Straße zum Gipfel des Bergjochs in der Mainschleife, zur *Vogelsburg,* der Krone des Volkfeld-Gaues. Der Platz, ausgezeichnet durch seine dominierende Lage und die schier unbeschränke Rundsicht, die vorgeschobene Position in der Mainschleife und auf einem beiderseitig steil abfallenden Bergrücken mußte schon in vorgeschichtlicher Zeit zur Ansiedlung reizen. Bereits zur Karolingerzeit stand hier ein Königshof, der in Urkunden von 879 und 897 »villa regia Fugalespurc« genannt wird. Kaiser Arnulf schenkte die Vogelsburg der Abtei Fulda, die, nebenbei bemerkt, überhaupt eine auffallende Vorliebe für treffliche Weinbaustätten zeigte. Etwa im 11. Jahrhundert verlor aber die Abtei ihren Besitz an der Vogelsburg wieder, die nunmehr als Burg den Grafen von Castell zugehörte, die sie an den Karmeliterorden gaben. Der Tradition nach stiftete Graf Hermann II. von Castell das kleine Kloster als Dankopfer für Genesung von schwerer Krankheit während eines Kreuzzuges im Jahre 1282. Über 500 Jahre besaßen die Karmelitenmönche die Vogelsburg; doch war ihr Besitz nicht immer friedlich. Im Bauernkriege zerstörten die Weinbauern von Escherndorf das Kloster; erst nach dem Dreißigjährigen Krieg bauten die Würzburger Karmeliten Kloster und Kirche wieder auf; doch blieb sie im Innern unvollendet. Die Säkularisation brachte auch die

Vogelsburg unter den Hammer. Sie ging samt den dazugehörigen Gütern um 900 Gulden in Privatbesitz über. Die Casteller Grabdenkmäler, die Altäre und Chorgestühle sind in alle Winde zerstreut worden. Allein eines konnte man der Vogelsburg nicht nehmen, die wunderprächtige Aussicht, die man vom neuen Hotel-Restaurant der Augustiner-Schwestern genießt. Ein herrliches Panorama breitet sich da vor dem Blick aus: das kühn geschlungene Flußtal mit seinen zahlreichen reizenden Orten, das abwechslungsreiche Hügelland, begrenzt von der im blauen Duft schimmernden Kette des Steigerwaldes, vornehmlich aber an den umrahmenden Hängen das saftige grüne Weingelände.

Steil führt der Pfad von der Vogelsburg zum Dorf am Bergesfuß, nach *Escherndorf,* hinab. Die schmale, abschüssige Steig ist doch einer der prächtigsten Wege im ganzen Frankenland, denn zu beiden Seiten vom Pfade ist der steile Berg, reine Südlage, mit ausgezeichneten Rebanlagen bedeckt — eine wahre Freude und Augenweide für den Freund der edlen Rebe.

Wer kennt sie nicht, die berühmten Weinbergslagen: »Escherndorfer Lump«, »Eulengrube«, »Hengstberg«, »Fürstenberg« und »Berg«, von denen seit 1970 »Eulengrube« und »Hengstberg« der Lage »Lump« zugeteilt wurden. Der Herrgott selbst muß ein Escherndorfer gewesen sein, denn auserwählt ist dieser Ort, und wunderbar sind seine Weine. Im majestätischen Halbrund, ein Dom voll Sonne und Freude, wurzeln in sauberen, regelmäßigen Zeilen Reben, Reben, Reben. Etwa 800 Morgen Weinberge sind Escherndorfer Besitz. Da noch Erbteilung herrscht, war ein ewiger Wechsel der Lagen die Folge gewesen, bis sich die Gemeinde entschloß, durch Flurbereinigung den durch Erbteilung zersplitterten Besitz aus wirtschaftlichen Gründen wieder zusammenzulegen.

Mitten im Dorf, vom ständig sprudelnden Brunnen aus, sieht man durch vier Straßen in alle Himmelsrichtungen nur auf Weinberge. Tiefgründig der Boden, der früher oft 1–2 m tief vor einer Neuanlage rigolt wurde, um den Rebenwurzeln den Weg in die Tiefe des Berges freizugeben, der den Reichtum Escherndorfs eingeschlossen hält. Und jedes Jahr gibt der Bergrücken aus Muschelkalk etwas Köstliches vom geheimnisvollen Schatz preis: den Escherndorfer Wein, flüssiges Gold, das in vorbildlicher

Weise vom Winzerverein und von der Winzergenossenschaft in einträchtiger Gemeinschaft behütet und gepflegt wird, bis es im Bocksbeutel dem Freunde des Frankenweines eine leise Ahnung von der Gnade verschafft, die der Herrgott den Escherndorfern unaufhörlich spendet.

Wer aus Liebe zum Escherndorfer Wein dieses urfränkische Winzerdorf besucht, kommt auf seine Kosten. Er soll es nur tun; wer eine gute Küche oder mehr fränkische Brotzeiten schätzt, auch. Dazu der Escherndorfer Wein aus den steilen Muschelkalklagen, die den Ort schützend umgeben: saftig, kernig und charaktervoll die einen, mild, geschmeidig und anmutig die anderen. Die Silvanerweine entfalten ein scheues Bukett und schenken der Zunge harmonische Süße und Säure; stolz und majestätisch, elegant und Ehrfurcht heischend bieten sich die Riesling- und Rieslanerweine dar, leichtfüßig und beschwingt sind die vom Müller-Thurgau und ein neues bacchisches Gefühl vermitteln die fruchtigen und duftigen, reifen Weine neuer heimischer Rebsorten: Ortega, Scheurebe, Kerner und Bacchus. Die eingeengte Welt im Herzen des Weinfreundes wird urplötzlich offen und freundlich im Kreise erfahrener Escherndorfer Winzer. Sein träg stockendes Blut wird immer mehr in Schwingungen versetzt und ein dionysisches Feuer beginnt in seiner Alltagseele zu lodern. In dieser Atmosphäre echter Escherndorfer Gastlichkeit hat schon mancher Brüderschaft geschlossen, die das ganze Leben dauert.

Die tüchtigen Escherndorfer Winzer sind heute der qualitätsorientierten Gebietswinzergenossenschaft Franken angegliedert. Dadurch wurden ihre Weine einem noch größeren Kreis von Freunden des Frankenweins bekannt und vertraut.

Was so nahe einem gottgesegneten Paradies liegt, bekommt von der Gnade und vom Ruhme etwas mitgeteilt. *Köhler,* ein kleiner Ort unweit Escherndorfs, trägt einen guten Weinnamen. Ob der Name von der Kohlenglut seiner Weinberge kommt oder von der gleichfalls bedeutungsvollen Bezeichnung als »Keller«, wie der Name des Ortes früher einmal geschrieben wurde, das ist gleichgültig. Natürlich nur ein Scherz ist es, wenn die Verse des Elsässer Satirikers Johann Fischart (1546–1590)

» Der liebste Buhle, den ich han,
Der liegt beim Wirt im Keller;
Er hat ein hölzins Röcklin an
Und heißt der Muskateller. «

auf unser gutes Dorf Köhler bezogen werden.

Von diesem gemütlichen, netten Ort sagt man, daß hier die Fische und Krapfen nur auf einer Seite gebacken werden (weil die Häuser nur in einer einzigen Zeile zwischen Main und dem Weinberg liegen).

Unterhalb von Köhler führt ein steiler Treppenweg zwischen grünenden Weinbergen vom Maintal hinauf zur Höhe, und bald erscheinen die originellen Zwiebeltürme von *Neuses am Berg,* das so versteckt liegt, daß es von Fremden nicht gefunden wird. Es liegt hinter einem Vorhang, der mit Reben gewebt wurde. Der Duft blühender Reben durchzieht in warmen Sommernächten den fröhlich anmutenden Ort.

Thaddäus Troll hat hier Franken erlebt: » Fröhliches Franken! Rebstöcke stehen an der Straße Spalier, und du fährst kilometerweit durch Weinlaub. Auf der Vogelsburg, hoch über einer Mainschleife, läßt sich der Frankenwein an Ort und Stelle probieren. Golden leuchtet der Traminer, schon sein Duft macht gesprächig und die edle Fäule der Beeren bleibt über den Schluck hinaus an Zunge und Gaumen haften. Ein Bussard schwebt über dem Tal. In einer eleganten Silberschleife legt sich der Fluß wie ein Halsband um den Berg. Obstbäume gliedern Wiese und Feld und geben der Landschaft ein toskanisch klares und heiteres Gesicht. Im Tal atmet Escherndorf den Weindunst einer durchzechten Nacht aus. Eine Fähre durchschneidet lautlos und bedächtig den Fluß. Aal in Salbei gehackt, und Mainhecht, von Butter triefend, machen im Verein mit dem Wein das freitägliche Fasten zu einem Fest.

Fröhliches Franken! Sanfter Fall der Weinberge in verträumte Dörfer und Städtchen mit holperigen Kopfsteinpflaster. Dort lächeln freundliche Madonnen, dort spannen sich barockverschnörkelte, gotisch hochfahrende oder romanisch gedrungene Torbögen über die Straße. Die Menschen heißen Pankraz, Kilian, Babtist und Dominik, wie die steinernen Heiligen, die tänzerisch verspielt gar nicht so aussehen als ob sie viel von der Askese hielten, und deren Blick nicht nur himmelwärts gerichtet ist. Sie lächeln auch auf die Straßen hinunter, auf die Wagen holpern und die Kinder spielen, und wo es nach Weihrauch, frischem Brot, gebratenen Fischen und Würsten und Wein duftet. Brot und Wein sind nah verwandt, denn der Bäcker ist gleichzeitig auch Weinwirt.

Hier in Franken, an den Ufern des weinseligen und lieblichen, anmutigen und heiteren Mains wächst ein edler, erdiger, kräftiger Wein, ein markiger Tropfen von herber Süße. ...«

Köhler, Escherndorf mit Vogelsburg und Nordheim

Die Weininsel

Am linken Mainufer, gegenüber von Escherndorf und Köhler, liegen zwei von alters her berühmte Weinorte: *Nordheim* und *Sommerach,* die durch den Bau des Rhein-Main-Donau-Kanals von Volkach um die Halburg seit 1956 eine Insel, eine echte Weininsel bilden. Max Strobel, der einstige Lammwirt von Sommerach, hat diesen weinromantischen Namen geprägt. Mehr als

146

3000 Morgen Weinberge liegen auf dieser Insel, 400 Hektar gehören zu Nordheim, 250 Hektar zu Sommerach und etwa 40 Morgen zu Halburg, und alles bildet ein einziges Rebenmeer von der Halburg bis zum Sommeracher Engelsberg.

Dazwischen liegt *Nordheim,* durch den Namen schon als zur ältesten Schicht der fränkischen Siedlungen gehörig gekennzeichnet. Nunmehr führen von Volkach und Sommerach Autostraßen in dieses ansehnliche Dorf, das als eines der fleißigsten Häckerdörfer in Franken einen guten Namen hat. Wie sehr schon in alter Zeit Nordheimer Weine geschätzt waren, bezeugt der mit Erker und Giebeln geschmückte Zehnthof, in dessen weiträumigen Kellern die 1951 gegründete Winzergenossenschaft ihre Unterkunft gefunden hat und wo man heute die Weine probieren und mit zartem Spargel genießen kann. Ihre rd. 200 Mitglieder bebauen über 170 Hektar Weinberge, darunter auch Besitz und Pacht in Dettelbach und Sommerach.

In gut geleiteten Weinstuben dieses Weinortes hat man Gelegenheit alte und neue Weine zu genießen. Wer aber das Glück hat, im Keller eines fortschrittlichen Winzers Freundschaft beim Wein schließen zu können, sollte sich diese Möglichkeit nicht entgehen lassen. Man kehrt nämlich danach immer wieder nach Nordheim zurück und immer wieder wird man eingefangen von der Gastfreundschaft der Nordheimer und von der Frucht und Lieblichkeit ihrer Weine. Die Nordheimer gehen mit der Zeit. Trotz ihrer Arbeit im Wingert vergessen sie nicht, Feste zu feiern. Sie sind ein lustiges Völkchen. Man muß einmal am Himmelfahrtstag ein Winzerfest unter den schattigen Kastanien des Dorffestplatzes miterlebt haben, dann zieht's einen jedes Jahr dorthin. Die Nordheimer sind sangesfroh und musikalisch. Und schließlich gibt es in Nordheim besonders liebenswerte Mädchen.

Wo berühmte Bildstöcke mit Traubengewinden den Fluren ein historisches Gepräge im besonderen Maße verleihen, führen die Straßen und Wege nach *Sommerach*, dem »schönst gebauten Dorf in Franken«. Starke Mauern und malerische Tore hegen schützend diesen Ort und vervollständigen den mittelalterlichen Charakter. Frei und stattlich stehen da Bürgerhäuser, teils mit bacchantischem Lächeln in Barock und Fachwerk vergangener Jahrhunderte, teils gut bürgerlich mit schönen Portalen. Hier ist

Nordheim

der »Katzenkopf« zu Haus, ein großer Wein in Franken und von so berückender Art, daß Würzburg, Bamberg und Nürnberg sich hier Sonntag für Sonntag in den anheimelnden Weinprobierstuben ein Stelldichein geben. An einem schönen Herbsttag leuchten über Sommerach Sonne, Weinduft und Reife.

Drei Herrschaften teilten sich einst in das Dorf, Bischöfe, Mönche und Adel, und alle wußten den Sommeracher Trank zu schätzen.

Von jeher waren die Sommeracher auf Reinheit und guten Ruf ihrer Weine bedacht. So berichtet A. Frenzl: »Es war streng verboten, von auswärts Bier und Wein einzuführen. Wurde vereinzelt doch einmal der Versuch gemacht, dann brach ein Volksaufstand gegen den Sünder los, der Wagen wurde vor das Tor hinausgefahren, die Fässer wurden leer getrunken und in Trümmer geschlagen.«

Glückliche Zeiten! Heute ist das nicht mehr möglich, doch möge es symptomatisch für Sommerachs neuen Weinbau werden, der sich mit der ersten Flurbereinigung und Zusammenlegung wie ein Phoenix aus der Asche vergangener Jahrhunderte im Jahre 1958 erhoben hat und zu blühen beginnt. Unter fachkundiger Aufsicht werden die Weine in der ältesten Winzergenossenschaft Frankens (gegr. 1901) ausgebaut.

148

In der Mitte des idyllischen Weinorts Sommerach empfängt einer der Vierzehn Nothelfer, St. Georg, der in Franken viel verehrte Weinheilige, auf hoher Säule die weindurstigen Besucher. Vier Straßen treffen sich dort, wo er, der den vorzeitigen Austrieb der Reben verhüten soll (23. April), auch zugleich als Dorfpolizist seinen Dienst versieht. Deswegen gibt's in Sommerach auch keine weltliche Polizei, welche die Mitternachtsstunde kontrolliert. Denn so steht es in der Weinstube von Schmitts Mädchen, genau gegenüber dem schummrigen Herrgottswinkel gemalt und geschrieben: § 11! Prof. Schaeflein hat Lebensweisheiten für den Freund der Sommeracher Weine in Bildern und Versen über der dunklen Vertäfelung des bacchantisch anmutenden Gastraumes wiedergegeben, die man bei dem guten Schoppen dieses Hauses so lange studieren sollte, bis man weinselig alle Verse auswendig aufsagen kann.

> »Halt es mit der Sonnenuhr,
> Zähl die heiteren Stunden nur«

heißt es beim Eintritt, und leise, aber eindringlich flüstert es vom Ausschank.

> »Leben heißt: Die Zeit bemessen,
> die man braucht beim Trunk und Essen.«

Und woher hat der »Katzenkopf« seinen Namen? Das erzählt der unterfränkische Dichter A.J. Rückert unter gleichzeitiger Beiziehung der fränkischen Redensart, daß auf dem besten Weinfaß die »schwarze Katz' sitzt«, in einem launigen Gedicht: Danach wollte eine Häckersfrau ihrem immer durstigen Mann das viele Probieren im Keller abgewöhnen und setzte auf das beste Faß eine greulich anzusehende, ausgestopfte Katze; der Häcker hielt den Katzenkopf für den bösen Feind und mied fortan das Faß. Erst nach Jahren kam die neckische Geschichte an den Tag. Der Dichter zieht aus der Anekdote dann die Schlußfolgerungen:

> »Und mancher, der vom Feinen
> Das Feinste noch besitzt,

Aufs Faß des Einzig-Einen
Einen Katzenkopf hat geschnitzt.
Und willst du zu Wein gelangen,
Drin's Zauberfunken blitzt,
So mußt du den verlangen,
Worauf die »Katze« sitzt.
Und wer aus Sommerachs Lagen
Die beste noch nicht kennt,
Der soll nach dem nur fragen,
Den »Katzenkopf« man nennt.«

A.J. Rückert

Der Mensch
muß essend, trinkend seinen Leib ernähren;
Er kann genießend auch das Dasein sich verklären.

Dettelbacher Land

Nun heißt es Abschied nehmen von der Weininsel und damit vom weinreichen Volkfeldgau. Vorbei geht's an Münster-Schwarzach, wo einst der prachtvolle Klosterbau, Balthasar Neumanns Werk, ragte und an dessen Stelle heute wieder eine Benediktiner-Abtei steht, deren gewaltige, zeitlose Basilika sich der Landschaft in selten geglücktem Maße einfügt. Bei Stadt-Schwarzach, dem im Mittelalter oft und heiß umstrittenen Ort, bezeichnet die Schwarzach die alte Gaugrenze. Aber auch jenseits der Schwarzach, wo eine Brücke über den Main führt, setzen sich die Weingelände fort. Horch! Frommer Gesang und fernes Glockengeläute — auf der Straße, die hier von Bamberg über den Main gegen Würzburg zu führt und die Straße von Kitzingen nach Schweinfurt kreuzt, zieht eine Prozession dahin:

> »Wallfahrer ziehen durch das Tal
> Mit fliegenden Standarten,
> Hell grüßt ihr doppelter Choral
> Den weiten Gottesgarten.«   *Viktor von Scheffel*

Die frommen Wallfahrer und der weinfrohe Wanderer haben das gleiche Ziel: schon winken am Berghang Dettelbachs ehrwürdige Wallfahrtskirche, die ragenden Türme und Häuser des weinreichen Ortes.

Dettelbach! Die wettergrauen Mauern mit den trutzigen Türmen, Toren und Zinnen bieten schon von außen, namentlich von der Ostseite, das typische Bild eines alten fränkischen Städtchens mit den Spuren jahrhundertelanger Fehden und Kämpfe. Früh erscheint Dettelbach in der Geschichte; wie es sich für einen richtigen fränkischen Weinbauort gebührt, wird sein Name schon zu den Zeiten der Karolinger, dieser weinfrohen Frankenherrscher, erwähnt; es war ein königlicher Meierhof. Später erhielt die reiche Benediktinerinnenabtei zu Kitzingen, die ja auf den Weinbau in Franken besonderen Einfluß übte, den weinreichen Ort, der auf Betreiben von Fürstbischof Rudolf von Scherenberg als Landesherrn 1484 von Kaiser Friedrich III. Stadtrechte bekam.

Wie in alten Zeiten vornehmlich Klöster in Dettelbach Besitz hatten, so ist auch in neuerer Zeit ein Kloster bedeutsam für die Stadt geworden: Vor dem östlichen Stadttor liegt auf einer sanften Anhöhe über dem Main, mit prächtiger Fernsicht und eingebettet in üppig grünende Weinberge, der berühmte Gnadenort »Sancta Maria in vineis«. Zum reich geschmückten Gnadenaltar in der Klosterkirche, die Fürstbischof Julius Echter von Mespelbrunn anno 1613 einweihte, wallen alljährlich Tausende von frommen Betern. Vor der Klosterkirche herrscht dann an den Souvenirständen unter den schattenspendenden Bäumen bei fränkischer Brotzeit mit jungen Eigenbauweinen ein fröhliches gottwohlgefälliges Treiben. Aber auch im Innern der Stadt herrscht reges Leben. Die altersgrauen und doch noch so gediegenen Gebäude, allen voran das stolze Rathaus mit seiner mächtigen Freitreppe und dem köstlichen Erkerchörlein über der Eingangspforte, beweisen, daß »Senatus populusque Tettelbacencis« (Rat und Volk von Dettelbach) — wie an der Wallfahrtskirche eine Inschrift so vornehm kundgibt — von jeher ein selbstbewußtes Gemeinwesen repräsentieren. Weinbau und Weinhandel sind die Lebenselemente von Dettelbach. Ringsum an den Höhen grünt die Rebe, und im Innern der Stadt herrscht reger Verkehr mit den Produkten des Weinbaues. Auch das Würzburger Juliusspital ist hier begütert. Der Dettelbacher Wein, der zu den gewürzreichen Muskazinen (einer Spezialität der Dettelbacher Zuckerbäcker) so trefflich schmeckt, besitzt Art und Wohlgeschmack.

Durch schöne Rebenhügel einerseits mit Dettelbach, andererseits mit Kitzingen verbunden, ist endlich noch *Mainstockheim,* gleichfalls ein alter Sitz des Weinbaues und Weinhandels, zu erwähnen. Einzelne große herrschaftliche Höfe aus alter Zeit beweisen, daß die mächtigen geistlichen Herrschaften des Landes, namentlich die großen Klöster von Ebrach und Kitzingen, dem Stockheimer Wein ihre besondere Beachtung zuwandten. Heute hat der Stockheimer Wein erst recht seine Bedeutung. Seine ehrliche, kräftige und duftig-fruchtige Art nehmen sich unter den modernen Weinen wohltuend aus, die den kritischen Weinkenner immer wieder erfreut.

14　*Symbolfigur der Volkacher Weinlage »Ratsherr«*

15 Iphofen,
Rödelseer Tor aus
der Mitte des
15. Jahrhunderts

16 St. Urban,
Holzplastik von
Tilman Riemen-
schneider um 1510,
Mainfränkisches
Museum
Würzburg

17   *Weinlese in Escherndorf*

Kitzingen und Umgebung

»Der Falterturm, Dein treuer Hüter,
Steht fest in alter Herrlichkeit,
Ein Mahner aller zagen Seelen;
Frischauf, sei stets zur Tat bereit!«

M. Conrad

Als hätte er einen kleinen Schwips, so grüßt aus der freundlichen und netten Weinstadt *Kitzingen* der »Falterturm«, dessen spitze Haube von allen Seiten schief erscheint. Das alte Weinemporium Kitzingen, von dem schon in alter Chronik zu lesen, daß es »an einem ziemlich lustigen, gesunden und fruchtbaren Ort und Boden gelegen«, hat seinen Ruf in jeder Hinsicht zu halten vermocht. Die alte Stadtchronik hat heute noch recht, wenn auch die Aufgaben um den Wein teilweise andere geworden sind.

Im Wappen führt Kitzingen seine alte Mainbrücke, eine der ältesten Überbrückungen des Flusses, die auch Zeugnis dafür bietet, daß Kitzingen ein uralter Handels- und Verkehrsplatz ist. Wie es bei einer so berühmten Weinstadt eigentlich gar nicht anders sein kann, wird der Ursprung des Ortes mit dem Weinbau, und zwar sogar mit der angeblich ersten Weinstockpflanzung in Franken überhaupt, in Verbindung gebracht. Die Schwester des Frankenkönigs Pipin, Adeloga oder Hadla (die von der katholischen Christenheit als heilige Adelheid verehrt wird), ist nach der Sage die Gründerin von Kitzingen und zugleich des Weinbaues in Franken gewesen. Aus Gram über die Treulosigkeit eines Werbers, des lustigen Ritters Karl, scherzhaft von seinen Schwertgenossen » Guckenberg« genannt, der in St. Stephans Marktflecken (Marktsteft) eine andere schöne Dame zum Reigen führte — so erzählt sich das Volk, fern allem wissenschaftlichen Ballast — entschloß sich Adeloga, den Schleier zu nehmen und ein Kloster zu gründen. Die Auswahl des Platzes hierfür sollte aber der Himmel treffen. An einem Herbsttage warf sie von den Zinnen ihres Schlosses Schwanberg den Schleier in die Luft, und der Ostwind führte ihn weithin, über den Main hinweg. Dort fand ihn ein Hirte, namens Chiez oder Kitz, an einem bis dahin in Franken unbekannten Strauch mit goldenen und blauen Beeren hängen. Nur ein Eremit, der aus fernen Landen stammte, erkannte den Strauch als Weinstock. Und Adeloga, die an der Fundstelle ein Benediktinerinnenkloster gründete (nach der Tradition am 23. September 745), beschloß zugleich, daß der Weinbau eifrigst zu fördern sei. Noch heute hält ein Brünnlein zwischen Kitzingen und Buchbrunn, die » Hadlaquelle«, die Erinnerung an die legendäre Gründerin des fränkischen Weinbaues wach.

Mächtig wuchs die Kitzinger Benediktinerinnenabtei im Mittelalter empor. Im Maintal und weit ins Land hinein zog sie den Zehnten ein. Ihr Weinbergsbesitz war umfangreich. Noch heute zeugen die gewaltigen Abteikeller (jetzt in Privatbesitz) von dem Weinreichtum des Klosters, der die wirtschaftliche Basis dieses Frauenkonventes bildete. Freilich kamen auch häufig genug trübe Zeiten über das Kloster und seine Bewohnerinnen, wie überhaupt die Geschichte Kitzingens eine Kette von schwersten Drangsalen aufzuweisen hat. Krieg und blutige Fehden herrschten in jedem Jahrhundert um den vielbegehrten Besitz der schönen Stadt, die gar oft bittere Leiden erdulden mußte. Zweimal brannte die Abtei nieder. Im Bauernkriege verbündeten sich die Bürger mit den Bauern (bezeichnenderweise war eine der Kitzinger Forderungen, daß das Weinmaß künftig größer sein sollte). Hart war die Strafe, die Markgraf Kasimir von Ansbach über die Abtrünnigen verhängte. Dann kam die Not des Dreißigjährigen Krieges, und in der Zeit zwischen den blutigen Feindseligkeiten wüteten die schwarze Pest und andere verheerende Seuchen.

Trotzdem bewahrte die Bürgerschaft stets ihre Kraft. Zeugnis für den strebsamen Geist dieser Stadt schon in alter Zeit gibt das stolze Rathaus, der ansehnliche Renaissancebau am

Kitzingen, von Etwashausen her gesehen

stattlichen Markt. Am Rathaus befinden sich auch die alten Wahrzeichen der Stadt: das behoste »Kitzinger Kätherle« mit seiner ungezogenen Gebärde und der »Häcker, der aus der Kanne trinkt«. (»Was darf der tun, der zu Kitzingen gewesen?«, so fragte man einst die wandernden Handwerksburschen, um zu prüfen, ob sie von Kitzingen kamen. Die Antwort mußte lauten: »Er darf aus der Kanne trinken.«)

Um die Jahrhundertwende war Kitzingen eine Weinhandelsstadt ersten Ranges. Die verheerenden Zerstörungen von namhaften Kellereien im zweiten Weltkrieg und die zeitbedingte Entwicklungsrichtung in Handel und Verkehr verlöschten zwar nicht die weinselige Stimmung der Stadt. Gleichwohl änderte sich ihre innere Struktur. Indem die einstige Weinbau- und Weinzentrale sich selbst mehr und mehr den Aufgaben im Dienste der Erdgottheiten entzog, begann sie, Absatzzentrale und Versorgungsbasis für die ländlichen, insbesondere für die Weinbaugemeinden am Main und im Steigerwald zu werden.

So entwickelte sich in Kitzingen ein vielgestaltiges, leistungsfähiges Zubringergewerbe des Weinbaues und der Kellerwirtschaft, das fast in jedem der Weinnester in weiter und naher Umgebung tätig ist. Der Winzer kann alles, was er braucht, in Kitzingen kaufen, ob es sich um Fässer, Kufen oder Butten und »Lesewännli« handelt, oder um Weinbergsgeräte, Weinbergsdraht, Holzstickel, Maschinen, Traktoren, Dünge- und Schädlingsbekämpfungsmittel, Bocksbeutel, Korken und Kapseln.

In Kitzingen pulsiert das Leben, das nach wie vor vom Wein angetrieben und bestimmt wird. Unter den drei die Stadt beherrschenden Göttern Bacchus, Ceres und Merkur ist eine Rangänderung insofern eingetreten, als der Gott des Handels in der Stadt nunmehr das Zepter schwingt, jedoch fast ausschließlich im Interesse seiner Mitregenten, der Götter des Weines und des Ackerbaues.

Kitzingen ist dennoch heute wie ehedem eine Wein- und Weinbaustadt, deren rebengrüne Berghänge den romantischen Rahmen für das nüchterne Hellgrau moderner Handelshäuser mit den roten Ziegeldächern abgeben, aus denen sich die wenigen Fachwerkhäuser wie weintrunkene Gestalten herausheben. Denn eine Stadt, die über mehr als 1 200 Jahre schon der Rebe und dem Weinbau gedient hat, kann Gesicht und Gestalt in der Landschaft nicht so verwandeln, daß nicht trotz Neonlicht und rasenden Autos etwas Panisches, Urzeitliches in ihr zurückbleibt. Die wärmsten und glücklichsten Stunden erlebt Kitzingen nun einmal im Wein. Dieses Geborgensein in dem segenspendenden Schutze ihrer Weindörfer wird auch in Zukunft das Schicksal dieser Stadt bestimmen.

Von Kitzingen nordostwärts, fast parallel mit dem Main, zieht ein Tal, auf dessen Hang die Abendsonne niederglüht. Der langgestreckte Hügelrücken, der die Scheide zwischen dem Grund und dem Maintal bildet, ist der »Buchbrunner Berg«, früher eine der bekanntesten und besten Weinlagen der Kitzinger Gegend.

Nicht weit, an der vielbefahrenen Bundesstraße Kitzingen–Würzburg, liegen die Weinberge von *Repperndorf,* die sicherlich zu den ältesten Anlagen in Franken zählen. Die Repperndorfer rühmen sich, Kaiser Karl der Große selbst habe auf ihrer Markung den Weinstock gepflanzt; und tatsächlich trägt noch heute eine Lage den Namen des großen Frankenkaisers. Nicht weit von ihr steht heute die modernste Kellerei in Franken, die

Gebiets-Winzergenossenschaft Franken (GWF), die der gemeinsamen Vermarktung jener Weine dient, die in den örtlichen Winzergenossenschaften gekeltert und teilweise auch ausgebaut werden.

Die Gründung der GWF erfolgte am 3.2.1959 unter wesentlicher Initiative des damaligen Bezirksfachberaters Josef Weiß, des Kitzinger Altlandrates Oskar Schad und des langjährigen Vorstandsvorsitzenden, Bürgermeister Anton Gerhard (Stetten). Heute sind diesem sehenswerten weinbaulichen Großbetrieb, der über eine Lagerkapazität von mehr als 33 Millionen Litern verfügt, über 2500 fränkische Winzer aus über 50 Weinbaugemeinden angeschlossen. Der weitaus größte Teil der Weine aus so berühmten Lagen wie des »Escherndorfer Lump«, des »Iphöfer Kalb«, des »Rödelseer Küchenmeister«, des »Homburger Kallmuth«, des »Sulzfelder Maustal«, des »Stettener Stein«, des »Frickenhäuser Kapellenberg«, des »Michelbacher Apostelgarten«, des »Weimersheimer Roter Berg« u.a. wird über die GWF einem größeren Kreis von Weinfreunden zugeführt. Die Gebietswinzergenossenschaft Franken, die mithin ein rundes Drittel der gesamten fränkischen Rebfläche über ihre Mitglieder erfaßt, erfüllt die Aufgabe, auch erzeugungsfernere Absatzgebiete mit einem großen, qualitativ gleichbleibenden Angebot an Weinen zu stabilen Preisen zu beliefern. Zahlreiche Prämierungserfolge und die

157

Verleihung mehrerer Bundesehren- und Bayerischer Staatsehren-preise sind Bestätigung des eingeschlagenen Weges marktbestimmender Qualität. Die Leistungen der Gründergeneration werden wohl erst in Jahrzehnten zu ermessen sein. (Näheres s.S. 273ff.)

Unter den mit Mauern und Türmen geschmückten, wehrhaft umgürteten Städten und Dörfern um Kitzingen ist wohl *Sulzfeld* das anmutigste, eindrucksvollste Beispiel einer geschlossenen fränkischen Siedlung. Wie es so nahe an den Fluß gerückt und am Berghang hingelehnt ist, mit seinen trutzigen Türmen und den altersgrauen Mauern, bildet es in der Geschlossenheit seiner baulichen Erscheinung einen wohltuenden Anachronismus in unserer Zeit. Wie mittelalterliche Volksmärchen muten diese vom Rebenkranz umgebenen wehrhaften Tore und kampfgerüsteten Mauern an. Das Rathaus mit seiner prächtigen Renaissance-fassade unterstreicht den Stolz und die Kraft, die ehedem die Bürgerschaft dieses bezaubernden Weindorfes beseelte. Vom Dorfplatz reckt sich die Giebelfront zu prächtiger Schaufassade, gegen die sich die verwinkelten Fachwerkhäuser an den engen und krummen Gäßchen wie Schutz- und Hilfesuchende ausnehmen.

Im Rahmen der Flurbereinigung haben die Weinberge um Sulzfeld eine gutdurchdachte Zusammenlegung erfahren. Die traubenschweren Rebstöcke in den verjüngten Anlagen sind die äußeren Zeichen des Fortschritts, der blühende Weinmarkt und die gefüllten Kassen aber bergen die goldenen Werte. Bei dem alljährlich stattfindenden, sommerlichen Straßenweinfest treffen sich moderne Rittersleut' mit ihren Schloßdamen, die Landsknechte und die Marketenderinnen. Und alle erfreuen sich am Sulzfelder Weinsegen, um dessen Pflege sich sowohl private Häkker als Selbstmarkter, wie Weinhandel und Gebietswinzergenossenschaft Franken bemühen. Nicht vergessen seien die Meterbratwürst, von der ein braver Ritter vom Weinfaß 4,50 m gegessen haben soll. Dazu hat er 8 Schoppen Wein getrunken. Auch heute noch ist Sulzfeld wegen der Meterbratwurst und des dazu gereichten Weines ein vielbesuchtes Ausflugsziel vor allem der Würzburger Studenten.

Südöstlich von Kitzingen liegt *Sickershausen,* das für den fränkischen Weinbau eine unrühmliche Rolle gespielt hat (s.S. 105). Ein Lokführer brachte aus Freundschaft dem Sickershäuser Bahnwärter großfrüchtige Tafeltrauben-Reben aus einer Erfurter Gärtnerei mit, die diese aus London bezogen hatte. Es sollte etwas Besonderes sein. Das war es denn auch. Mit diesen Reben kam an den Wurzeln im Ballen versteckt die Reblaus nach Franken. Als die ersten Blättchen sproßten, saugten sich die Wurzelläuse an den Blättern fest, vermehrten sich stark und wurden durch Wind nach Iphofen und Rödelsee getragen, deren Weinberge sie restlos verwüsteten — wie sich später herausstellte — zum Segen des fränkischen Weinbaues (s.S. 106). Der Schock war für die Sickerhäuser so schwer, daß die Hänge jenseits des Sickersbaches über viele Jahrzehnte frei von Reben blieben, bis sich sich entschlossen, im Rahmen der Flurbereinigung wieder einen Weinbau zu beginnen; moderner, wirtschaftlicher und reblausfrei, dessen Lage sie bezeichnenderweise »Storchenbrünnle« genannt haben.

Am Steigerwald

Bin ich schon nit am Main,
In Würzburg an dem Stein,
Seyn dennoch and're Reben,
Die auch gut Säftlein geben:
Lieblich' und edle Wein.   *Aus einem alten Volkslied*

Wo von Haßfurt bis Uffenheim im weiten Bogen die bewaldeten Höhen des Steigerwaldes des fränkische Weinland liebevoll und schützend umfassen, wachsen an den steilen Hängen Reben verschiedenster Sorten als köstliche Gabe einer gütigen Natur.

Die mit Eichen und Buchen bewaldeten Höhenrücken verbreiten einen eigenartigen Zauber über das geschichtlich gewachsene Land zwischen Main und Steigerwald. In einer weiten offenen Schale liegen fruchtbare Getreidefluren und rebentragende Hänge zwischen ihnen gern besuchte Weinnester, Städtchen und Dörfer, die sich spielzeughaft gegen die dunklen Wände des Steigerwaldes abheben. Ein zarter, blauer Duft liegt über den Berggipfeln. Vom Zabelstein über den Stollberg und Schwanberg bis zum Hohenlandsberg und Frankenberg erweckt der Raum den Eindruck einer verträumten, aus Jahrhunderten zur Einheit gewachsenen Landschaft. Von waldigen Höhen grüßen die letzten Turmreste verfallener Burgen und leuchten liebevoll erhaltene Herrensitze aus dem Grün des Bergwaldes. Breit und mächtig dominieren neue Stammsitze alten fränkischen Adels oder künden Türme märchenhaft parkumrahmter Schlösser in den Ortschaften von den Zeiten der Feudalherren. Die Denkmale aus den verschiedenen Jahrhunderten häufen sich hier. Angetrieben von den geschichtlichen Kräften scheinen sie das Land zu einer fast zeitlosen Einheit geformt zu haben, aus der aber das ländliche Echo aller Zeiten vielfältig widerhallt. Zentralpunkte dieser herrlichen Landschaft sind *Iphofen* und *Gerolzhofen*.

Wie eine dunkle Wolke schiebt sich aus dem Höhenzug des Steigerwaldes in die Ebene die breite Wand des Schwanberges, und das Auge wird nicht müde, den Schwung des Hanges spielerisch nachzufahren. Nach uralter Sage ist er der Sitz der germanischen Sonnengottes, dem zum Gedächtnis auch heute noch Sonnwendfeuer vom Schwanberg aufflammen.

> »Das granitne Schloß, aus der Urzeit geboren,
> Ist ein Würfel, den dort einst die Götter verloren,
> Denn der Schwanberg war Spielplatz vor Walhalls
> Toren,
> Zum Würfel- und Tanzspiel von Wotan erkoren.«
>
> *Max Dauthendey*

Die beherrschende Lage des Berges hat schon in vorgeschichtlicher Zeit Anlaß zur Befestigung gegeben. Einzelne Teile des auf seinem Rücken gelegenen Schloßgutes deuten auf mittelalterlichen Ursprung hin.

Herrlich ist der Ausblick vom Schwanberg in die weite Mainebene. Zur Linken liegt das durch seine guten Weine bekannte *Markt Einersheim*, zu Füßen das malerische, originell fränkische Städtchen *Iphofen*, das noch die mittelalterliche Wehr, nämlich Wälle, Mauern und großhaubige Türme, trägt. Die noch völlig erhaltenen doppelgliedrigen Stadttore machen mit ihrem eigenartigen Fachwerk einen behaglichen Eindruck. Ein gutes

160

Iphofen,
Rödelseer Tor

Stück altfränkischer Zeit spiegelt sich in diesen verträumten Um-
wallungsbauten, ebenso wie in den schönen Kirchen und dem
Rathaus wider. 1 200 Jahre sind es, seitdem Iphofen Wein baut,
und seit 1 200 Jahren ist dieser Wein berühmt. Selbst Bayern und
Salzburger holten sich hier ihren Wein. Zahllos sind die Namen
der Herren des geistlichen und weltlichen Standes, die im Verlaufe
der Jahrhunderte an Iphofens Weinbau teilhatten, im Ort selbst
saßen oder den Weinzehnt erhoben.

Bis zur Säkularisation war Iphofen dem Stift Würzburg
eine treue Stadt. Nachdem der Würzburger Fürstbischof Mane-
gold 1287 dem Ort die Stadtrechte verliehen hatte, begann im
Herbst 1288 der Bau der Befestigung, die im 14. Jahrhundert
um das »Gräbenviertel« erweitert wurde.

Über viele Jahrhunderte schmückten mehr als
2 000 Morgen Reben die weite Flur und die Berglagen: »Julius

161

Echterberg«, »Burgweg«, »Kronsberg«, »Kalb«. Ja, es wuchs damals so viel Wein, daß der Türmer nicht den anrückenden Feind erkennen konnte. Möglich ist es durchaus, daß der Diensttrunk des Türmers in guten Weinjahren so reichlich bemessen war, daß er die Blicke des Turmwärters vernebelte, denn in einem Jahr (1632) wurde Iphofen vierzehnmal geplündert.

> »Der Türmer von Iphofen ließ keinen Feind herein,
> Schwer ward ihm oft das Schauen,
> zu kräftig wuchs der Wein.«

Sehenswert ist das in den Jahren 1716 bis 1718 errichtete barocke Rathaus der Stadt Iphofen. Als ein Kleinod der an Geschichte so reichen Stadt, legt es nach seiner Renovierung 1971 in neuem Glanze Zeugnis ab von dem ausgeprägten Selbstbewußtsein, dem Gemeinsinn und der Kunstfreudigkeit der damaligen Bürgerschaft.

Waren es im Mittelalter feindliche Horden, die den Iphöfern stark zusetzten, so wirkte mit Beginn des 20. Jahrhunderts ein ungleich kleinerer, aber nicht minder gefährlicher Gegner, die Reblaus, so gründlich Verderben bringend, daß der Weinbau um Iphofen und am Steigerwald gänzlich zu erliegen drohte. Schon Jahre vorher war die Peronospora aufgetreten, jetzt kam die Reblaus hinzu, die den gesunden Rebenbestand von der Wurzel her zerstörte. Iphofen mußte seinen Weinbau auf Pfropfreben umstellen, wenn es ihn retten wollte. Dank tatkräftiger staatlicher Unterstützung begann ein emsiger Wiederaufbau reblauszerstörter Weinberge. Die fortschrittliche Winzergemeinde stellte Ländereien und Weinbergslagen für Reblausforschungsarbeiten zur Verfügung, um neue Rebensorten auf ihr Verhalten gegenüber der Reblaus zu prüfen. Heute steht Iphofens Weinbau auf neuer Grundlage. Das haben sie der Reblaus zu verdanken! Eine durchgreifende Flurbereinigung von insgesamt 230 Hektar, für die 25 Mill. DM veranschlagt worden sind, hat die Struktur des Iphöfer Weinbaues gänzlich verändert und modernisiert. Feste asphaltierte Wege führen heute zu den Weinbergen und durchziehen die Rebenhänge, die verjüngt mit alten und neuen Rebensorten mengenmäßig und qualitätsmäßig ungeahnte Erfolge zeitigen. Drei Wasserrückhaltebecken sind angelegt worden.

Und im Städtchen selbst? Wer einmal das Glück hatte, Gast einer Iphöfer Winzerfamilie zu sein, oder in einer der zünftigen Weinstuben ortsgemäß zu speisen und zu pokulieren, der fühlt sich beglückt im Kreise gleichgestimmter Seelen vor den funkelnden Schoppen. Dem Zecher wird Iphofen eine Offenbarung. Der gefeierte Komponist Pfitzner war hier zu Gast. Im Zehntkeller — einstmals zum Juliusspital Würzburg gehörend, heute eine der bekanntesten Gaststätten in Franken — suchte er Erholung, Trost und Vergessen. Er fand alles im Wein vom Julius-Echter-Berg, und er schrieb ins Gästebuch:

» Beim Iphöfer guckt dem Zecher
die Muse in den Becher. «

Die Weine von Iphofen zeigen Feuer, Rasse und viele bemerkenswerte Feinheiten, besonders der vom Julius-Echter-Berg, der einen würzigen, charaktervollen Eindruck hinterläßt. Die hervorragende Bodenstruktur ist es wohl vor allem, die den Weinen so wunderbare Finessen mitgibt, daß ein Iphöfer Wein des Jahrgangs 1950, eine Riesling-Auslese, aus dem Keller des Juliusspitals Würzburg zu den Krönungsweinen der englischen Königin Elisabeth II. erkoren wurde.

Wie der ganze Steigerwald, gehört auch das Iphöfer Weinbaugebiet zur Keuperzone Frankens. Durch den buntfarbigen Mergel und die Steinmergelbänke ziehen sich starke Gipseinlagerungen, die zum Grundstein einer bedeutenden Gipsindustrie geworden sind. Von diesen Gipsadern des Bodens haben auch Iphofen, wie der ganze » Iffgau « und eine Reihe anderer Ortschaften, z.B. Ippesheim und Ipsheim, den Ursprung ihrer Namen.

Aus der reichhaltigen Geschichte dieses herrlichen Weinortes sei ein Ereignis herausgehoben, das sich immer dann dem Gedächtnis wieder einstellt, wenn man fromme Pilger aus der Nachbargemeinde gen Iphofen wallen sieht: Die Iphöfer haben von jeher danach gestrebt, sich und ihr Städtchen so zu fundieren, daß für Armut und Not kein Platz sein kann. Sie waren daher nicht immer mit dem Weinbau allein zufrieden. Sie wollten auch Handel treiben. Darum kamen sie auf die Idee, aus ihrer Stadt einen Wallfahrtsort zu machen. Sie stellten also — so erzählt die Sage — ein Wunderbild auf, »rührten kräftig die Werbetrommel und kehrten sich nicht an des Bischofs Verbot«. Es mußte erst der Domdechant mit Gewappneten erscheinen, die das Bild entfernten. Iphofen ist dennoch ein Wallfahrtsort geworden. Die Freundlichkeit dieser Stadt, die gewundenen Stämmchen, die gebogenen Ruten des Weinstockes und die Kraft und Fülle des Weines ziehen seit Generationen die Pilger des Weingottes Bacchus herbei, »Ratisboner«, Preußen, Amerikaner, Dänen, Schweden, Engländer, Holländer, Belgier und selbst die weingewohnten Franzosen. Sie kaufen ihre Weine bei den vielen bekannten, erstrangigen Iphöfer Weingütern, die mit ungezwungener Herzlichkeit ihre Gäste empfangen.

> »Im Herbstmorgen wogen hell Rödelsees Reben,
> Die den Saft der Verjüngung dem Schwanberg geben.«
> *Max Dauthendey*

Dort, wo der Rödelbach eine Mulde in den westlichen Abhang des stolzen, beherrschenden Berges gegraben hat und von Zeit zu Zeit die Wassermassen zerstörender Wolkenbrüche dem Rödelsee zuleitet, liegt dieses selbstbewußte, strebsame Winzerdorf, das aus 100 Hektar Anbaufläche nicht nur erstklassige Frankenweine liefert, sondern auch in der Sportwelt einen Namen hat. Wie Initialen der Arbeitsgebärde des Häckers stehen da fruchtbare Weinberge, Zeile an Zeile die Reben, wie Lettern in einem Meßbuch Gottes, links die Seite von der »Schwanleite«, rechts die vom »Küchenmeister«. Voll schweren Inhaltes sind die Worte: Weinbergsboden, Weinrebe, Weintraube, Wein; geschrieben mit dem Schweiß und Herzblut des Winzers und gereift in Sonne und Regen, in Leid und Freud. Als wolle der Draht Zeile um Zeile in diesem wunderbaren Buch unterstreichen, was der Winzer für seine Weinberge tut, wie er sorgt und bangt und herbstet, so unterzieht er stützend und haltend die dichtgewachsene, weingewordene Frucht. Und die Rödelseer verstehen diese kostbaren Gaben der Natur zu pflegen. Fortschrittlich im modernen Weinbau lassen sie im Winzergenossenschaftskeller unter dem alten Schloß die edlen Tropfen sich ausbauen und heranreifen, gut bewacht und gepflegt von kundiger Hand und in einer gemütlichen Probierstube mit Verstand ausgeschenkt. Die Rödelseer Winzergenossenschaft, erst 1954 gegründet, ist heute eine der tragenden Säulen der Gebietswinzergenossenschaft Franken (GWF).

Man kann nicht Rödelsee in Richtung Wiesenbronn verlassen, ohne an der Weinlage »Kiliansberg« von *Großlangheim* vorbeizukommen. Links der Straße beginnt die Nachbargemeinde. Auch sie will noch von dem Segen des Schwanberges etwas mitbekommen. In Großlangheim, berühmt durch seine Viehzucht, reifen Ähre und Traube als tiefes Geheimnis der Natur zusammen: Brot und Wein. Der 180 Morgen große grünende Weinbergskranz legt sich wie eine Krone um die wogenden Getreidefelder. Ein tiefsinniges Bild: Brot ist der Erde Frucht, und der Wein ist ihr Geist. Beide werden vom Licht gesegnet und bringen dem Glück und Freude, der sie pflegt und ehrt. So verkostet man in Großlangheim einen Wein, der dem Rödelseer nicht viel nachsteht. Der Fleiß der Häcker und Bauern hat trotz stärkster Naturunbilden den Weinbau dort wenigstens erhalten, wo ehemals ein großes Rebenmeer sich ausdehnte.

Auf dem Weg weiter nordwärts begleiten uns immer noch Reben zur Rechten und zur Linken bis über *Wiesenbronn* hinaus. Dicht ans Dorf drängen sich die Rebenzeilen der Lage »Wachhügel«, die einen vollen, körperreichen und schweren Wein aus dem Lettenkeuper bringen. Muttergärten neugezüchteter Unterlagenreben und Zwischenprüfungsanlagen neuer Pfropfreben der Rebenzüchtung Würzburg legten einst in Wiesenbronn den Grundstein für einen neuen Propfrebenbau am Steigerwald, im Kampf gegen die Reblaus und für Steigerung und Sicherung eines jährlichen Ertrages. Heute ziehen Zeilen der Edelrebsorten den Hang bis in die Ebene.

Zu einem besonderen Anziehungspunkt in weinbaulicher und kultureller Hinsicht hat sich *Castell* mit dem weitausladenden Schloßbau und der darüberragenden alten Burgruine der Herren und Grafen, heute Fürsten zu Castell, die seit einem Jahrtausend hier inmitten der Grafschaft ihre Residenz haben, entwickelt. Im Taumel des technischen Fortschrittes läuft man in außerfränkischen Weinbaugebieten Gefahr, das Stoffliche überzubewerten. Allzu leicht werden die heilenden, stärkenden und beseelenden Funktionen allen Kulturschaffens übersehen, wird der Dienst am

Castell

Menschen, d.h. am Bauern und Bäuerlichen, am Arbeiter und am Intellektuellen unterbewertet oder dem Glauben an Materie und Mechanismus geopfert. In Castell bleiben bei aller Aufgeschlossenheit die alten Werte unverändert erhalten. Die Rebe scheint den Boden geweiht zu haben. Am Zugang zum berühmten »Schloßberg« steht die Kirche wie zum Lob Gottes, der eine solche Kraft dem Berg verliehen hat, wie sie sich alljährlich in den Weinen dieser Lage widerspiegelt. Verschwunden sind die mehr als 200 Jahre alten Weinberge; neue wirtschaftliche Anlagen sind an ihre Stelle getreten. Wege ziehen sich an mannigfachen Windungen den steilen Hang hinauf; zwischen den Rebenzeilen (60 Hektar) aber verspürt man noch immer das Walten eines dionysischen Geistes, der dem Weinbau in Castell einen wohltuenden bacchischen Schimmer verleiht. Dieser Gast ist es, der auch die Menschen in Castell beseelt, der Geist vom Schloßberg, die leise innere Stimme eines großen Weines.

In Erinnerung an schöne Zeiten, in der ersten kleinen Probierstube, in dem herrlichen Keller mit der uralten Kelter als Probierecke und mit dem Fürsten und Adolf Steinmann, als sie noch Erfahrungen sammelten, klingen die Worte von Hermann Hesse wie ein dionysisches Sehnsuchtslied:

166

» Wunderliches Wehgefühl,
Wenn ich meinen Tisch verlasse,
Und die Nacht so still und kühl
Wandelt durch die leeren Gassen.

Müde und vom Wein berauscht,
hab ich oft dem bangen Winde
Durch die stillen Straßen nachgelauscht,
Traumbewegt gleich einem Kinde.

Irgendein geheimer Gruß,
Irgendein geheimes Singen,
Irgendeine Liebe muß
In dem leisen Brausen klingen. «

Die Anlagen am » Hohnart«, einer sehr fruchtbaren Weinlage, und jene am » Bausch«, » Kirchberg«, » Kugelspiel«, » Feuerbach«, » Reitsteig« und » Trautberg« atmen mit neuen fränkischen und württembergischen Rebensorten wie Ortega, Albalonga und Kerner die geheime und souveräne Offenbarung jener berühmten Spitzenlage von Castell *Schloßberg*.

Neben dem Schloß ist in den letzten Jahren ein Kellerneubau entstanden; eine sehenswerte Errungenschaft der nach dem Marktstrukturgesetz neu etablierten Erzeugergemeinschaft » Steigerwald«, zu der die nicht in der Gebietswinzergenossenschaft Franken organisierten Winzer von Castell, Greuth, Abtswind und aus dem Raum um Iphofen gehören.

Greuth und *Abtswind* sind bekannt durch ihre rassigen Weine, zu denen der moderne, im neufränkischen Barock erbaute und eingerichtete Weinhof Behringer, außerhalb Abtswind, an der Straße nach Geiselwind gelegen, schmackhafte Gerichte zu bereiten versteht. Mit jungen tatkräftigen Männern ist neuer Geist ins Dorf eingezogen. Ein vom Fremdenverkehrsverein und Heimatverein angelegter Weinbergslehrpfad führt den weinbaulich interessierten Besucher belehrend, aufklärend und ansprechend durch eine der schönsten, weil der Natur angepaßten Flurbereinigungen im fränkischen Weinbau.

Weiter nördlich führt die Bundesstraße 26 den Besucher zur mächtigen, 1803 säkularisierten Zisterzienserabtei *Ebrach* im östlichen Waldgebiet des Steigerwaldes. Einst hatte dieses Kloster auch großen Weinbergsbesitz in Unterfranken. Die Ebracher Mönche waren es, die den Silvaner, heute Frankens Hauptrebensorte, einführten. Die palastartigen Bauten Leonhard Dientzenhofers und Josef Greisings und die wunderprächtige Kirche erinnern an die alte Herrlichkeit. Ein besonderer Zauber geht von der erhabenen Ruhe und der stolzen Würde dieses souveränen Denkmals aus.

Von hier aus findet man den Weg nach *Handthal* und *Oberschwarzach*, Schatzkammern ansprechender, frischer und eleganter Müller-Thurgau-Weine. Weine dieser jungen Rebensorte wachsen am Stollberg, dessen Gipfel, die überwucherten Ruinen der alten Stollburg, von ergreifenden Vorgängen während des Bauernkrieges für fernere Zeiten zeugen. Inmitten der grünenden Rebenhänge hat die Bayerische Landesanstalt für Wein- und Gartenbau eine einladende Gaststätte angelegt, die allsonntäglich das Ausflugsziel vieler Besucher ist. Von dort hat man einen wunderbaren Blick in das weite Frankenland. Die Türme der Basilika von Münsterschwarzach grüßen aus der Tiefe herauf; an besonders klaren Tagen sendet auch die Frankenwarte bei Würzburg ihre Grüße dem Weinfreund am Stollberg.

Schließlich verdienen *Wiebelsberg, Mutzenroth, Hundelshausen, Altmannsdorf* und *Falkenstein* als Weinorte noch besondere Erwähnung wegen der freundlichen Weinbergshäuschen, die weithin leuchten und davon künden, daß hier oben die auf sich allein gestellten Häcker eine unerschütterliche Liebe zu ihren Weinbergen, Reben und Weinen haben. Dabei sind ihre Weine sehr beachtenswert. Muskat-Ottonel, Elbling und Silvaner vermischen sich mit Müller-Thurgau zu einem Trunk eigener, ehrlicher Richtung. Ein Umtrunk im Weinbergshäuschen oder in der guten Stube des Häckers hat etwas so urtümlich Ehrliches, das nur der empfinden kann, der den tieferen Sinn des in einer herrlichen Landschaft mehr aus Liebe als aus wirtschaftlichen Gründen betriebenen Weinbaues zu erfassen sich bemüht.

Als Weinort ist *Michelau* durch die Initiative des Bürgerspital-Weingutes zu Würzburg bekannter geworden, das anstelle

168

seines ehem. Hofguts »Waldschwindhof« Weinberge zuerworben hat. Dort gedeihen, wie überall am Steigerwald, im wesentlichen Müller-Thurgau-Reben, deren Weine als Jungweine selbst dem Alter bekommen: leicht, beschwingend und sonnendurchleuchtet.

Die frühere Kreisstadt *Gerolzhofen* wird schon im Jahre 906 als »Kerolteshova« in einer Schenkungsurkunde des letzten Karolingers, König Ludwigs IV., an das Kloster Fulda erwähnt. Zu Beginn des 14. Jahrhunderts hat hier das Hochstift Würzburg maßgebenden Besitz und Einfluß gewonnen. Insbesondere zur Zeit Julius Echters erhielt die Stadt in baulicher Hinsicht einen die Jahrhunderte bestimmenden Akzent, so daß allüberall der Echtersche Geist von den Gebäuden auf den Beschauer herabstrahlt. Selbst mit wenig Weinbau war Gerolzhofen als Kreisstadt der politische und wirtschaftliche Mittelpunkt eines der größten weinbaulichen Landkreise Frankens, der heute mit dem Landkreis Kitzingen zu einem Großkreis vereinigt ist. Wer könnte leugnen, daß Gerolzhofens Stadtbild auch vom Geist guter Weine durchstrahlt ist? Dieser Geist war es wohl auch, der die Gerolzhöfer an ihre Jahrhunderte während Bindung mit dem Weingott Bacchus erinnert hat und sie animierte, eine Bacchus-Weinbruderschaft ins Leben zu rufen, in die alljährlich zur Pfingstzeit prominente Personen durch Gott Bacchus persönlich aufgenommen werden, das Weinfest des Jahres, auf dem Marktplatz, vor Weinschenken und Bürgerhäusern; und der Sonnengott ist den Bacchusjüngern fast immer hold.

An der Iphöfer Pforte

Mit Iphofen schließt das zusammenhängende Band der Weinberge am Fuße des mittleren Steigerwaldes ab und das mittelalterliche Städtchen öffnet seine Pforte dem südlichen Steigerwald-Vorland, das im Norden vom Schwanberg und im Südwesten vom Frankenberg-Iffigheimer Bergrücken begrenzt wird. Die Iphöfer Pforte und die sich anschließende Hellmitzheimer Bucht sind ein »Gebiet besonderer Naturgunst«, das den Prototyp einer echten Gäulandschaft verkörpert, in der Gerste-, Weizen- und Zuckerrübenanbau die wirtschaftliche Grundlage der Bevölkerung bilden. Waren am mittleren Steigerwald die geschlossene Steilstufe und die in sich gegliederte Abdachungsfläche die Hauptlandschaftselemente, so sind im südlichen Steigerwald Auflösung des Stufenrandes und für das Vorland das Vorherrschen tiefer Täler bestimmend, in denen einst Mühle an Mühle klapperten, die heute sämtlich stillgelegt sind. Die scharfe Zergliederung des Steigerwaldrandes hat sich natürlich auch auf den Weinbau ausgewirkt, der sich der geographischen Zerstückelung angepaßt hat. Entsprechend der wirtschaftlichen Struktur einer Gäulandschaft wird der Weinbau hier auch nur im landwirtschaftlichen Gemischtbetrieb als finanziell interessante Ergänzung angesehen, der sich der weinbautreibende Landwirt nach erfolgter Flurbereinigung mit Erfolg widmet. Ausnahmen bilden die Weinbergsanlagen von Possenheim, die sich ganz im Besitz des bekannten Iphöfer Weingutes Hans Wirsching befinden, und das Staatsweingut in Ippesheim. Im übrigen aber wird der örtliche Charakter von *Markt-Einersheim, Hüttenheim, Nenzenheim, Seinsheim, Bullenheim, Ippesheim* und *Ulsenheim* mehr durch die Landwirtschaft geprägt als durch Weinbau. Kleine gemütliche Keller sind auch im Ort bei den wenigen Selbstmarktern. Diejenigen, die keinen eigenen Keller besitzen wollen, liefern ihre Trauben an die Erzeugergemeinschaften der Gebietswinzergenossenschaft Franken und Steigerwald (in Castell), die sie auch ausbauen und vermarkten. Nur so war es auch möglich, dem Weinbau in dieser Landschaft eine neue Blütezeit zu eröffnen.

Wenn auch der lokale Wein nicht an Ort und Stelle ausgebaut wird, so kann man ihn doch in den Gaststuben jener Ortschaften trinken, in deren Gemarkung sie gewachsen sind. Dem verstorbenen fränkischen Weinschriftsteller Anton Schnack haben es die Weine aus der Iphöfer Pforte besonders angetan. Er sagt von ihnen: »Es sind Weine, die aus Männerkehlen Soldatenlieder schmettern«; eine einzigartige Charakterisierung, die die betonte Eigenart dieser Weine herausstellen soll. An einer anderen Stelle heißt es: »Es sind flotte Tropfen, die sich vortrefflich mit Schwarzbrot und geräucherten Schweineseiten verschwistern«, womit der Dichter auf die Verzahnung von Landwirtschaft und Weinbau hinweist. In diesen Dörfern ladet zwischen vier und sechs Uhr die »fränkische Brotzeit«, früher »Vesper« genannt, in die Gaststätten ein. »Die Trinkstunde ist bei diesen Weinen wichtig. Zur richtigen Zeit getrunken, schmecken sie delikat und machen die Trinker redselig und hemdsärmelig.«

In der Windsheimer Bucht

Aus der Iphöfer Pforte gelangt man über Uffenheim in die Windsheimer Bucht in Frankens gemütliche Ecke, die im Norden vom Iffigheimer Bergrücken und im Süden von der Frankenhöhe begrenzt wird. Hier im oberen Aischtal haben sich einige Ortschaften wieder auf ihr günstiges Weinklima besonnen. Kontinental warm dringt es von Westen her in die weit sich ausladende Landschaft, für die im Gegensatz zur Iphöfer Pforte flache Täler charakteristisch sind. An den zahlreichen Hängen der Frankenhöhe und ihres Vorlandes verschärft sich das lokale Mikroklima unter erhöhter Sonneneinstrahlung, so daß von den Geographen das obere Aischtal als die sonnenreichste, aber auch trockenste Landschaft Frankens, ja ganz Bayerns bezeichnet wird.

Krassolzheim, Ingolstadt, Ergersheim, Ipsheim, Mailheim und *Weimersheim* — Edelsteine und Perlen im fränkischen Landschaftsbild — haben ihren Weinbau neu geordnet und modernisiert. Ihre Lagen heißen: Ergersheimer »Altenberg«, nordwestlich von Windsheim gelegen; Ipsheimer »Burg Hoheneck«, und Weimersheimer »Roter Berg«, östlich von Windsheim. Letzterer auf 12 Hektar gewachsen und von der GWF vermarktet, erzielte mit dem Jungfernertrag im Ausnahmejahrgang 1971 glänzende Prämierungserfolge.

Die Windsheimer Bucht ist wie die Iphöfer Pforte vorwiegend agrarisch strukturiert. Doch läßt die alte Reichsstadt Windsheim mit ihren herrlichen Bauten im Altstadtkern und ihren Wallmauern noch den Geist jener Weine erkennen, die hier vor etlichen hundert Jahren gewachsen sein mögen und die heute wieder ihre Wirkung aus den nahegelegenen Weinorten dieses Sonnenwinkels auf die Zentrale dieser weiten Landschaft ausstrahlten. *Bad Windsheim* ist heute der kulturelle, landwirtschaftliche und industrielle Mittelpunkt des Kreises Uffenheim, wo in den gut geleiteten Gaststätten die mittelfränkischen Weine zum Aischgründer Karpfen die rechte Begleitung abgeben.

171

Am Main-Dreieck

» Nichts, wo ich auch suchte, kommt Dir gleich,
Mein Jugendsonnen-, mein Friedensreich.«

Mich. Gg. Conrad

Auf seinem Zick-Zack-Lauf durchs Frankenland macht der Main so manche scharfe Biegung. Die schärfste dieser Schwenkungen und zugleich die südlichste Abbiegung des Flusses vollzieht sich zwischen Kitzingen und Würzburg am » Main-Dreieck «. An den beiden Schenkeln dieses » Dreiecks « reihen sich ununterbrochen gar treffliche Weinorte aneinander, an denen der Frankenwanderer nicht ohne gebührendes Kompliment vorübergehen kann. Etwa halbwegs zwischen Kitzingen und Marktbreit liegt gleich ein Ort, der nach mehr als einer Richtung Interesse bietet.

Ursprünglich Teil des staufischen Reichsgutes » unter den (Franken-)Bergen «, dann Besitz der Edelherren von Hohenlohe-Brauneck, errang Marktsteft unter brandenburgischer Herrschaft seit dem Ende des Dreißigjährigen Krieges eine ungewöhnliche handelspolitische Bedeutung. Es war das alte Handelsemporium der Marktgrafen von Ansbach, deren Gebiet hier den Main berührte und die durch einsichtsvolle Merkantilpolitik namentlich im 18. Jahrhundert einen blühenden Stapelplatz schufen. Inzwischen haben freilich die Eisenbahnen den Wasserweg brach gelegt, und Marktsteft kam in die üble Lage, die Eisenbahnschienen zu beiden Seiten in der Entfernung liegen zu sehen, aber keinen Anteil an diesen Verkehrsadern zu haben. Nun mußte sich Marktsteft wieder mehr der Bodenkultur zuwenden, vor allem dem Wein- und Obstbau.

An den Namen *Marktsteft* knüpft sich noch die Erinnerung an ein originelles Fest der guten, alten feuchtfröhlichen Zeit: das sogenannte » Hochgericht «. Trotz des unheimlichen Namens ging es bei diesem » Gericht « höchst ergötzlich zu: Alljährlich dreimal, zur Faschingszeit, im Wonnemond und endlich zur Weinlese, kamen nämlich der markgräfliche Amtmann von Creglingen nebst seinen Beamten und deren Frauen, ferner Jäger und Spielleute nach Marktsteft, und dann ging es an ein weidliches Atzen und Pokulieren, für dessen Kosten die Würzburger Dompropstei als zehntberechtigt aufkommen mußte. Auf der Straße stand dazu eine weite Kufe voll Wein, woraus jedermann nach Herzenslust schöpfen konnte:

> »Der Mund des Volkes spricht:
> Hier war das lust'ge Hochgericht,
> Doch nicht mit Blutschwert und mit Wiede,
> Mit goldnem Wein zum Unterschiede.«
>
> *Müller-Amorbach*

Besser als Marktsteft konnte die Nachbarstadt *Marktbreit,* die südlichste Stadt am Main, ihre Handelsstellung bewahren. Stattlich lehnt sie sich an den rebengrünen Höhenzug, von dem die St.-Wendels-Kapelle niederschaut. Beim Eintritt durch das hochragende Maintor in das Innere der Stadt erhält man sofort den vollen Eindruck von Marktbreits altbewährtem, trefflichen Bürgersinn und dem ehrwürdigen Rufe seines Handelsstandes. In imposanten altfränkischen Renaissanceformen zeigt sich zu einer Seite die Front des Rathauses, das an der Ecke das Wahr- und Wappenzeichen des Platzes, St. Georg mit dem Drachen, trägt; auf der anderen Seite der Straße erheben sich reich geschmückte Handelshäuser, wahre Kleinode des deutschen Barocks. So zeigt Marktbreit, wie einst auch im Kleinstaat — die Stadt gehörte in alten Zeiten den Herren von Seinsheim, später dem stammverwandten Grafen- und Fürstengeschlecht von Schwarzenberg — ein Platz zu hervorragendem merkantilen Ansehen gelangen konnte. In unmittelbarer Nähe des Rathauses liegt als besonders schöner Fachwerkbau die alte Fürstlich-Schwarzenbergische Herrschaftsherberge, das heutige Hotel »Zum Löwen«. Diese historische Gaststätte wurde 1442 erbaut. Es ist ein eigenartiger Genuß, sich dem heimeligen Zauber eines guten alten Weinhauses in einem so bezaubernden, abseits von der Zeit liegenden Städtchen hinzugeben, das mit seinem wertvollen, interessanten

173

Treppenhaus, seinen rauchigen, holzgetäfelten Trinkräumen ein übriggebliebenes Stück einer vergangenen, wechselvollen Geschichte ist. Ehemals waren hier König Ludwig I. von Bayern und Fürst Schwarzenberg zu Gast. Als Marktbreit seit Mitte des 18. Jahrhunderts zu einem berühmten Umschlagplatz für Getreide, Wein und Bohnenkaffee wurde, mögen manche Kaufleute hier Herberge gefunden haben. Am rechten Ufer liegt, gegenüber von Marktbreit, der alte Ort *Segnitz*, erstmals im Jahre 905 genannt, seit dem Spätmittelalter Gemeinbesitz der Ansbacher Markgrafen und der adeligen Zobel von Giebelstadt, als politischer Brückenkopf gegen das Würzburger Frickenhausen und das Schwarzenberger Marktbreit; heute zwar mehr durch seinen Gemüsebau bekannt als durch seine Weine, denen es sich nach vollzogener Flurbereinigung in der Lage »Pfaffensteig« wieder mit Erfolg zuwendet.

Nun wendet sich der Main nordwärts! Höchst charakteristisch im Schmuck seiner alten Mauern und Tore, prunkend mit der stolzen Kirche, dem altfränkischen Rathaus und ansehnlichen anderen Bauten, präsentiert sich der alte Markt *Frickenhausen*, seiner ganzen Lage in den steilen Weinbergen und seiner Bauart nach ein richtiger fränkischer Weinplatz, dem Natur, Kunst und ehrwürdige Geschichte ihr Gepräge geben. Die Weinbergslagen von Frickenhausen, vor allem sein »Kapellenberg« und »Markgraf Babenberg«, sind flurbereinigt und hervorragend gebaut. Die Erzeugnisse dieser herrlichen Lagen sind demgemäß vielfach ganz überraschend voll des hinreißenden Feuers und zugleich körperreich und edel.

Drüben von der linken Seite des Maines grüßt *Ochsenfurt*, die alte, einst allein dem Würzburger Domkapitel eigene Stadt mit ihren verwitterten Stadttürmen, der schönen gotischen Kirche, der stolzen »Veste« des Domkapitels und dem prächtigen Rathaus mit der schönen Freitreppe und dem originellen »Turm auf der Spitze« — ein wahrer Schmuckkasten altfränkischer Kunst. Ochsenfurt ist zwar keine »Universitätsstadt« wie die englische Namensschwester Oxford, aber ein »Studium« wurde in ihren Mauern doch mit besonderem Eifer betrieben: das Studium des Weines. Das bezeugt ein einzigartiges Dokument, die beiden Ochsenfurter »Kauzenbücher«. Ihr Name leitet sich her von dem

»Kauz von Ochsenfurt«, einem Trinkpokal in Gestalt einer Eule, der im Jahre 1611 von dem Domherrn Konrad Ludwig Zobel von Giebelstadt als Willkommbecher gestiftet wurde. Im Jahre 1613 wurde beim fröhlichen Mahl der Domherren beschlossen, daß künftig ein jeder, der den Kauzen auf einen Zug ausgetrunken — angesichts seines Inhaltes von dritthalb Maß keine Kleinigkeit! — seinen Namen mit Sinn- und Gedenksprüchen in das Kauzenbuch eintragen solle. Und es gab der wackeren Zecher doch eine stattliche Reihe, so daß im Jahre 1742 sogar ein zweiter Band des Kauzenbuches angelegt werden mußte. Der »Kauz von Ochsenfurt« ging in den Stürmen der Säkularisation unter; nur die beiden Bände des Kauzenbuches mit ihren Einschreibungen und den dazugefügten launigen Versen und drolligen Schnurren halten die Erinnerung an jene feucht-fröhlichen Zeiten aufrecht. Seit einigen Jahren entbietet die Stadt den Willkommensgruß wieder mit einem neuen Kauzen.

Ununterbrochen begleiten uns von Ochsenfurt mainabwärts bis über Würzburg Weinberge, vorbei an Kleinochsenfurt, einer Siedlung des Würzburger Hochstiftes aus dem 12. Jahrhundert, wo sich das dionysische Fluidum vergangener Jahrhunderte zwischen meterhohen Steinhalden am Berg entgegen allen Rationalisierungsbestrebungen erhalten hat und eine Vorstellung davon vermittelt, wie umsichtig und sorgfältig früher die Kultur der windempfindlichen Rebe betrieben wurde. Ein weinbaukulturhistorisches Denkmal und ein Paradies für Menschen, Tiere und Pflanzen, mit Trockenmauern und Steinhalden, in denen die Häkker sich Hütten gebaut haben, ein zoologischer wie botanischer Garten gleichzeitig, ein Dorado, das durch Jahrhunderte geprägt ist.

Kaum haben wir diesen bacchantischen Raum verlassen, sind wir schon mitten im modernen Weinbau, der mit dem Sommerhäuser »Ölspiel« beginnt und sich in der berühmten Qualitätsweinlage »Steinbach« fortsetzt. Wo außerhalb dieser beiden Lagen in der Sommerhäuser Gemarkung Reben wachsen, wird ihr Wein mit »Sommerhäuser Reifenstein« angegeben.

Sommerhausen und *Winterhausen* führen beide in ihrem Wappen die Traube; Sommerhausen, als die von der Sonne verwöhnte Ortschaft, jedoch mit der Sonne; Winterhausen, das jen-

Sommerhausen

seits des Maines liegt und von den Sonnenstrahlen nicht direkt getroffen wird, mit dem Mond.

Sommerhausen hat sich in den letzten Jahren immer mehr in den Blickpunkt gerückt und für den fränkischen Weinbau und Raum in vierfacher Hinsicht an Bedeutung gewonnen:

— als fortschrittlicher Weinort, der seine ganze Gemarkung auf das Modernste arrondiert und geordnet hat;

— als Weinhandelsort, der eine der bedeutendsten Weinhandelsfirmen Frankens beherbergt;

— als Stätte einer mustergültigen Rebenveredlungsanstalt in privater Hand, und schließlich

— als Hüterin gepflegter Theaterkultur, die in der Kleinbühne im Torturmtheater unter Luigi Malipiero, diesem feinsinnigen und weinfreudigen Mimen, weltbekannt geworden ist und nun durch Veit Relin fortgeführt wird.

176

18   Blick auf Würzburg vom »Letzten Hieb«
von Georg Mauckner, 1852,
Mainfränkisches Museum Würzburg

19   *Weinlese in Randersacker*

Das alte Rathaus, das Schloß und die alten Befestigungs-
anlagen mit den bekannten Toren geben der Gemeinde ein gera-
dezu mittelalterliches anheimelndes Gepräge, obwohl ihre Einwohner moderner denken und handeln als in manch anderer
Ortschaft Frankens. Tradition und Fortschritt verbinden sich hier
zu einem harmonischen Ganzen, an dessen Gestaltung jede Familie mitwirkt.

An der Würzburger Pforte

Schon zeigt sich auch der berühmte »Altenberg« von
Eibelstadt. »Ei wele Stadt?« sollen nach einer Volksschnurre die
Nachbarn gefragt haben, als die Einwohner von ihrer »Stadt«
sprachen.

» Doch seit der Zeit im Frankenland
Ward Eibelstadt der Ort genannt,
Wenn er glei' Thörm un Mauern hat,
Helt'n ke Mensch no for e Stadt.«

Nun, wenn der Ort auch klein, so ersetzt er das doch
durch die Güte seines trefflichen Wachstums. Seine Weine sind
weit über die Grenzen Bayerns bekannt. Es gibt wohl kaum eine
Stadt in Franken, die sich im Mittelalter so um den Wein gesorgt
hat wie Eibelstadt. Im Keller des Rathauses werden auch heute
noch erste Kreszenzen aus der »Mönchsleite« und »Kapellenberg« mit viel Liebe und Verständnis ausgebaut.

Randersacker! Eng drängt sich der uralte, bedeutende
Weinort Frankens in den Kessel seiner weltberühmten Weinlagen,
deren kostbare Frucht über Jahrhunderte die Geschichte dieses
Dorfes bestimmte und den Ruf und Ruhm des Frankenweines
mitbegründeten. Auch heute noch zählen Randersackerer Weine
dank der Kenntnisse und der Gewissenhaftigkeit seiner Winzer
zu den Spitzenweinen der fränkischen Weinlande. Sie sind eine
Synthese von Himmel und Erde, von Sonne und Fleiß, von Liebe
und Verantwortungsbewußtsein. Sie haben — auch in geringen
Jahrgängen — Duft und Körper, harmonische Fülle und lebendi-

ges Spiel. Klosterhofmauern, Herrschafts- und Amtsgebäude — Mönchshof, Zehnthof und Edelhof —, eingezwängt zwischen die altertümlich verwinkelten Fachwerkbauten, erzählen zur Genüge, wie sich Bischöfe, Domherren, Äbte und Adelige um diesen Ort bemüht haben, dessen Kreszenzen eine gewisse herbe Lieblichkeit und ein an Heckenrosen, Pfirsiche und Schlehen gemahnendes Aroma eigen ist. An der Spitze steht der Wein vom »Pfülben«. Mit einem unerhörten, urwüchsigen Naturcharme betört er in seiner erdhaften Schwere Nase und Zunge des kundigen Weinfreundes. Die erdigen und rassigen Weine vom »Marsberg« und »Sonnenstuhl« finden ihre wunderbare Ergänzung in den blumigen, weichen und körperreichen Weinen vom »Teufelskeller«. Die Randersackerer Weine stellen in ihrer aufeinander abgestimmten Vielfalt bereits für sich eine vollendete Symphonie im dionysisch-bacchantischen Zauber dar.

Ist es da ein Wunder, daß der Wein von jeher dieses weinfrohen Dorfes Schicksal gewesen ist? Wer in den Annalen der »villa Randeresachere« — wie man 1119 schrieb — zu lesen versteht und wer in der herrlichen Pfarrkirche und im Ort sich der historischen Stimmung nicht verschließt, die dem aufmerksamen Besucher entgegenströmt, der wird das spürbare Wirken eines kräftigen, großen und noblen Weines über viele Jahrhunderte im Aufbau und in der Struktur dieses Weinnestes erkennen.

Aber Randersacker wurde nicht nur wegen seiner Weine bekannt. Seine Winzer waren sich von jeher der Verantwortung bewußt, die ein Ort mit einem so makellosen Rufe seiner Weine für alle fränkischen Weinbaugebiete hat. Früher wie heute haben Männer aus Randersacker die Geschicke des fränkischen Weinbaues mitbestimmt oder führend der Entwicklung eine andere, erfolgreiche Richtung zu geben versucht. Der bedeutendste unter ihnen war Sebastian Englerth, dessen Andenken noch heute im Ort hochgehalten wird. Die jungen Randersackerer Winzer wissen, was sie ihrem Öhm schuldig sind. Man muß ihnen Respekt zollen, wie sie auch in unseren Tagen das Wort und die Tat nicht scheuen, wenn es um die Qualität des Frankenweines geht.

Am 23. September 1804 wurde Englerth in Randersacker geboren. Er starb dort am 15. März 1880. Sein Vater, Georg Adam Englerth, war Besitzer des altberühmten Gasthofes »Zum

Bären« und ersteigerte während der Zeit der Säkularisation im Jahre 1812 den Mönchshof. Mit 26 Jahren erhielt Sebastian Englerth ihn als Erbteil, wo er 50 Jahre hindurch eine Tätigkeit entfachte, die dem fränkischen Weinbau zum bleibenden Segen gereichte. Er ist nicht nur der geistige Vater der Lehr- und Versuchsanstalt Veitshöchheim, die er schon zu seinen Lebzeiten im Jahre 1874 in seinem Gut ins Leben gerufen hatte, sondern er war auch ein kompromißloser Verfechter des Qualitätsgedankens. Durch seine Reisen in viele europäische Weinbaugebiete sammelte er umfangreiche Kenntnisse und bedeutendes Material, um einerseits den Rückgang in den Weinbergen seiner Heimat zu ergründen und aufzuhalten, sowie andererseits durch saubere Kellerwirtschaft die hervorragende Qualität des Frankenweines zu halten und womöglich noch zu erhöhen.

Ein Leben lang hat Englerth der Rebe und dem Weinbau gedient, hat Gesicht und Gestalt der Weinberge verwandelt, und noch heute glaubt man bisweilen, den »Öhm« in Randersackerer Fluren anzutreffen, wie er, auf einen Wingertspfahl gestützt, die Ärmel hochgekrempelt, in weicher, lockerer Weinbergserde die Arbeit seiner Winzer prüft, die sich und ihre Weinberge durch die schlechten Jahre der Jahrhundertwende gerettet haben und heute sich bemühen, die Erkenntnisse der Weinbauforschung in die Praxis umzusetzen.

Neben einer Reihe bekannter selbstmarktender Weingüter bewirtschaften rd. 250 Mitglieder der Randersackerer Winzergenossenschaft 273 Hektar Gesamtweinbergsfläche.

Eine sehr namhafte Weinmarkung besitzt auch die gegenüberliegende alte Stadt am linken Mainufer, *Heidingsfeld*. Der Platz war schon vorgeschichtlich besiedelt, erscheint namentlich erstmals 779 in der Würzburger Markungsbeschreibung. Später wurde er staufisches Reichsgut. Kaiser Karl IV. erhob 1367 den Ort zur Stadt der Krone Böhmens, wie der Löwe am Stadttor noch beweist. Die böhmischen Kaiser und Könige hielten etwas auf einen guten Tropfen, vor allem König Wenzel, weinseligen Angedenkens! Jetzt ist Heidingsfeld, gleich Randersacker, ein vielbesuchter Ausflugsort der Würzburger, die in den dortigen Weinwirtschaften gerne einkehren.

Und nun öffnet euch, ihr Tore der alten, unvergleichlichen Weinstadt Würzburg!

Würzburg

»Heit're Musenstadt am Maine,
In der Rebenhügel Kranz,
Wo die Blume goldner Weine
Froh gedeiht im Sonnenglanz!«   *L. Bauer*

Würzburg, Seele unserer fränkischen Heimat, Königssitz
des edelsten Frankenweines! Von rebentragenden Bergen um-
kränzt, liegt diese ehrwürdige, erhabene und traute, vieltürmige
Stadt im Herzen einer gesegneten, durchgestalteten Kulturlandschaft. Ein alter Fürstensitz mit der wehrhaften Burg auf
dem Marienberg, wo heute von kundiger, feinfühliger Hand eine
Schatzkammer fränkischer Kultur aufgebaut ist. Stadt eines Balthasar Neumann, der das prunkvolle Residenzschloß schuf, in
welchem Tiepolo der Geschichte eine großartig plastische Darstellung zu geben wußte. Stadt der Kultur, mit vornehmen Herr-
schaftshöfen, mit historischen Weinstuben und hochgiebeligen
Bürgerhäusern, mit engen Gäßchen und malerischen Winkeln,
Stadt zum Trinken und Schwärmen geschaffen, heiterer Musen-
sitz, Hüterin des Wahren, Guten und Schönen.

Manches hat sich gewandelt, seitdem die apokalyp-
tischen Reiter am 16. März 1945 Mainfranken überfielen und
Würzburg zerstörten, mordeten und brandschatzten. Tausende

180

von Kindern, Frauen und Greisen wurden unter den Trümmern begraben. Die Kriegsfurie verwüstete in 20 Minuten weitgehend, was Jahrhunderte geformt hatten. Bluteten unsere Städte und Dörfer schon aus allen Adern, stöhnte unser Land unter den Vergeltungsschlägen, so schrie das ganze Frankenvolk auf, als seine Seele, *Würzburg*, dieses Kleinod der abendländischen Kultur, zu Tode getroffen wurde. Arm, verlassen, abgehärmt, leergeweint, mit blutunterlaufenen Augen und zerkratzten Händen, mit zerrissenen Kleidern und verrußten Gesichtern zogen die noch übriggebliebenen Würzburger Bürger aufs Land, wo wollüstig-dionysisch die barocken Putten die in Armut, Not und Hunger darbenden Menschen schmerzhaft an den Reichtum vergangener Zeiten erinnerten.

Würzburg war so vernichtet, daß es 1945 keineswegs selbstverständlich schien, diese städtebauliche Kostbarkeit des Abendlandes wieder zum Leben zu erwecken. Es fehlte nicht an Stimmen und gutgemeinten Ratschlägen, den trostlosen Trümmerhaufen am Main liegenzulassen, um anderswo, im freien Gelände, auf Hügeln und Bergen jenseits der Rebenhänge, von neuem anzufangen. Aber jene wenigen Frauen und Männer, die aus den unerschöpflichen Quellgründen der trotz der Zerstörung unauslöschlichen Schönheit und des unergründlichen Geheimnisses einer unausweichbaren Anziehungskraft des alten Würzburg schöpften und sich unbeirrt an den Wiederaufbau machten, haben Würzburg wieder erstehen lassen, so daß heute die Erinnerung an die zerstörte Stadt nur noch wie ein böser Traum in unserer Seele ruht.

Würzburg ist wiedererstanden, Würzburg lebt. Zielstrebig schaffen Stadtverwaltung und Bürger am Bilde einer gesunden, schönen, großgliedrigen Stadtlandschaft, in der auch die berühmten Lagen » Stein «, » Innere Leiste «, » Abtsleite «, » Schloßberg « und » Pfaffenberg « ihren Anteil haben. So ist Würzburg auch im Wiederaufbau die echte und rechte Weinstadt am Main, deren tausendjähriger verjüngter Rebenkranz dem alten wie neuen Bürger, den Besuchern aus aller Welt wieder den Zauber dieser kostbarsten aller deutschen Städte vermittelt. Und wer könnte behutsamer die noch blutenden Wunden heilen als der edle Wein, der über Jahrhunderte den Kunstsinn und Lebenswillen der Franken beflügelte und formte und dessen Wirken auch im Stadtbild des alten Würzburg offenbar ward, wie auch das neue Würzburg dem Mythos des Weines sich nicht verschließen kann. Anton Dörfler hat dies bereits 1950 poetisch hervorgehoben:

» Wohlan, mein Lied, verkünde: Würzburg lebt!
Die Mutter Frankens wacht wie eh' am Main.
Was blind und stumm sich noch aus Gassen hebt,
Begütigt schon ein neuer Morgenschein,
Ist abends anders schon dem Teppich einverwebt,
Der von der Burg zum Pfülben und zum Stein
Sich einmal wieder festlich wird entbreiten,
Will Frankens hohe Frau darüber schreiten.«

Was Anton Dörfler damals vorausgeahnt hat, ist jetzt schon Wirklichkeit geworden. Es ist wieder eine Augenweide, von einem der Rebenberge um Würzburgs Talkessel herabzublikken auf die Stadt mit der ragenden Festung Marienberg, auf den von vier Brücken überspannten Main, auf die grünen inneren Kranz der breiten Ringparkanlagen und auf das gleichfalls so reizvolle äußere Gewinde der Weinberge. Der köstlichste und umfassendste Überblick über die Stadt bietet sich wohl vom Stein, dessen Kalksteinhang (daher auch der Name »Stein«) in voller Breite sich der Südsonne zuwendet und ihre Glut gierig aufsaugt — ein ganz hervorragender, ja unvergleichlicher Standort für die sonnenlechzende Rebe. Solange die geschichtliche Erinnerung reicht, war der »Stein« durch alle Jahrhunderte der Mittelpunkt des fränkischen Weinbaues. An seinem Hang einen möglichst großen Besitz von Weinbergen ihr eigen zu nennen, bildete das Streben der vielen fränkischen Stifte und Klöster, in denen sich der Weinbau in alten Zeiten konzentrierte, ebenso wie Domkapitel und Stadtrat von Würzburg ihre Weinberge am Stein stolz als köstliches Besitztum wahrten und nur in äußerster Not sich ihrer entäußerten.

Auf der Höhe ziert den Bergrücken seit dem Jahre 1898 der schloßartige Bau der Steinburg mit ihren malerischen Zinnen und Giebeln. Erhalten oder wiederhergestellt sind in den Weinbergen und an den Weinbergsmauern die alten Bildstöcke und Besitz-

Der Steinberg bei Würzburg.

zeichen der Würzburger Güter. Entfernt wurde die Tafel am Stein, die vom Pflanzen der ersten Silvanerrebe 1665 durch den Abt Alberich Degen des Klosters Ebrach Kunde gab. Um sie vor der Verwitterung zu retten, ist sie heute im Keller des Bürgerspitals eingemauert.

Der »Stein« umfaßte schon vor der Flurbereinigung rd. 100 Hektar und war damit die größte Weinbergslage Deutschlands. Neben einigen wenigen privaten Weinbergsbesitzern teilen sich die drei großen Würzburger Weingüter des Juliusspitals, Bürgerspitals und Staatsweingutes in diesen Besitz. Nicht umsonst war der Besitz am Stein so hoch geschätzt: Zählt doch der Steinwein, wo immer von edlen Weinen die Rede ist, zu den besten Erzeugnissen der deutschen Erde, ja der Welt. Als noch kein Gebiet daran dachte, den Lagenamen auf das Etikett, die Visitenkarte eines Weines, zu setzen, wurde schon Ende des 18. Jahrhunderts der »Steinwein« als solcher ausgezeichnet, wie Franken überhaupt das erste Land war, das in Erkenntnis der Steigerung der Qualität seiner Weine die Bezeichnung nach Lage und Sorte im Etikett einführte.

Anno 1704 pries der Stadtrat und »Stubenmeister« des städtischen Ratskellers, Johann Ferdinand Schmitt, den Wein vom Stein mit folgenden Versen:

> »Was nur lüftig in dem Rheinwein ist,
> was gesundes an der Mosel fließt,
> Was der stille Neckar lieblichs bringt,
> Was im warmen Ungarn hitzigs springt,
> Was vor Stärk brenn' im Canari Sack,
> Was Gewürz führt der Frontiniac,
> Was Welschland, Spanien und Burgund,
> Was auch nur tragt der Champagnier Grund,
> Herrliches, süß, kostbar, wohlgefärbt,
> Der Steinmost all dies hat geerbt;
> Er wärmt, erlustigt, nährt und heilt.
> Was andern die Natur ausgeteilt,
> Selbst Bacchus hier beisammen findt:
> Frankensaft all Trinken überwind't.
> Die Quintessenz vom Europäer Wein
> Kostet hier in Teutschland am Main,
> Und seid willkomb!«

Verhältnismäßig jung gegenüber dem des tausendjährigen »Stein« ist der Ruhm der »Inneren Leiste« — ebenfalls größtenteils den drei Würzburgern Großweingütern zugehörig — die auf der Südflanke der Würzburger Festung Marienberg einen vorzüglichen Platz an der Sonne hat. Noch 1648 war diese Südseite völlig kahl, während merkwürdigerweise die gegenüberliegende »Winterleite« (die Nordseite des »Nikolausbergs«, wo heute keine Reben mehr wachsen) dichte Rebenbestände aufwies. Erst als nach dem Dreißigjährigen Krieg der Marienberg befestigt wurde, dachte man dort auch an den Weinbau. In die nach dem damals modernen niederländischen System angelegten Festungswerke wurden nun Weinberge künstlich aufgetragen und eingezwängt. (Von dieser »Einkeilung« soll auch nach einer etwas gezwungenen Erklärung der Name »Leisten« stammen; in Wirklichkeit bedeutet aber »Leiste«, ebenso wie »Leithe« oder »Lehne«, einen gestreckten Berghang. Bemerkenswert ist dabei, daß die Bezeichnung »Innere Leiste« ein Femininum, nicht, wie vielfach fälschlich angewandt, ein Maskulinum ist.) Von der Bastion an, die an der Südostecke der Festung niederführt, erstrecken sich die Weinberge in reiner Südlage über den architektonisch höchst beachtlichen »Maschikuliturm« hinaus.

Wundersam ist die Blume der Leistenweine, deren edle Feinheit und zierliche Würze ohnegleichen ist.

Wem ist der Vorrang zu geben, dem feurigen Stein oder der anmutigen Leiste? Das zu ergründen, haben sich schon viele heiß bemüht — vergebens. Am besten hält man's mit dem, der da singt:

> »Der Stein läßt uns der Sorgen Chor
> Stets siegreich überwinden,
> Am Leisten kann ein jeder Tor
> Den Stein der Weisen finden.«
> »Du Leisten, edler Feuerwein,
> Kannst auch den Stein durchgeisten,
> Und selbst der Schwächste kann beim Stein
> Was Menschliches noch leisten.« *L. Bauer*

Neben »Stein« und »Innere Leiste« sollen aber der Vollständigkeit halber auch die Namen anderer Würzburger Lagen genannt werden, die vielfach jedoch in den großen Lagen »Stein«, »Innere Leiste«, »Abtsleite«, »Pfaffenberg« aufgegangen sind, so die »Harfe«, die heute als »Stein-Harfe« im Alleinbesitz des Weingutes »Bürgerspital« ist. Der Wein der »Harfe« wurde in alter Zeit auch häufig »Gressenwein« geheißen, in Erinnerung an den Trank, der früher bei der Prozession (»gressus«) des Stiftes Haug gereicht wurde. Dieses alte Stift, dessen gewaltige Kuppelkirche jetzt beim Blick vom Steinberg besonders aus dem Stadtbild hervortritt, war ursprünglich ganz nahe an der »Harfe«, nämlich außerhalb der Stadtmauer, »im Haug«, d.h. auf einer Anhöhe zu Füßen des Steinberges, gelegen. Eine andere Erklärung ergibt sich aus der Geschichte des alten Würzburger Weinhauses »Zum Stachel«, das in der Gressengasse liegt. Danach soll die Patrizierfamilie Cresso Besitzer der Lage »Harfe« gewesen sein, während der Gressenhof dort lag, wo heute der »Stachel« die Weinfreunde einlädt. Das Weinhaus »Zum Stachel« ist das älteste und interessanteste Weinhaus in Würzburg. Es wurde im zweiten Weltkrieg mit der Stadt zerstört. Aber es hat einen würdigen Wiederaufbau erfahren, und der »Stachel« hängt als Wahrzeichen und zur Erinnerung an den Bauernführer Florian Geyer wieder am Haus.

Die Verbindung zwischen Würzburg und Randersacker stellt die Lage »Abtsleite« her. Dank der großzügigen Weinbergsgestaltung seitens des Bürgerspitals und des Juliusspitals hat die frühere Lage »Neuberg« nicht nur eine moderne Planung erfahren, sondern ist nunmehr mit ihren früheren Nebenlagen als »Abtsleite« im Kataster eingetragen.

Nicht vergessen werden soll der »Schloßberg«, der so charakteristisch das Stadtbild Würzburgs bestimmt, jene mustergültige Lage am Südosthang der Festung Marienberg, die zusammen mit der Alten Mainbrücke und St. Burkard ein einmaliges Panorama abgibt, das vielfältig fotografiert, verfilmt und gemalt wurde. Diese Lage gehört dem Staatsweingut.

Angesichts der Rebenhügel an den Talhängen der Stadt fühlt man sich — um mit dem biederen Stadtrat und Stubenmeister Schmitt in seinem Würzburger Willkommbuch zu sprechen — ordentlich »mitten im Weinregen, bei des Himmels Segen«. Man begreift aber auch, daß die Entwicklung und die Schicksale Würzburgs eng mit dem Weinbau verknüpft sind, kurz, daß die Lokalgeschichte Würzburgs in vielerlei Gestalt vom Wein erfüllt ist. Gewiß floß schon bei den glänzenden Reichs- und Hoftagen, die Würzburg im Mittelalter sah, der edle Steinwein. Bei den folgenden Zeiten des Kampfes zwischen den fürstbischöflichen Stadtherren und den nach Selbständigkeit ringenden Bürgern, wie später in den erbitterten Kriegen der Bauern, der buntgewürfelten Heere Tillys und Wallensteins und der Soldaten Napoleons hatten es die Angreifer vor allem auf die Weinschätze des Gegners, als dessen wichtigstes Vermögen, abgesehen. Es mag so mancher Weinvorrat eine Beute des Siegers geworden und vernichtet, d.h. schnellstens ausgetrunken worden sein. Daß dabei in der Hitze des Gefechtes der Wein manchmal leider vergeudet wurde, indem man einfach die Faßböden einschlug, so daß der edle Wein in Strömen davonlief, sei noch heute mit Bedauern vermerkt.

Die Würzburger Großweingüter

Aber nicht nur in Kriegsläufen und wilden Fehden, sondern natürlich noch mehr bei friedlichen Anlässen, wohltätigen Handlungen, spielte der Weinbau eine bedeutende Rolle: Als anno 1319 der Würzburger Patrizier Johann vom Steren (Joannes de Ariete) das Bürgerspital zum Hl. Geist als milde Stiftung für kranke und gebrechliche Bürger in Würzburg errichtete, stattete er seine Gründung bereits mit Weinbergen als Dotation aus. Von anderen Wohltätern wurde diese Stiftung noch stark bereichert, insbesondere von den Gebrüdern Rüdiger und Wölflein Teufel im Jahre 1340 und von Stadtrat Paul v. Worms anno 1579. Stets bildeten Weinberge einen wesentlichen Teil dieser Patrizierschenkungen. Immer waren indessen die Zustiftungen zum Bürgerspital mit Auflagen verbunden; eine bedingungslose Schenkung ist nach neueren Forschungsergebnissen in keinem Falle nachweisbar. Durch Zukäufe wurde der Grundbesitz im Laufe der Jahrhunderte bedeutend vermehrt. Von den 350 ha Eigentum des Bürgerspitals bildet das unter eigener Verwaltung stehende Weingut, das sich mit 125 ha auf Würzburger, Randersackerer, Thüngersheimer, Himmelstadter, Michelauer und seit 1979 Gössenheimer Lagen erstreckt, den wertvollsten Teil; es wird als Mustergut verwaltet. 90 Prozent der Rebfläche sind flurbereinigt. Als Hauptkellerei diente jahrhundertelang der altehrwürdige »Ulmer Hof« in Würzburg. Da aber die Keller räumlich nicht mehr genügten und unpraktisch erschienen, erbaute das Bürgerspital in den Jahren 1922/23 ein großes eigenes Kellereigebäude mit eigenem Verwaltungsbau, imposanter Kelterhalle, Gärkeller und gewaltigem Lagerkeller, der in vier große Gewölbegassen gegliedert ist. Es ist zweifellos hoch anzuerkennen, daß die alte Bürgerstiftung in dieser Weise den modernsten Anforderungen nicht bloß im Weinbau, sondern auch in der Kellerwirtschaft gerecht wird. Die neue, wiedererrichtete Weinstube des Bürgerspitals zum Hl. Geist in den Gewölben unter dem Altersheim ist eine Kostbarkeit unter den Weinstuben Würzburgs. Großräumig und dennoch gemütlich kann man dort den Wein aus dem Weingut der Stiftung in Schoppen und Bocksbeuteln genießen. Die in der Kleidung von Kellermeistern bedienenden Kellner tragen immer ein frohes Gesicht. Darum ist der Wein zur Häckerbrotzeit nochmal so gut, und mancher Gast bleibt gerne noch sitzen, auch wenn er schon längst aufbrechen müßte. Die originellste Weintrinkstube ist der im Volksmund als »Pfründnerstube« bekannte, räumlich kleine, aber durch seine Besucher sehr interessante Schoppenausschank, in dem man zwischen 10 und 12 Uhr morgens die klügsten Reden der Alten hören und sich an ihnen ergötzen kann.

Die weltbekannte Stiftung des großen Würzburger Fürstbischofs Julius Echter von Mespelbrunn vom Jahre 1576, das Juliusspital, dient ähnlichen wohltätigen Zwecken. Schon im Stiftungsbrief wurden dem Spital als wesentlichste Einkunftsquellen zu eigen gegebene Weinberge und verliehene Weinzehnten überwiesen. Ferner begnadete der Stifter das Spital mit der Zollfreiheit für seinen Weinverkauf, was damals nicht nur bei dem in seinen Einkünften geschädigten Domkapitel, sondern auch bei der »Konkurrenz« der Bürger, Wirte und Handeltreibenden Widerspruch auslöste. Mächtig wuchs der Grundbesitz der großen Stiftung im 19. Jahrhundert an. Ihr Weinbergsbesitz umfaßt heute 140 ha und gehört damit wie Bürgerspital und Staatsweingut zu den größten Weingütern Deutschlands. Seine Besitzungen erstrecken sich auf die Gemarkungen Würzburg, Randersacker, Escherndorf, Astheim, Dettelbach, Iphofen, Rödelsee und Bürgstadt. Außer den Gärkellern in eigenen Gehöften zu Iphofen und Astheim benutzte das Juliusspital als Hauptkellerei den »langen Keller« unter dem »Fürstenbau« des Spitals, dem schloßartigen Prachtgebäude, das der »wälsche« Barockbaumeister Antonio Petrini um 1700 begann und der deutsche Architekt Joseph Greising beendete. Hier lagerten bis 1975 in schier endlosen Faßreihen die reichen und ausgezeichneten Weinvorräte des Juliusspitals. Dann war der Neubau des Kellers in der Klinikstraße, im Anschluß an die frühere Weingutsverwaltung endlich fertig. Die Kelterei ist auf das Modernste eingerichtet. Um sich den Erfordernissen der Zeit anzupassen, traten auch hier Stahltanks anstelle von Eichenfässern. Die Spitzenweine aber beanspruchen immer noch Eichenholz als Gebinde.

Es gehört zum Aufgabenbereich der Spitäler, daß sie für Arme und kranke, alte Leute und Leidende Sorge tragen, ihnen helfen und das Leben angenehm gestalten. Dazu tragen auch die Spitalweinstuben bei, die seit der Gründung des Julius-

Spitals zum Stadtbild Würzburgs gehören. Im Julius-Echter-Zimmer, im Stiftsstübchen oder in der Frankenstube, überall fühlt sich der stille Zecher wohl. Freundlich rückt der Nachbar näher und fachsimpelt über den Würzburger Wein. Dabei knabbert er einen » Spitalblatz«, einen Mürbeteig, der die Form eines Pfannkuchens hat und so dünn wie eine Oblate ist.

Die ehemaligen Fürstbischöfe von Würzburg, die sich in frommen und milden Stiftungen betätigten, sorgten natürlich auch gebührend für die eigene Hofhaltung. Die alte Hofkellerei auf der Festung Marienberg mag manchen guten Jahrgang geborgen haben, als besten (von den bekannten) wohl den berühmten »truckenen Sommerwein« von anno 1540. Wie hoch dieser Wein geschätzt wurde, beweist, daß er im Dreißigjährigen Krieg auf der Festung vergraben wurde; so entging er den Nachstellungen der Schweden, die sonst alles Wertvolle erbeuteten.

Als die Fürstbischöfe bei zunehmendem Glanz der Hofhaltung den Wohnsitz auf dem steilen Festungsberg unbequem fanden und einen Residenzbau unten in der Stadt beschlossen, da war ihr erstes, wieder für eine gute und große Hofkellerei zu sorgen. Der mächtige Stützpfeiler im großartigen Kellergewölbe unter Würzburgs prächtiger Residenz zeigt die Jahreszahl 1704; ein Zeichen dafür, daß die Steine zum Kellerbau noch vom ersten Residenzbau des Fürstbischofs Johann Philipp von Greiffenklau herrührten. Die gewaltigen unterirdischen Räume ziehen sich nun in mehreren Abteilungen fast unter der ganzen Residenz hin, welche die beiden Fürstbischöfe v. Schönborn in den Jahren 1720 bis 1744 durch den genialen Architekten Balthasar Neumann erbauen ließen. Die monumentalen Keller sind dem prächtigen Oberbau des Schlosses ebenbürtig und stellen die schönste Kellerei Europas dar.

Leider wurde dieser Keller vom Kriege schwer getroffen. In der Bombennacht 1945 entfachte einträufelnder brennender Phosphor einen Brand im Flaschenkeller. Neben den großen Beständen an Bocksbeuteln ging dabei ein Weinmuseum mit Weinen, die bis zu 200 Jahre alt waren, verloren. Die Keller sind wieder hergestellt. Die zerstörten Fässer wurden ersetzt. An Stelle der zerschlagenen Kronleuchter sind nun neue, handgeschnitzte Lüster getreten, die einmal die Geschichte der Hofkellerei und einmal die derzeitige Struktur der Hofkellerei in Wappen dargestellt zeigen. Seit 1965 sind die bis dahin getrennten Kellereien unter dem Südflügel und dem Nordflügel der Residenz durch einen 68 Meter langen unterirdischen Gang verbunden, der sich in einem weiteren Tunnel, unter dem Rennweg, an der Nordseite des Residenzschlosses fortsetzt und zur vollautomatischen Abfüllanlage und in die weiträumigen Flaschenkeller unter dem Rosenbachpalais führt, der nach einer großzügigen Erweiterung in den Jahren 1972/74 ein Fassungsvermögen von einer Mill. Flaschen erhalten hat. Das durch Bomben 1945 vollständig zerstörte Palais neben der Residenz zu Würzburg, unmittelbar am prächtigen Hofgarten gelegen, das einst den Gesandten am Hof der Fürstbischöfe und Herzöge als Unterkunft diente, ist im alten Stil wieder erstanden. Es hat eine neue Bestimmung im Dienste des Frankenweines erfahren. Im Hutten-Keller, in den Toskana-, Ingelheim- und Seinsheim-Trinkstuben, im Greiffenklau- oder Schönborn-Saal, ja selbst in dem den Weinstuben stilecht angefügten Garten atmet für den musisch ansprechenden Weinfreund alles eine unvergleichlich wundersame Harmonie und erhabene Würde, in deren Mittelpunkt der Frankenwein im Bocksbeutel steht. Alle, die in die Hofkeller-Weinstuben eintreten, lassen zwangsläufig den Alltag hinter sich. Sie werden von einer feierlichen Stille und erhabenen Stimmung umgeben und dürfen sich der Illusion hingeben, des Barocks bester Gast zu sein.

Als 1952 die Landesanstalt aus den bis dahin selbständigen Amtskassen: Lehr- und Versuchsanstalt, Rebenzüchtung, Rebenschnittgärten und Rebenveredlung gebildet wurde, der das Staatsweingut — besser bekannt unter dem Namen »Hofkellerei« — nur angegliedert war, kam es zu politischen Querelen, die darauf abzielten, die Weinberge der Hofkellerei zu privatisieren, weil das Staatsweingut eine bedeutende Konkurrenz für die Privatwirtschaft war. Diese Forderungen waren in der damaligen Zeit, als sich der private Weinbau aus der Folgelast des 2. Weltkrieges mühsam erholte, durchaus verständlich. In dieser Situation wurde das Staatsweingut mit Hoheitsaufgaben betraut und damit der Diskussion um eine mögliche Privatisierung ein Ende gesetzt. Die Weingüter des Staatsweingutes wurden als reines Versuchsgut der Rebenzüchtung zugewiesen, die dadurch die Möglichkeit erhielten, neue Rebsorten in allen Böden und Klimazonen Frankens auszuprobieren. Ab 1959 standen die Weinberge des Staatsweingutes mit denen der früheren Lehr- und Versuchsanstalt auch Düngungs-, Schnitt- und Schädlingsbekämpfungsversuchen der früheren Meisterschule (heute: s.S. 193) zur Verfügung. Das hat sich seit 1974 geändert. Das Staatsweingut ist wieder ein reiner Wirtschaftsbetrieb geworden mit den Weingütern: Würzburg Stein und Leiste-Marienberg, Randersacker, Ippesheim, Handthal, Abtswind, Hammelburg, Kreuzwertheim, Großheubach, Dorfprozelten und Hörstein. Die Grundlagenforschung wurde aufgegeben. Die laufenden Versuche wurden vorzeitig abgebrochen. Betriebswirtschaftlich wurden die Leistung der neuen anstaltseigenen Sorten errechnet, ihre Leistungsfähigkeit also objektiv ermittelt, ohne allerdings weder in der Staatsverwaltung noch in den Berufsverbänden Resonanz der Ergebnisse zu finden.

Damit wurde die Aufgabe des Staatsweingutes eindeutig vor wirtschaftlich gelenkte Überlegungen gestellt, der sie sich mit Rücksicht auf ihre Bedeutung als zweitgrößtes Weingut des Bundesgebietes mit Erfolg unterzieht. So ist Würzburg nicht nur eine Weinmetropole, sondern war auch ein Ort der Weinbauforschung, die hundertfältig die Praxis befruchtet hat (s.S. 256).

Charakteristisch sind für die weinselige und fremdenfreundliche Stadt die vielen »Bäcks-Weinstuben«: »Maulaffenbäck, Johanniterbäck, Ursulinerbäck, Sophienbäck, Sternbäck« und wie sie sonst noch heißen mögen. Seit 1973 ist die Ratskeller-Weinstube wieder geöffnet. Die Würzburger Künstler haben versucht, den Geist des Würzburger Weines in der Gestaltung einzufangen. Man sitzt in kleiner gemütlicher Runde, andachtsvoll und still vergnügt und respektiert, was Küche und Keller zu bieten vermögen. Es gibt noch viele andere Weinstuben, die würdig wären erwähnt zu werden. Man muß sie sich selbst suchen und dort verweilen, wo der Würzburger Wein und die Weine aus seiner Umgebung so ausgeschenkt werden, wie sie gewachsen sind.

»Freu'n wir uns beim Schöppele,
Diesen Tag zu leben:
Zwischen Stein und Käppele
Träufeln gold'ne Tröppele,
Duften edle Reben.«   *F. Dahn*

191

Der Mittelmain und seine Nebenflüsse Wern und Saale

> »Wie spielte die Luft mit den Wimpeln so hold,
> Wie glänzte die Burg in der Sonne Gold,
> Wie trieben die Fischlein ihr munteres Spiel,
> Wie rauschte die Well' um den bäuchigen Kiel!
> Da wurde dem Bischof im Herzen so warm,
> Da fühlt er sich ledig von Sorgen und Harm,
> Da mundet ihm wieder der köstliche Wein,
> Den drüben die Sonne gewürzt hat am Main.«
>
> *J.B. Gossmann*

Wohlauf zur lustigen Mainfahrt! Ist Würzburg zwar der Mittel- und Höhepunkt des Frankenweinreiches, so folgt ihm mainabwärts noch so manche Weinstätte, die dem frohen Besucher zu mancher Schönheit auch einen guten Willkommenstrunk bietet.

Gleich hinter dem Steinberg öffnet sich ein weinberühmtes Tal. Den weiten Eingang flankieren die Türme der Steinburg und des alten Schenkenschlosses — von der stolzen Ritterburg der Schenken vom Roßberg blieb aus den Stürmen des Bauernkrieges nur der trutzige Bergfried übrig —, unten in der Talsohle rieselt der Dürrbach, entlang der bekannten Lage »Würzburger Pfaffenberg«. In dem Namen des Baches liegt etwas wie eine Nachwirkung der Sommerhitze. Und tatsächlich gehört namentlich das Dörfchen Unterdürrbach zwar nicht zu den bekanntesten Weinbaugemeinden, wohl aber zu den von den Würzburger Studenten auch heute noch meist besuchten Mostorten in der Umgebung Würzburgs, weil weit berühmt ob seines Trankes, der aus dem »Dürrbacher Mostgeist« emporsteigt, zu dem der ebenso berühmte scharfe Kuhkäse — euphemisch »Dürrbacher Kaviar« genannt — eine herzerfrischende Begleitung abgibt, bei der es sich kreuzfidel trinken läßt; eine Originalität, die man sich als Würzburger Mostgöker nicht entgehen lassen sollte.

Weiter geht's den Main hinaub, vorbei an dem prächtigen Kloster Oberzell; vorbei an den Hängen des Pfaffenberges mit der Rebenzüchtung Würzburg, der ersten staatlichen Rebenzüchtung des Weltweinbaues, wo neue Sorten für den fränkischen wie deutschen Weinbau gezüchtet werden, die in vielen Versuchen

20 Sommerhausen, Steinzeichnung von Franz Leinecker um 1850

21   *Weinbergsmann aus Schweinfurt. Farbige Lithographie um 1830,*
Mainfränkisches Museum Würzburg

ihre Prüfung und Auslese erfahren, ehe es sich erweist, wo und in welchem Boden und Klima sie ihre höchte Leistung entfalten können.

Veitshöchheim — beim Klang des Namens steigen Erinnerungen an jene heiteren Zeiten empor, als in den lauschigen Gängen des Parkes, an seinen malerischen Seen und zwischen seinen reizenden und graziösen Figurengruppen sich noch der glänzende Hofstaat ihres feinsinnigen Schöpfers, des Fürstbischofs Adam Friedrich von Seinsheim (1755–1779), bewegte. Die Schöpfung des lebensfrohen geistlichen Fürsten hat für alle Zeiten ihren Reiz bewahrt.

Die prunkvolle Parkanlage ist vielfach zum Vorbild neuzeitlicher Gartenkunst geworden. Im sogenannten »Kavaliersbau« des Hofgartens wurde im Jahre 1901 die Staatliche Lehr- und Versuchsanstalt für Wein-, Obst- und Gartenbau untergebracht, die 1966 in ihre neuen Gebäude in der »Steig« umgezogen ist. Seit 1974 heißt sie Bayerische Landesanstalt für Wein- und Gartenbau. Der Obstbau wurde als Sonderzweig dem Gartenbau integriert. Mit allgemeiner fortschreitender Spezialisierung in der Landwirtschaft, besonders aber im Wein-, wie im Gartenbau sind die Aufgaben der Landesanstalt für Obst- und Weinbau neu formuliert, wenn auch grundsätzlich nicht abgeändert worden. Nach wie vor steht die Ausbildung an erster Stelle; nur ist anstelle der Meisterschule die Fachschule für Wein- und Gartenbau getreten, die 1974 eine Erweiterung durch die staatliche Technikerschule für Landwirtschaft, Fachrichtung Gartenbau und Weinbau erfahren hat. Die Landesanstalt betreibt »anwendungsorientierte« Forschung, d.h. sie führt Versuche und Untersuchungen über Anwendungsmöglichkeiten von Ergebnissen und Erkenntnissen der Grundlagen- und Zweckforschung. Sie informiert die Berater und die Beratungsstellen, die Behörden und Fachorganisationen.

Eine besondere Erwähnung verdient die neue Lehr- und Versuchskellerei, die nach jahrelanger Planung 1973 begonnen und 1976 fertiggestellt wurde. Sie ist in ihrer Vollständigkeit und Perfektion ein grandioses Werk menschlicher Überlegungen und realisierter technischer Möglichkeiten des Weinausbaues. Mit der Verlegung der Weinchemie und Mikrobiologie aus dem Einflußbereich der verwandten Universitätsinstitute in Würzburg nach

Veitshöchheim in das unter Denkmalschutz stehende Gebäude der früheren Lehrkellerei wurden sämtliche Abteilungen der Landesanstalt bis auf das Wirtschafts-Weingut (Hofkellerei) zentralisiert, wodurch anerkanntermaßen die Lehr- und Versuchsanstalt in Veitshöchheim eine besondere Note erfahren hat. Wie auch immer man zur Industrialisierung des Weinbaues und des Weinausbaues stehen mag, nicht Bacchus, sondern Dionysos ist der Gott des Weines, der in Veitshöchheim herrscht, dem zu Ehren nicht nur Weinproben, sondern in Zusammenarbeit mit dem Gartenbau auch Blumenfeste wie ehedem in Altgriechenland veranstaltet werden. Die Musterweinberge auf früheren Ödungen dienen als Beispielsanlagen. Dazu geben die zum Weinbau geeigneten, steilen, steinigen Berghänge rechts des Maines flußabwärts ein dankbares Versuchsfeld in einer Gesamtgröße von 30 ha.

Die bald auftauchenden, großzügig flurbereinigten Rebhänge gehören zu der ausgedehnten, rd. 220 Hektar umfassenden, Weinbaugemarkung von *Thüngersheim,* einem der bedeutendsten Weinbauorte, dessen Rebfläche und Weinproduktion noch vor 50 Jahren die größte in Franken waren. Die Rebenanlagen der weinumnebelten Mainortschaft Thüngersheim hatten früher durchweg Namen, die auf Steilheit, Gestein, Höhe, Hügel oder Hang hinwiesen — Neuberg, Ravensberg, Sommerhöll, Wagenwand, Scharlachberg, Steig, Johannisberg, Mittelweg, Geißberg, Goldbühl und Höhfeld, damals noch von Mäuerchen und Mauern durchzogen und abgeteilt in Schilder; mit Treppchen, Stufen, Quer- und Längspfaden, Wald auf den Kuppen und Heckenrosen in den Hohlen und ringsum den beiseite geschaffenen Steinschutt in den meterhohen Halden — heute in zwei Lagen zusammengefaßt: »Johannisberg« und »Scharlachberg« und allumfassend als Großlage »Ravensburg«. Das romantische Bild einer Weinlandschaft ist verschwunden. Dank einer beispielhaften Flurbereinigung haben sich die Weinberge verjüngt.

Eine vortreffliche Winzergenossenschaft und manche vorbildliche Winzer sind seit einigen Jahren dabei, den Thüngersheimer Weinen wieder Ruf und Geltung zu verschaffen.

Vor allem die Winzergenossenschaft, der 170 Mitglieder angehören, hat in den zurückliegenden Jahren einen großartigen Aufschwung erlebt. Man hat ihr den Ruf eines »Feinkostsorti-

Thüngersheim

mentes« unter den fränkischen Winzergenossenschaften zuge-
schrieben. Die Weine sind lieblich, vollmundig, herzhaft und charaktervoll. Geologisch merkwürdig ist, daß bei Thüngersheim ein
ganz schmaler Sattel Buntsandstein die sonst herrschende Mu-
schelkalkzone durchbricht. Letztere setzt sich bereits unter Thüngersheim wieder in der gewohnten verwitterten Form fort und gewinnt namentlich bei *Retzbach*, unterhalb des vielbesuchten Aus-
sichtspunkts, der »Benediktushöhe«, durch die felsige Gestaltung
des steilen Berges, an dessen Vorsprüngen die Rebe nur mühsam
Fuß fassen kann, ein höchst malerisches Ansehen.

St. Benediktus segnet aus steiler Wand lächelnd das son-
nige Land. Ein kleines »grünes« Tal von bestrickendem Reiz
durchrieselt die Retz in einer Länge von nur 4 km von Retzstadt
nach Retzbach, wo sie vom großen Mainstrom aufgenommen
wird. Am Eingang des Tales steht eine berühmte Wallfahrtskirche.
Seit Hunderten von Jahren ziehen hier die frommen Pilger zur
»Maria im grünen Tal«, die in dem wein- und waldumhegten

Wiesengrund den Häckern eine Stätte der Danksagung und des Bittgebetes ist.

Abseits von der Hauptstraße liegt *Retzstadt* mit rd. 50 Hektar Weinbergsfläche, deren Ertrag überwiegend genossenschaftlich verarbeitet und vermarktet wird. Schon 840 wird das ehemalige Königsgut Retzstadt als Eigentum der Reichsabtei Fulda erwähnt. Auch die Grafen von Henneberg, Rieneck und Wertheim, Kloster Hirsau, die Abtei St. Stephan in Würzburg und schließlich das Domstift Würzburg hatten hier Besitzungen. Sie alle wußten den Wein aus dem grünen Tal zu schätzen, der von besonderer Eigenart und Würze ist. Als Nachfolger der Reichsabtei Fulda hat hier die Stadt Hammelburg wieder Besitz erworben.

Auf der linken Mainseite ziehen, ehe wir nach Karlstadt gelangen, weinfrohe Dörfer vorüber. Die bekanntesten sind *Erlabrunn, Himmelstadt* und *Laudenbach*. In einer heißen Mulde bei *Erlabrunn* steigen die Rebenzeilen an und klettern am Volkenberge empor, von dessen Gipfel eine kleine Kapelle weithin ins Land leuchtet. Erlabrunn verlockt allzuleicht zum Verweilen. Besonders wenn die Wedel winken, taucht sich das Dorf in eine wundersame Mostatmosphäre.

Himmelstadt holt sich seinen Wein von der rechten Mainseite, wo sich die Himmelstädter Mädel mit den Stettener Buben treffen. Schon manches Paar hat sich dort gefunden, und — wie es nun einmal bei der Erbteilung geht — wurden immer mehr Weinberge der Himmelstädter Gemarkung zu Stetten geschlagen. Seit 1973 hat die Bayerische Landesanstalt in der Himmelstadter »Kelter« einen Versuchsweinberg zur Prüfung neuer Rebsorten angelegt. Das Gemisch der Weinsorten aus diesen noch nicht geschützten Neuzüchtungen ist nicht das schlechteste. Unterhalb der Himmelstädter Weinberge zur Rechten tritt der Schöpfung Wunderwirken durch Millionen Jahre deutlich zutage. Die verwaschenen, angesägten Felsen und die pittoresken Steilwände enthüllen allerlei Rätsel der Vorzeit. Der Main hat eine Geschichte der Morphologie und Entwicklung des Maintales in die Felswände des Muschelkalkes geschrieben. Mit ihren wunderlichen Formen, Erkern, Zinnen und Kaminen verleihen sie der Landschaft ein überraschend lebendiges Antlitz. Den Ruinen alter Burgen gleich,

196

Karlstadt am Main mit Karlsburg

unterstreichen sie die historische Stimmung, die über dem Maintal liegt.

Zwischen und über diesen Felsen wächst die edelste unserer Kulturpflanzen und bringt rassige, frische, feinblumige Weine. Von allen Ortschaften im Kreis Karlstadt gebührt *Stetten* eine lobende Anerkennung. Die Stettener Winzer arbeiten mutig und unermüdlich, allen Enttäuschungen zum Trotz, am Aufbau eines neuen Weinbaues. Die Flurbereinigung der Lage »Stein« ist beendet. Frostschutzanlagen wurden erstellt. In der Genossenschaftskellerei Stetten werden die meisten Weine aus dem Kreise Karlstadt gesammelt, ortsweise ausgebaut und von der Gebietswinzergenossenschaft Franken in Repperndorf gemeinsam vermarktet.

In dem alten fränkischen Städtchen *Karlstadt* — Kreisstadt des Main-Spessart-Kreises — ist die Vergangenheit lebendig geblieben, obwohl die Anlagen einer modernen Industrie dem Zeitgeist gebührend Rechnung getragen haben. Die alte Stadtmauer am Main sieht gar nicht wehrhaft und trutzig aus. Die

197

wunderbare Anordnung ihrer Spitztürme, die Ruhe und Einfachheit der alten Fachwerkhäuser, ja selbst das majestätisch herausragende, stattliche Rathaus, sie alle geben der Stadt ein gastfreundliches Gepräge. Legt sich auch mitunter Industriestaub über die verwitterten Dächer, als wolle er die Geschichte verdecken: diese ist hier stärker als die Industrie. Karlstadt kann kein anderes Aussehen als ein historisch gewachsenes annehmen. Da grüßen hoch vom Berg die Ruinen der Karlburg, heute ein malerischer Anblick, einst seit dem 13. Jahrhundert wehrhafter Ansitz der Amtsleute des Würzburger Fürstbischofs. Im Mai 1525 brannten die aufständischen Bürger von Karlstadt das Amtshaus — die Burg — nieder. Sagen ranken sich um die Trümmer...

Eine besondere Erwähnung verdienen die Weine aus dem *Gambacher* »Kalbenstein«, die hier auf Buntsandstein wachsen, wie der ganze Spessart ein einziger Buntsandstein zu sein scheint. Sie sind wenig bekannt. Wenn man sie aber in einer Folge fränkischer Weine verkostet, ist man überrascht von der Eigenart und Prägung dieser Gewächse.

Hinter Gambach schließen sich die Mainberge wieder enger zusammen. Buchenwaldungen, die Vorboten des nahen Spessart nehmen von den Höhen Besitz. Immer seltener zeigt sich die Rebe im Maintal. Dagegen treten die Töchter des Vater Main, seine Nebenflüsse, in ihre Rechte. Als erste die anmutige Wern, die in zahllosen kleinen Krümmungen sich quer durchs »Maindreieck« an dessen nördlichstem, breitem Teil durchschlängelt. Bald oberhalb der bei Wernfeld liegenden Mündung beginnt das Weinbaugebiet des lieblichen Flußtales. Wenig bekannt sind die Weine aus der Gemarkung *Eußenheim*, wo Müller-Thurgau und Kerner aus der Lage »Eußenheimer First« den Weinfreunden ein Begriff werden sollen. Hoch über der Wern und dem Ort *Gössenheim* ragt die *Homburg*, eine der ausgedehntesten und malerischsten Ruinen des Frankenlandes, ehedem der Stammsitz des Adelsgeschlechtes von Hohenburg. Sie wurde im Bauernkrieg 1525 zerstört. Das Würzburger Städtische Weingut »Bürgerspital« hat an den Süd-Südwesthängen Jungweinberge wieder angelegt, die 1982 den ersten Ertrag bringen werden. Auf einer Fläche von 8 ha soll der Müller-Thurgau in der Lage Arnberg seine Vorherrschaft in Franken erneut unter Beweis stellen. Von hier fast den ganzen Lauf der Wern aufwärts begleitet die Rebe den Fluß über Stetten, Binsfeld, Müdesheim und Reuchelheim bis Arnstein. Der Wernwein ist von den Frankenweinen auswärts vielleicht am wenigsten bekannt. Er ist namentlich in jungen Jahren von recht ansprechender Art.

Weit berühmter freilich als die Wern ist ihre Schwester, die Fränkische Saale, die sich bei *Gemünden*, unterhalb der romantischen »Scherenburg«, mit dem Main vereinigt.

Den Mittelpunkt des Saaleweingebietes bildet die freundliche Stadt *Hammelburg*, vermutlich, wie es einer richtigen fränkischen Weinstadt ziemt, auch ein Liebling des großen Frankenkaisers Karl. Auf geschichtlichen Boden führt die höchst bemerkenswerte Urkunde vom 7. Januar 777, worin Karl der Große sein Krongut Hammelburg nebst der ganzen Mark an die Abtei Fulda, welcher damals Abt Sturmi vorstand, schenkte. Der König ließ noch im Herbst desselben Jahres die geschenkte Besitzung durch zwei Gaugrafen und zwei Hofbeamte in Gegenwart von 21 Geschworenen ummarken. Die darüber aufgenommene Urkunde — nebenbei bemerkt das früheste Beispiel der Anwendung deutscher Sprache in fränkischen Diplomen — führt bereits acht Weinberge (die ersten in Franken erwähnten) auf. Die fuldischen Fürstäbte wußten auch später ihr wertvolles Besitztum wohl zu schätzen. Gern hielten sie sich in ihrer Sommerresidenz Hammelburg auf, und besonderes Wohlgefallen fanden sie an den Weinen, die Hammelburg, insbesondere das Weingut von Schloß *Saaleck*, lieferte. Diese Burg mit ihrem Bergfried, dem »dicken Turm«, und ihren sonstigen malerischen Gebäuden bildet die prächtigste Zier des ganzen Saaletales. Von Saaleck ließen die Fürstäbte von Fulda den Johannisberg im Rheingau mit Fechsern bestocken. Am Saalecker Berg wurde auch zuerst der Wert der Edelfäule erkannt; nach der Tradition blieb nämlich einmal der Bote, welcher den Auftrag zum Beginn der Weinlese nach Saaleck und »Schloß Johannisberg« im Rheingau überbringen sollte, unterwegs 14 Tage liegen, wodurch sich die Lese verzögerte. Seitdem nehmen Schloß Saaleck und Schloß Johannisberg im Rheingau beide für sich in Anspruch, aus ein und demselben Grunde das erste Weingut gewesen zu sein, das die Spitze deutscher Weine, die Trockenbeerenauslese, geboren hat. Ein besonderer Verehrer

Hammelburg

des Saalecker Weines war der letzte Fürstbischof von Fulda, Adalbert III., der oft auf Schloß Bieberstein seine Gäste regalierte, so daß sich das Sprichwort bildete:

> »Wer geht nach Bieberstein
> Und trinkt Saalecker Wein,
> Kommt selten nüchtern heim.«

Heute noch — wie seit mehr als einem Jahrtausend — reifen in den südlichen und südwestlichen sonnigen Lagen des mannigfach gegliederten Hammelburger Talkessels die Trauben und spenden ihren feinen, eleganten und anmutigen Wein. Die Hammelburger Weine der Sorten Perle, Müller-Thurgau und Ortega sind wahrhafte Spezialitäten unter den Frankenweinen und ihre Beeren- und Trockenbeerenauslesen nach traditioneller Art

200

in Holzfässern ausgebaut und einem langen Flaschenlager unterworfen, gehören zu den Spitzenweinen Europas. Der alte Kellermeister der Winzergenossenschaft, Edmund Scherpf, hat sich durch die saubere Pflege seiner Weine besondere Verdienste erworben. Kein geringerer als Prof. Gerhard Trost bezeichnete anläßlich einer Weinprobe 1951 auf Schloß Saaleck die Hammelburger Weine als die Moselweine Frankens, eine Charakterisierung, der sich der Autor gerne anschließt.

Einen weiteren Anziehungspunkt im Saaletal bildet die Burgruine *Trimberg*. Einst Stammburg des Geschlechtes der Edelherren von Trimberg, kam die Burg schon 1279 unter die Herrschaft des Hochstiftes Würzburg, das Burg und Amt durch adelige Amtsleute verwalten ließ. Nach den Verwüstungen im Bauernkrieg gab Fürstbischof Julius Echter den äußeren Befestigungen die heute noch erhaltene Gestalt. Mit der Säkularisierung 1803 wurde die Burg für 2200 Gulden verkauft; nun begann der Verfall und Abbruch dieser auf einem Basaltkeil, einem Ausläufer des Gramschatzer Waldes gelegenen Burg. Die eindrucksvolle Anlage der Hauptburg ist noch erhalten. Die Reben ziehen sich am steilen Hang hinauf bis zum Felsgestein, auf dem einst die wuchtigen Rundtürme schützend das Land weithin überwachten. Über den steilen Giebeln und dem dunklen Wohngebäude ragt der Bergfried als letztes romanisches Denkmal aus dem 13. Jahrhundert.

Waren vor etwa 70 Jahren im Saaletal noch 500 ha Weinberge vorhanden, so schrumpfte die Fläche bis zu Beginn der 50er Jahre auf wenige Hektar zusammen. Man trug sich ernstlich mit dem Gedanken, den Weinbau im Saaletal wegen Unwirtschaftlichkeit und geringer Qualität aufzugeben. Mit neuen Zuchtsorten aber, deren Trauben auch im Saaletal jedes Jahr voll ausreifen, hat sich Hammelburg wieder einen achtbaren Platz unter den Qualitätswein-produzierenden Regionen Frankens erobert. Der Weinbau weitet sich wieder aus, der über 1200 Jahre das wirtschaftliche Fundament dieser herrlichen, fast fremdländisch anmutenden Landschaft bildete, ehe er an der Sortenfrage zu scheitern drohte.

Dem Beispiel von Hammelburg haben sich Ramsthal und Wirmstal angeschlossen, zwei Weinorte, die in Seitentälern der fränkischen Saale gelegen sind. Ihre Weinbauern sind Mitglieder der Genossenschaft Hammelburg. Die gesamte Weinbaufläche im Tal der Fränkischen Saale beträgt heute wieder über 100 ha.

Vom Main zur Tauber

Unterhalb Gemünden beginnt der Main bei Langenprozelten einen neuen Riesenbogen, das »Mainviereck«, als könne er sich noch nicht vom herrlichen Weinhang um Würzburg trennen. Die waldumrauschten Kuppen des Spessarts rücken hier dicht an den Fluß heran. Vorbei geht's an Burg *Rothenfels* nach *Marktheidenfeld*, das die Erzeugung von Unterlagenreben aufgegeben hat und nunmehr in der Lage Kreuzberg der Aufzucht und erster Leistungsprüfung neu gezüchteter Sorten dient. Er beherbergt sozusagen die Geheimnisse der Zukunft des fränkischen Weinbaues.

Wer über den Frankenwein berichtet, kann *Erlenbach* nicht verschweigen, das von einer rebenträchtigen Hügellandschaft umgeben ist, die schüchterne Innigkeit und leise Andacht widerspiegelt. Das Dorfwappen zeigt eine Traube zwischen zwei gekreuzten Pfeilen. »Altenberg«, »Bäuerleinsberg«, »Nutzberg«, »Krähenschnabel« und »Gottvater« — heute sämtlich aufgegangen in einer einzigen Lage: »Krähenschnabel« — bergen alte und junge Rebstöcke, die einen angenehmen, mittelstarken Wein aus den Sorten Silvaner und Müller-Thurgau liefern. Nur Sortennamen kennzeichnen heute die Unterschiedlichkeit der Weine aus dieser vielfältig gestalteten Gemarkung. Als erste Gemeinde hat Erlenbach unter der tatkräftigen Förderung des verstorbenen Regierungsfachberaters J. Weiß zusammengelegt, flurbereinigt und Wege gebaut und ist dadurch beispielgebend für den gesamten fränkischen Weinbau geworden. Eine vorzüglich geleitete Genossenschaft — heute: Kelterstation der Gebietswinzergenossenschaft Franken — geht auch in kellerwirtschaftlicher Beziehung mit der Zeit.

Unterhalb Lengfurt, bei dem malerisch auf Tuff-Felsen liegenden Markt *Homburg* (auch mit Erinnerungen namentlich an Würzburgs ersten Bischof St. Burkard, der dort gestorben sein soll, bedacht) wächst ein Wein, der als die Perle am Mittel-

202

Homburg am Main

main erachtet wird, der feine »Kallmuth«. Die Weine der flurbereinigten »Edelfrau« stehen dem »Kallmuth« nicht nach, übertreffen ihn gar neuerdings in manchen Jahren. »Kallmuth ist
flüssige Glut« sagt Anton Schnack. »In ihm ruht, goldgepanzert,
die seelenvolle Anmut der fränkischen Mainlandschaft... Nur
wer einen Wein versteht, in dem sich Wucht mit Lieblichkeit
paart, soll sich einem Kallmuth unter respektvoller Höflichkeit
und Vorsicht nähern; denn er ist eine ausgeprägte, stolze Persön-
lichkeit unter den fränkischen Weinen.« Zwei stattliche Bergrük-
ken erzeugen diesen Wein, der bereits in frühen Zeiten ob seines
südlichen Feuers und nußartigen Aromas hohen Ruhm besaß.
Ehedem waren die Kallmuthlagen großenteils Eigentum der Au-
gustinerpropstei Triefenstein (jetzt im Fürstlich-Löwensteinschen
Besitz), die am gegenüberliegenden rechten Mainufer in dominie-
render Lage auf einer Hügelkuppe liegt. Die Propstei trieb mit
den köstlichen Kallmuthweinen in alten Tagen einen nicht uner-
heblichen Handel, zu welchem Zweck — wie die Sage erzählt
— sogar ein Mönch sich zu Zeiten als Laie verkleidete, um die
Kreszenz in dem protestantischen Frankfurt zu Markt bringen
zu können. Die Säkularisation bewirkte die Auflösung des Stiftes,
und der Staat zog die Weingüter ein; jetzt wird der Kallmuth
von der Fürstlich-Löwensteinschen Domänenverwaltung in

Kreuzwertheim fachmännisch bebaut. Mainaufwärts, in Richtung Marktheidenfeld, schließen sich die Lengfurter Lagen »Alter Berg« und »Oberrot« an, deren Weine fast scheu und eigensinnig neben den hochmütigen Weinen der Lage »Kallmuth« erscheinen. Im »Alten Berg« wachsen vorzügliche Rotweine, Spätburgunder, sauber und ohne Süße ausgebaut. Sie können sich mit französischen Rotweinen messen.

Das alte Mostnest *Homburg* hat einen guten Namen und es bemüht sich, diesen Namen zu halten. Tatkräftig haben die Homburger Winzer in gemeinsamer Arbeit ihre Gemarkung flurbereinigt, Entwässerungsanlagen und Wege neu gebaut und ihre Weinberge neu aufgepflanzt. In keiner anderen fränkischen Gemeindeflur hat sich der Weinbau so wie hier der Landschaft angepaßt. In ökologischen Nischen, durch Wald, Baumstreifen und Hecken gegen Winde und Fröste geschützt, gedeihen die Reben aller fränkischen Sorten und liefern charaktervolle Weine. Leider werden sie nicht mehr in dem architektonisch schönen Keller in einer Felsenhöhle des Buntsandsteinkerns, der vom unteren Muschelkalk überlagert ist, ausgebaut. Im 8. Jahrhundert hatten hier Benediktinermönche zunächst ihr Kloster eingerichtet. Als in den Jahren von 1605–1611 Julius Echter die größte seiner Zehntscheunen zur Amtskellerei einrichten ließ, wurde das bis dahin nackte Felsgestein mit Muschelkalksteinen übermauert. In einem hohen Halbrund schwingt sich das Gewölbe über einen sauber durchlüfteten, andachtsvollen Raum, aus dem die Fässer durch eine moderne Kelteranlage verdrängt wurden, wo der jährlich anfallende Most zwar gekeltert, aber nicht mehr ausgebaut wird. Das besorgt nunmehr die große Gebietswinzergenossenschaft in Repperndorf bei Kitzingen. Weil kein Wein mehr in diesem schönen Keller ausgebaut wird, ist auch der Kellerschimmel verdrängt worden, so daß jetzt das nackte Mauerwerk den Eindruck vermittelt, daß der alte Weingeist vom technischen Zeitalter übertönt wurde. Nur in der kleinen Probierstube am Eingang zur Kelterstation riecht es noch nach Dauben und Fässern.

Im Badischen machen wir einen Abstecher nach *Dertingen*, das in den letzten Jahren seine Höhen zum 2. Male seit 1954 neu bepflanzt hat. Ein typisch fränkisches Dorf, dessen Kirche im Mittelalter als Wehrkirche gedient hat. Ein Flügelaltar aus der Zeit Meister Riemenschneiders ist der kostbare Mittelpunkt dieses Gotteshauses.

Bei Urphar wendet sich der Main in einem scharfen Bogen um das Vorgebirge der Wetterburg. In diesem Teil des lieblichen Tales häuft die Natur Schönheiten in einem so reichlichen Maße, daß man glauben könnte, es sei ein Traumbild einer weinseligen Nacht. Im Frühling, wenn der zarte Duft der ersten Blumen am Ufer, auf der Wiese oder am Waldesrand den Atem eines taufrischen Morgens durchmischt, wenn das Schlagen der Nachtigallen vom Singen und Jubilieren der Singdrosseln, Schwarzplättchen und Rotkehlchen abgelöst wird und die Nebelschleier das sanfte Schwingen und Wiegen engelgleicher Elfen andeuten, dann glaubt man, einen beglückenden Nachgenuß einer paradiesischen Schönheit zu empfinden. Im Herbst, wenn die Üppigkeit der Natur im farbigen Spiel des Laubwerks der tiefen Mischwälder ihre höchsten Reize entfaltet und das Licht der Sonne den großen Dom des Waldes in allen Regenbogenfarben ausleuchtet, dann kann man sich angesichts so großer Pracht und so vieler Lebensfreude einer elegischen Stimmung nicht ganz entziehen, wenn man bedenkt, wie bald alles vergeht, was die Sonne mit Leben erfüllt.

Und wie man so sinnt und überlegt, taucht *Wertheim* auf, jene kostbare, malerische Stadt auf der Landspitze zwischen Main und Tauber, die man das »fränkische Heidelberg« nennt. Der herrliche Ort verwischt in geographischer, biologischer, historischer und kultureller Hinsicht jede Staatsgrenze zwischen Bayern und Baden-Württemberg.

Die trutzige Burg der alten Wertheimer Grafen scheint stolz und selbstbewußt auf den gegenüberliegenden Berg zu schauen, wo ein Aussichtsturm neuerer Zeit über die Denkmäler vergangener Zeiten zu erheben sich erkühnt. Wie bescheiden nehmen sich dagegen an den Hängen des dritten Berges die neuangelegten Weinberge in den Kreuzwertheimer Lagen »Kaffelstein« und »Rentberg« der Bayerischen Landesanstalt für Wein- und Gartenbau aus, wo Rot- und Weißweine von überraschend gehaltvoller und eleganter Art wachsen; Weine, die Feuer, Anmut und Charakter haben. Insbesondere sind die Rieslanerweine vom Rentberg auch für den Weinkenner eine Offenbarung, die mit

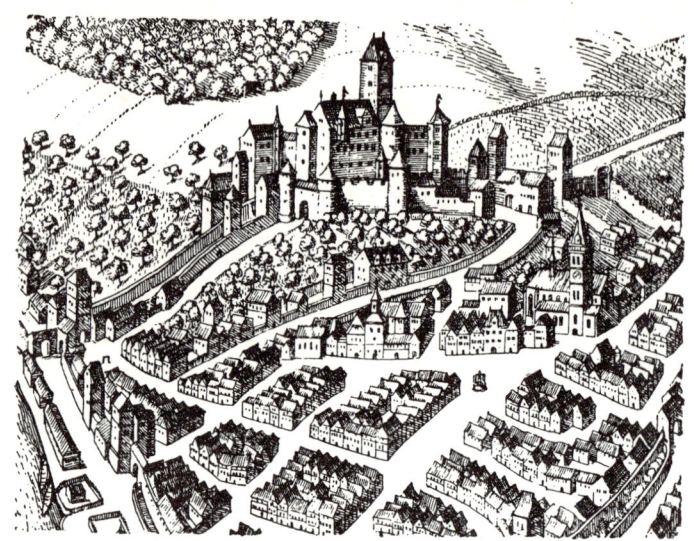

Burg von Wertheim

den berühmten Weinen vom Würzburger Stein oder Randersackerer Pfülben konkurrieren können.

Die alten Herrensitze und Bürgerhäuser in der Stadt,
wie sie so nahe aufeinanderstoßen und nur schmale Gassen frei
lassen, vermitteln trotz der Wohn- und Geschäftshäuser der letzten
100 Jahre den Eindruck einer mittelalterlichen Stadt, die sich den
Forderungen des neuzeitlichen Verkehrs nicht ergeben hat. Es
ist daher ein gern besuchter Fremdenort, in dem sich Natur und
Kultur zu einem wundersamen Bild der Geschlossenheit vereinen.

Als Zentralumschlagshafen für den Weinhandel hatte
Wertheim einst große Bedeutung. »Wertheimer Wein« war der
Gattungsbegriff für Tauberweine.

Die Muttergemeinde dieser berückenden Stadt aber ist
der bayerische Ort am Nordufer des Maines: *Kreuzwertheim.* Hier
auf dem Marktplatz mit dem altehrwürdigen Gotteshaus steht
das Wahrzeichen der »Grafschaft« Wertheim, das Kreuz. Um
die Jahrtausendwende residierte in einem großen Herrenhof ein
mächtiges Geschlecht. Von diesem Kreuzwertheim wagten die
Herren den Sprung über den Fluß, erbauten die Felsenburg auf

206

Bergeshöhe und nannten sich von da ab »Grafen von Wertheim«.
Dieses Geschlecht hat, ähnlich wie das der Grafen Castell, das
Gesicht einer Landschaft so eindrucksvoll geprägt, daß man noch
heute im Dreieck *Freudenberg — Külsheim — Dertingen* die alten
Bindungen zu diesem Geschlecht in einer lebensvollen Tradition
erkennen kann.

Die Domäne des Fürsten Löwenstein-Wertheim-Rosen-
berg betreibt in Kreuzwertheim, am Kaffelstein, am bereits genannten Kallmuth und in den Lagen »Satzenberg« und »Kemel-
rain« bei Bronnbach einen umfangreichen Weinbau. Man legt
Wert auf einen Weinausbau nach altem Muster. (Außerdem gehört
noch ein Weingut in Hattenheim im Rheingau zu diesem Besitz.)
Die Kellerei und Verwaltung dieser Güter befinden sich in Kreuzwertheim.

Reise an der Tauber

» Das ist ein Gewässer! Das ist ohne Grund.
In ihm spiegeln sich die Hügel rund.
Aus dem dunkelgrünen Wasser
Lockt der Melusinenmund.
Wenn ich aufwärts reise an der Tauber,
Überfällt mich immer ein geheimer Zauber,
Irgend etwas steht mit einer Herrlichkeit im Bund.
Und die Reise duftete nach Obst und Wein,
Abends mußte er mit Lust getrunken sein,
Mittags glühten seine Traubenkugeln
Heiß im roten Stein. «   *Anton Schnack*

Will man als Freund des Frankenweines die Art der
Weine aus jenem Taubergrund, der zu Baden gehört, ergründen,
treten Zweifel auf. Man weiß nicht so recht, welchen Wein man
mehr bevorzugen soll; den trockenen, durchgegorenen, der den
Frankenweintyp deutlich hervortreten läßt, oder den lieblich-mil-
den, der die politische und wirtschaftliche Zugehörigkeit zu Baden
erkennen läßt. Das ist keineswegs erst ein Charakteristikum der

letzten 20 Jahre, das die Weine aus dem badischen Teil des Frankenlandes besitzen. Schon Hofrat Dr. Kittel schreibt in der zweiten Auflage des Buches vom Frankenwein: »Wenn auch die Taubergegend ihrer ganzen geographischen Lage nach entschieden zum Maingebiet, also zu Franken gehört, so machen sich doch bereits Übergangsmomente bemerkbar. Auch der Wein nähert sich schon etwas dem badischen bzw. württembergischen Weintyp.« Die Ursache dieser Doppelnatur der Tauberweine, nämlich im Gerüst und Rohbau fränkisch, in der Kleidung und Aufmachung aber badisch zu sein, liegt einzig und allein in der Kellertechnik, deren Endziel liebliche Weine sind. Man kann jedoch aus einem Frankenwein nicht ohne weiteres einen badischen Wein herstellen und deswegen werden die Tauberweine aus dem badischen Frankenland immer eine Diskrepanz im Körper und in der Aufmachung erkennen lassen. Und wie steht es mit den Winzern? Ihr Herz gehört Franken, ihr Geld aber liegt in Karlsruhe. Diese Tatsache dürfte manches erklären.

Die Landschaft des Taubertales aber hat ihren fränkischen Reiz behalten. Speziell die Weinberge an den meist steilen Süd- und Südwesthängen im Muschelkalkboden und hie und da noch bergabwärts laufende Steinhalden als Reminiszenzen vergangener Rebenkulturmethoden fügen sich lückenlos in das Landschaftsbild der fränkischen Weinbaugebiete auf bayerischem Boden.

Tritt das fränkische Gepräge schon in der Landschaft zutage, so wird es weit mehr sichtbar in den Städten und Dörfern des Taubertales, die eine reiche Vergangenheit besitzen. Auf Schritt und Tritt findet der Besucher in den Ortschaften an der Tauber erhabene Erinnerungen einer ehrwürdigen Geschichte in Baudenkmälern, Schlössern und Kirchen ebenso verankert wie in den dicht aneinandergefügten Häckerhäusern, die die engen Gassen umsäumen. Der ehemalige kurmainzische Amtssitz Tauberbischofsheim strahlt noch heute seinen Einfluß auf die Weinbergsorte im badischen Frankenland aus, denen es Zubringerdienste leistet und den wirtschaftlichen Rückhalt gibt.

Im landschaftlich schönsten Teil des Taubertales, der mit der alten Deutschmeisterstadt *Bad Mergentheim* beginnt und mit der Perle der romantischen Straße *Rothenburg* endet, liegen

Röttingen.

Tauber=flu.=

die württembergisch-fränkischen Weinorte *Markelsheim* und *Weikersheim*, sowie die bayerisch-fränkischen Gemeinden und Städte: *Tauberrettersheim, Röttingen, Bieberehren, Tauberscheckenbach* und schließlich *Rothenburg*.

Markelsheim und Weikersheim mögen die Winzer von *Tauberrettersheim* nachsinnig gestimmt haben. Wie es aber im bayerischen Frankenland üblich ist, dauert es immer eine geraume Zeit, bis man drei Häcker zu einer Meinung gebracht hat. Endlich war es soweit, daß Anfang der 70er Jahre auch Tauberrettersheim daranging, seine Gemarkung zu bereinigen. Stolz nannte es seine Weinbergslage: »Königin«, deren erste Produkte des Namens würdig sind. Die Hauptleitorte ist der Müller-Thurgau. Die Häkker dieses romantischen Dorfes haben sich zu einer Erfassungsstation zusammengeschlossen, die ihre Möste an die Gebietswinzergenossenschaft Franken in Repperndorf abgibt.

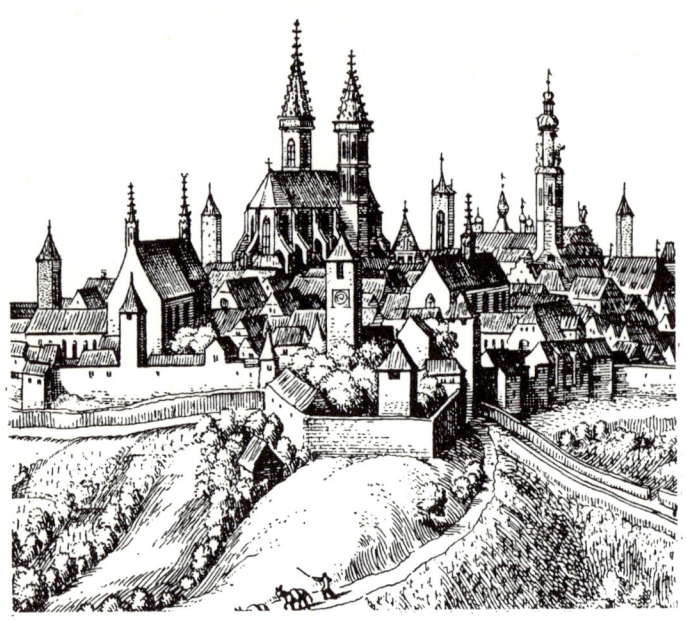

Rothenburg ob der Tauber

Im » Röttinger Feuerstein « wächst ein herzhafter, erdiger und kerniger Wein, der wie der Tauberrettersheimer von echt fränkischer Art ist. Er wird fast durchweg in den Gaststätten der alten Gaustadt ausgeschenkt. Weite Hangflächen in der Röttinger Gemarkung sind nach dem ersten Weltkrieg als Weinbauland aufgegeben. Die vom Dorngestrüpp umwachsenen Drieschen gliedern die Landschaft schachbrettartig auf und vermitteln nur noch eine Vorstellung davon, wie groß vor einigen Jahren noch das Weinbaugebiet um *Röttingen* gewesen sein mag. Im Städtchen selbst aber spürt man allüberall das Walten eines dionysischen Mythos, von dem man sich eingefangen glaubt, wenn man zwischen den alten Mauern und Tortürmen den Gasthäusern zustrebt, deren gegliederter Giebelschmuck im Dunst und Duft der herbstlichen Mostkelter als Spiegelbild ins Unterbewußtsein des Bacchusjüngers versinkt.

Dann aber schließt die märchenhafte Stadt *Rothenburg* das Taubertal ab gegen alle Alltagsgedanken. Im Schmuck seiner

210

Umwallungen und Gebäude aus der Zeit seiner Reichsfreiheit wird hier alljährlich an Pfingsten im festlichen Spiel ein »Meistertrunk« gereicht, der in der Geschichte der alten Tauberstadt eine bedeutsame Rolle spielte.

Aus den Wirren des Dreißigjährigen Krieges stammt die weinfrohe Sage von Tilly, der, einer Laune folgend, der eroberten Stadt Gnade verspricht, wenn einer der Ratsherren vermöchte, den großen Willkommpokal voll Tauberwein bis zur Neige zu leeren. Tilly, obwohl er den Wein nicht verschmähte, hielt so etwas für unmöglich. Das Unbegreifliche, hier ward's Ereignis! Der Altbürgermeister Nusch zeigte seine Kunst des Trinkens (nach der Tradition war er ja ein alter Würzburger Student).

Mit Fug und Recht wird noch heute sein Name gerühmt und das Gefäß seines Trinkerruhmes nach Gebühr bestaunt.

Das Rotweingebiet Frankens

Frankens Rotweine wachsen am Untermain in den heißen Buntsandsteinhängen des Spessarts oder in den leichten sandigen Böden des Erftales. Von Kreuzwertheim bis Erlenbach, unterhalb Klingenberg zogen noch im 18. Jahrhundert mit Reben bepflanzte Terrassen, die, Treppenstufen gleich, die sonnenliebende Frucht dem Licht näher zu bringen schienen. Heute sind die Anlagen vergrast oder mit einzelnen Bäumen und Strauchwerk bewachsen. Unbeachtet kündet verfallenes Mauerwerk von einer einst blühenden, heute verlorenen Kultur. In dieser Gegend, die sich ihrer Vergangenheit auch äußerlich wohl bewußt ist, geht die Mär von einem versunkenen Weinfuhrwerk, dessen Glocke man noch heute aus dem Berge klingen hören soll.

> »Am nahen Berggeländ' das Klingen soll ich deuten?
> Es ist nicht Glockenton, 's ist unterirdisch Läuten,
> Das wie geweihter Klang dringt aus der Erde Gründen,
> Im Lenz dem Winzer schon den künft'gen Herbst
> zu künden.«

Sollte das Klingen nicht von den Weinglocken herrühren, die in früheren Zeiten den Schluß der Lese ankündigten und die jetzt klagend und mahnend an versunkene Weinberge erinnern, an den Schatz, der in den roten Sandsteinhängen des Spessarts verborgen liegt? Und welches Feuer dieser von der Sonnenglut durchwärmte Boden dem Weine mitgibt, läßt der Burgunder vom »Kreuzwertheimer Kaffelstein« verkosten, den die Bayerische Landesanstalt für Wein- und Gartenbau in vorbildlicher Weise dort baut. Beim Schoppen Roten in der Kartause Grünau, wo man auch fränkisch speisen kann, hört man das Klingen deutlicher als im Maintal und, umnebelt vom Geist dieses Weines, ist man versucht, der Mär vom versunkenen Weinfuhrwerk Glauben zu schenken.

Unterhalb Hasloch rücken die Berge von Spessart und Odenwald enger zusammen und spiegeln sich in den ruhigen Wassern des lieblichen Stromes. Hinter dem dichten Laubwerk mächtiger Buchen und hochragender Eichen, hinter Fichten, deren frisches Grün das bewegte Silberlaub der Pappeln unterbricht, liegen, dem Auge kaum bewußt, technische Einrichtungen unserer Zeit. Die Industrie, die sich in den letzten Jahren hier angesiedelt hat, verschwindet im Landschaftsbild. Die Schleusen im Main gleichen den Miniaturstauwehren aus fröhlicher Knabenzeit. Ohne die feierliche Stille zu stören, gleichen sich die Pegel mehrere Male am Tage aus. Lautlos scheinen die Schiffe vorbeizugleiten. Das Hämmern ihrer Dieselmotoren verliert sich in den Wäldern.

Bemooste Ruinen verfallener Burgen und die historisch geprägten, engen Dörfer und Städtchen verleihen dem Maintal an dieser Stelle den Reiz einer Märchenlandschaft. Den Erholungsuchenden und Genesenden umweht hier die erquickende Ruhe einer zarte Lieblichkeit spendenden Natur, in der es nicht an weinseligen, malerischen Akzenten aus vergangenen Zeiten fehlt.

Dort, wo der Wald rechts des Maines etwas zurücktritt und den Blick auf *Dorfprozelten* freigibt, wo der Gasthof »Zur Fröhlichkeit« gleich neben dem Friedhof liegt, wurde in letzter Zeit die Pflege der edlen Weintraube wieder aufgenommen. Anstelle der Schnittgärten für Rebenunterlagen erstanden Weinberge mit neuen und alten Rot- und Weißweinsorten, deren Trauben ihre Verarbeitung in der Hofkellerei zu Würzburg erfahren. Die Weißweinsorte »Ortega« und die Rotweinsorte »Frühburgunder« haben nach Menge und Güte die Erwartungen erfüllt, die Züchter wie Anbauer in ihre Leistungen gesetzt haben. Doch bedarf der großartige Frühburgunder weiterhin der züchterischen Bearbeitung, um den Ruf seiner Weine als Spitzenrotweine Frankens zu erhalten.

Die Reste der Freudenburg werden nur noch von Kundigen und Eingeweihten beachtet. Verlassen von ihrem Geschlecht und vergessen, bleiben sie dennoch durch Jahrhunderte Zeugen einer wechselvollen Vergangenheit. Am Fuße dieser Burgruine liegt das freundliche badische Städtchen *Freudenberg*, das in seiner stimmungsvollen Struktur das geeignete Tor für das Kernstück des zauberhaften Rotweingebietes am Untermain abgibt.

Dem Weinkenner ist *Bürgstadt* aus mehreren Gründen wohlbekannt. Hier gedeiht der tiefrubinrote, aromatische, samtige, hochreife Spätburgunder in den großen neuzeitlichen Anlagen des Würzburger Juliusspitals, in der Lage »Mainhölle« am Südhange des Spessarts und in den warmen, leichten Böden der »Hohenlinde«, zwischen Bürgstadt und Eichenbühl der vortreffliche Frühburgunder, gepflegt von privater Hand. Hier treffen sich aber auch die Männer vom Fach beim Schoppen und fachsimpeln in zunftgemäßer Art. Hier gibt es noch die zünftigen Heckenwirtschaften, in denen sich die redseligen Häcker gegenseitig ihren Most wegtrinken. Ein Abend in einer Heckenwirtschaft am Untermain wird zu einem weinwundersamen Erlebnis.

Waren früher Bürgstadt und Miltenberg noch getrennt und deutet auch noch ein Wegweiser die Entfernung von 1 km zwischen beiden Orten an, so merkt man heute nicht mehr, wo der eine Ort aufhört und die Stadt Miltenberg, die »Perle am Main«, anfängt. Miltenberg ist durch seine Geschichte wie durch seine Lage und Struktur gleich berühmt.

Wer von Osten her durch das Würzburger Tor in das Städtchen tritt und die lange Hauptstraße durchschreitet, bleibt wohl gern an diesem oder jenem Gebäude bewundernd stehen. Alte Fürstenherbergen und Bürgerhäuser, vielfach mit merkwürdigen Holzkonstruktionen und hohen mittelalterlichen Giebeln, geben der Stadt, deren Boden bereits in der Römerzeit ein Kastell

Miltenberg am Main

getragen hat, ihr charakteristisches Gepräge; und über der Stadt, an den waldgekrönten Bergkuppen des Odenwaldes, schimmern burgartige Gebäude aus dem Grün, vor allem das ehrwürdige alte Schloß, die Mildenburg, einst eine kurmainzische Feste. Bekannt ist der wunderbare Winkel aus Fachwerkbauten am »Schnatterloch«, der mehrfach als Filmkulisse diente.

Wer aber von Kleinheubach kommend die reizende Fremdenstadt Miltenberg erreicht, wird inmitten der Hauptstraße durch ein wunderbares, hochgiebeliges Fachwerkgebäude aufgehalten, an dem sich die Straße teilen muß. Dieses romantische Verkehrshindernis ist das älteste deutsche Gasthaus, heute das Hotel »Zum Riesen«. Sechs Stockwerke hoch ist dieses Bauwunder, dessen Äußeres wie Inneres die Geschichte von mehr als acht Jahrhunderten zu erzählen weiß. Schon anno 1314 — so lautet die Überlieferung — wird dieses Haus als Fürstenherberge erwähnt; namhafte Herren geistlichen und weltlichen Standes haben hier Herberge genommen; die bedeutendsten waren: Ludwig der Bayer (1314), Kaiser Karl IV. (1368), Martin Luther, Graf Tilly und Gustav Adolf, der Schwedenkönig.

Um 1590 erfuhr der »Riese« einen Umbau durch den »wohlachtbaren Gastgeb zum Riesen«, den Ratsherrn Joist Virnhaber, dessen Ruf als Weingastwirt eine Grab- und Gedenktafel an der Laurentiuskirche bis in unsere Zeit getragen hat.

Einst war diese Gaststätte Mittelpunkt allen Geschehens. Hier trafen sich die Bürger der Stadt zu politischen Tischgesprächen, die nicht immer friedlich zu Ende gingen. Wie oft mögen die Fäuste auf die eichenen Tischplatten dröhnend niedergegangen sein, in denen Poeten und fahrende Scholaren, Landsknechte und Marodeure sichtbare Zeichen ihrer weinseligen Stimmung hinterließen. In vielen Geschichten, Erzählungen und Märchen ist die Vergangenheit dieses Gasthauses lebendig geblieben. Sie berichten vom Sohn des Joist Virnhaber, der den Quartiermacher des Grafen Tilly erschlug, als er ihm das beste Faß requirieren wollte. Von Tilly zur Rechenschaft gezogen, bot er dem Feldherrn eine Probe des Weines, und Tilly war so überrascht, daß er dem Wirt sagte, er habe recht getan, man solle solche Perlen nicht vor die Säue werfen. Sprach's und zog im Riesen ins Quartier.

Nach dem Dreißigjährigen Krieg sorgte Jochen Helmholtz als Spaßmacher für die Unterhaltung der Gäste, die das Lachen nach den fürchterlichen Kriegsjahren wieder lernen sollten. Er saß rittlings auf einem Weinfaß, mitten in der Weinstube und animierte die Gäste zum Trinken. Wer seinen Dreiliter-Humpen auf einen Zug austrank, hatte für den Tag das Trinken frei.

In diesem Haus heilte der Wunderdoktor Asmus Valet seine Patienten mit Steinwein. Zu seinen Gästen gehörte auch Martin Luther, den er mit Trestern aus Trauben vom Stein von einem bösen Furunkel erlöste.

Eine stilvolle Weinkarte führt den weinfrohen Gast durch die gesegneten mainfränkischen Weinlande. Vergangene Zeiten werden beim dritten Bocksbeutel lebendig. Als Geister

215

setzen sich die alten Zecher zu Tisch und prosten dem Freunde der Gegenwart zu. Die Relativitätstheorie eines Einstein wird diskutiert und verstanden. Die Vergangenheit ist Gegenwart im Wein, und der Weintrinker lebt in der Gegenwart von der Vergangenheit der Traube, die Zukunft im Wein ist. Korbinian Zaddel, dem Geisterseher, mag es so ähnlich ergangen sein, wenn er weintrunken die Stiege hinanstieg, um in den alten Fürstenbetten den Rausch auszuschlafen.

Vom berühmten Marktbrunnen vor der weltbekannten Fassade am »Schnatterloch« führt zwischen freundlich aneinandergerückten und sich mit ihren Giebeln fast berührenden Häusern eine schmale Steige den Schloßberg hinan zum Renaissance-Marstall der Mildenburg. Als Massivbau nimmt es sich als Haus »Conrady« fast fremdartig, zum mindesten aber trutzig in der lieblichen Atmosphäre des romantischen Städtchens aus. Es hat auch allen Grund dazu, denn seine Geschichte reicht über mehr als ein halbes Jahrtausend. Oft dürften es die Reiterbuben ihren Pferden im Trinken gleichgetan haben, denn als Götz von Berlichingen im Bauernkriege auf der Mildenburg Quartier bezog, verlieh er — wie die Sage erzählt — dem Verwalter des Marstalles die Schankgerechtigkeit, um dem bacchantischen Treiben seiner Pferdeknechte eine legale Basis zu schaffen. In Stein gehauen, ist diese Urkunde überliefert. Sie lautet:

> »Unterzeichneter thuet hiermit kund, daß der sehr ehrenwert Wirt dahier im alten Marstall ein Trinkstub und Herberg halte und daselbst Wein und ander Gesöff ausschenken darf. *Anno domini 1525*«

Nun war das Trinken erlaubt. Die Lieder fröhlicher Landsknechte schallten vom Berg herab und hallten im Maintal wider. Dionysos schien Auferstehung feiern zu wollen. Das Wiehern der Pferde, das Klappern der Hufe, das Fluchen der zechenden Söldner und das Lied fröhlicher Reiterbuben vereinigten sich im Marstall zum Ausdruck eines urtümlichen Treibens. Von dieser historischen Basis aus entwickelte sich das Haus Conrady zu einer ersten Kulturstätte, in der Ganymed der Koch und Hebe die

22   *Weg nach Randersacker (Detail). Aquarell von P. Sprenger um 1790,*
Mainfränkisches Museum Würzburg

23   Albrecht Dürer fährt um 1520 an Sulzfeld vorbei (Detail).
Steinzeichnung von Matthäus Schiestl, 1903

24   Bocksbeutel »Würzburger Stein«,
Jahrgang 1905
aus dem Würzburger Bürgerspital

25 In manch alten fränkischen Weinkellern weist das Kellerrecht
den Besucher auf besondere Verhaltensregeln hin

Miltenberg,
Schnatterloch
mit
Mildenburg

freundliche Wirtin sind. Die rauchgeschwärzten Deckenbalken, die schweren eichenen Tische, Stühle und Bänke in den heimeligen Trinkstuben verraten nicht mehr, daß hier einstmals Pferde standen.

In der meistbesuchten Stadt am Untermain hatte, dank dem alten Stapelrecht, in früheren Zeiten ein reger Handel seinen Sitz. Auch heute noch blüht hier ein lebhafter Geschäftsverkehr, vor allem seitdem sich eine Industrie in ihrer Nähe angesiedelt hat, die sich die Reichtümer des Odenwaldes und des Spessarts zunutze macht.

Einen bedeutenden Ruf als Weinort hat sich in den letzten 20 Jahren *Großheubach* erworben, dessen Gemarkung sich bis an die Bürgstädter Mainhölle erstreckt. Rot- und Weißweine sind hier zu gleichen Teilen vertreten. Bei den Rotweinsorten herrscht der Spätburgunder vor. Portugieser und Frühburgunder sind weniger gefragt. An Weißweinsorten sind Riesling und Müller-Thurgau angepflanzt. In einigen Weinbergen und besonders als Weinstock am Haus ist noch der Ortlieber vertreten, der hier den Namen »Räuschling« trägt. Ansonsten ist der Ortlieber in Franken verschwunden.

Der Ort selbst ist ein gern besuchter Erholungsort, vorallem jährlich im Frühsommer zur Zeit des Weinfestes. Sechshundertundsiebzig Stufen führen vom Dorf zum hochgelegenen Franziskaner-Kloster Engelberg hinauf; ein berühmter Wallfahrtsort. Von hier hat man einen herrlichen Ausblick in das Maintal. Rings um das Kloster wachsen Wein in gut geführten Weinbergen des Klosters. Im Klosterkeller erfahren sie ihre sachkundige Pflege und ihren sorgfältigen Ausbau, um in der Klosterschänke dem Wallfahrer und Besucher bei Schwarzbrot und würzigem Klosterkäse aus Altötting als Labsal zu dienen.

Der Weinbau wird zu etwa 50% im Terrassenbau betrieben, zu 50% in bergwärts laufenden Holz-Drahtrahmen. Jedoch sind in diesen Fällen die Schilder nur kurz, da der nährstoffarme rote Sandboden allzu leicht und oft Erosionsgeschehen unterworfen wird, deren Wirkung möglichst gering gehalten werden muß. Dem Terrassenbau kann man aus Kosten- und Arbeitsgründen zwar nicht den Vorzug geben, da dort die Kultur der Rebe nur mit Handarbeit möglich ist und darum die Produktionskosten unerträglich hoch liegen. Wenn hier wie in Klingenberg und weiter am Untermain dennoch auch Weinbau von Winzern im Terrassenbau betrieben wird, deren Weine sich neben den Erzeugnissen der staatlichen, klösterlichen und kommunalen Betriebe durchaus sehen lassen können, so sollte der weinfrohe Besucher dieser von Naturschönheit geprägten Landschaft bedenken, daß er mitunter den Wein eines Feierabendwinzers trinkt, den dieser nach seinen Dienstleistungen in der Fabrik oder im Büro in seinem Wengert nach Feierabend oder im Urlaub gepflegt und im eigenen Keller auch ausgebaut hat. Winzer, die über keinen Keller verfügen, verkaufen ihre Trauben an die Gastwirte, an den Handel oder gar ans Kloster.

» Achtung! Großheubacher Bischofsberg
verbirgt in sich ein Feuerwerk.«   *Anton Schnack*

Dieser Vers und jener, der den Rotwein dieses Hauptplatzes des Rotweingebietes mit dem »Weißen« vom »Stein« und

218

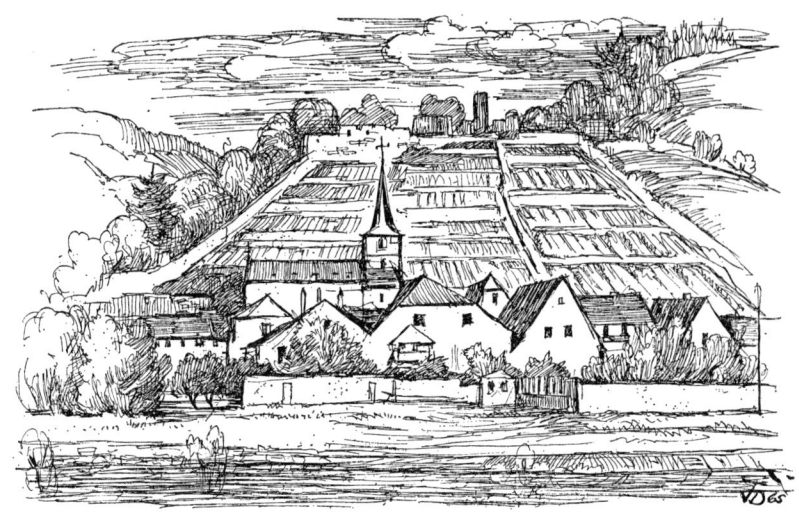

Klingenberg am Main

von »Bacharach« auf eine Stufe stellt, kündet, daß man hier
seit eh und je einen besonderen Wein gefunden hat. Schon der
alte Merian nennt 1648 *Klingenberg* »ein Städtlein, so des herrlichen Weinwachs halber berühmt, welcher köstliche Wein weit
verführet wird«. 776 wird dieser Ort als Weinort erwähnt. 1525
nahmen die kriegerischen Bauern ihre Marschroute zum »Roten«.
Gustav Adolf schickte diese Weine nach Schweden, und Graf
Fürstenberg, der Generalfeldzeugmeister der kaiserlichen Trup-
pen, holte sich den Klingenberger Roten als »guten, unverfälsch-
ten Wein« zum Ehrentrunk. Eine spätere Einquartierung im Jahre
1676 vergaß beim Roten sogar das Kriegführen.

Der Klingenberger Rote gilt als Spezialität unter den
deutschen Rotweinen. Die Stadt hat sich vorbildlich um die Förderung des Spätburgunder-Anbaues bemüht. Mit eigenen Versuchsanlagen, in Zusammenarbeit mit der Regierung von Unterfranken und der Rebenzüchtung Würzburg, begründete sie eine
Neuorientierung des Rotweinbaues ihrer Bürger und gab mit dem
erzielten Erfolg auch den Winzern wieder Mut und Auftrieb.

Ja, der Stadtrat von Klingenberg ist sich bewußt, daß er den Ruf und Ruhm seines Rotweines erhalten muß. Und es gibt in der Tat keinen Weinort weit und breit, der so zäh, so zielbewußt und erfolgreich auf Hebung seines Weinbaues hinarbeitet. In den Jahren 1970/71 hat die Stadt Klingenberg unmittelbar über ihren rotweinduftenden Weinkeller für ihre Besucher eine zunftgemäße Weinprobierstube eingerichtet, die die Charakterzüge des Jahres 1828 trägt. Urgemütlich ist die Atmosphäre, wenn der rubinrote Wein im Römer aus der sandsteinernen Schloßbergsbrust weinfröhliche Augen auf den Tisch malt, wenn im Kreise froher Zecher ursprüngliche Weinstimmung herrscht und der standesgemäß proportionierte Kellermeister die Proben erläutert. Die Probierstube ist keine Gaststätte. Doch lädt sie ein zum gemütlichen Verweilen beim Spätburgunder, den man allein oder in einer Gesellschaft bis zu 130 Personen auch verkosten kann. Für Weinproben ist eine vorherige Anmeldung beim Fremdenverkehrsamt der Stadt Klingenberg im Rathaus empfehlenswert.

Wie herrlich liegt diese Stadt am Fuße der alten Klingenburg, von der aus man in die zahllosen Weinterrassen blickt. Der Klingenberger Rote wird in vielen Gaststätten der Stadt oder in den Häckerwirtschaften ausgeschenkt, in denen schon etwas rheinisch anmutende, laute Fröhlichkeit dem fremden Besucher freundschaftlich entgegenkommt. Wanderer, Paddler und autofahrende Touristen vergnügen sich hier beim Wein. Sie bleiben in Klingenberg, um eine feuchte, heitere Erinnerung fest zu fundieren.

Zu den Hochfesten im fränkischen Weinjahr gehört das wegen seiner bacchantischen Art bekannte Rotweinfest, das alljährlich Mitte August gefeiert wird. Der Festplatz bleibt das ganze Jahr über für dieses Bacchanal reserviert. Die Zeltgerüste sind für immer aufgestellt. Im Kreis um einen großen Römer sind die Heckenwirtschaften unter einem Dach eingerichtet, in denen die Stadt und neben ihr viele Häcker ihre roten und weißen Eigenbauweine anbieten. Mehr als 30 000 Besucher kommen Jahr für Jahr zu diesem Weinfest. Sie kommen aus allen Himmelsrichtungen, aus dem Inland wie aus dem Ausland. Sie kommen, um den Klingenberger Roten mit den Häckern vom Untermain zu trinken und die Harmonie zu erleben, die der Wein zwischen der fränkischen Zurückhaltung, der rheinischen Ausgelassenheit und der ungezwungenen Weltfröhlichkeit in einer weinfrohen Gemeinschaft formt. Und ein Jahr lang bleibt in ihrem Gedächtnis das Wort Rückerts lebendig:

> »Doch nicht vergessen sei vom Main
> der Klingenberger Rote!
> D'ran könnte man, o süße Pein,
> sich trinken fast zu Tode.«   *F. Rückert*

Der Klingenberger Weinbau findet seine Fortsetzung in den Gemarkungen von Erlenbach/Main, Rück-Schippach und Großwallstadt. Der Marktflecken Erlenbach muß besonders erwähnt werden, dessen Winzer den Weinbau in letzter Zeit neu und erfolgreich belebt haben. Abseits vom Main, etwa drei Kilometer von Elsenfeld entfernt, liegt die Ortschaft Rück. Das Stiftungsamt Aschaffenburg hat in Zusammenarbeit mit einigen Rükker Winzern in einem Flurbereinigungsverfahren den Johannisberg und den Jesuitenberg wieder mit Reben bepflanzen lassen. Die erste Ernte aus diesen Lagen war der 1979er, ein vortrefflicher Jahrgang, der mit seiner Qualität den Rücker Häckern einen guten Start gab, ihnen Hoffnung auf die nächsten Jahre machte und den Freunden fränkischer Weine eine angenehme Überraschung bot. Da es am Untermain keine bedeutende Winzergenossenschaft gibt, werden die Weine aus den Rücker Lagen von der Winzergenossenschaft Thüngersheim ausgebaut und von dort auch vermarktet. Großwallstadt hat seine Weinberge im Odenwald, aber trinken kann man den Wein im Ort, dessen Einwohner durch ihre Gastfreundschaft bekannt geworden sind.

In Elsenfeld wurde der Weinbau zum größten Teil der in Obernburg aufblühenden Industrie geopfert. Nicht so war es in *Großostheim*, das sich seit dem ersten Weltkrieg einen so bedeutenden Namen als Weinort erworben hat, daß es nicht mehr übergangen werden kann. »Reischklinge« und »Harstell« sind die Lagen auf Lößlehm, die Weine hervorbringen, die an die feinen, eleganten Gewächse Rheinhessens erinnern. Sortenwahl, Erziehung ihrer Reben und Bodenbearbeitung werden von den Großostheimer Winzern vorbildlich gehandhabt. In Zusammenarbeit mit

221

der Rebenzüchtung Würzburg hat hier O. Kapraun, der Ochsenwirt, sich besondere Verdienste um die Vermehrung bester Silvanerklone erworben. Sein Vetter Heinrich Kapraun gründete mit wenigen fortschrittlichen Häckern eine Winzergenossenschaft, die durch ihre sauberen Weine bekannt geworden ist. Obwohl auch hier die Industrie schon zu Hause ist, wird der Weinbau doch nicht vernachlässigt. Die Winzergenossenschaft hat aus wirtschaftlichen Gründen ihren traditionellen Weinausbau aufgegeben. Ihre Weine werden in den Kellern der Gebietswinzergenossenschaft Repperndorf bei Kitzingen nunmehr fachmännisch betreut. Doch in den Gaststätten kann man noch Eigenbauweine geruhsam trinken. Dazu gibt es vorzügliche fränkische Speisen. Einige Selbstmarkter fördern den Ruf der Großostheimer Weine, die hauptsächlich im Frankfurter Raum beliebt sind.

Vor den Toren der Stadt Aschaffenburg liegt rechtsmainisch der Ort Obernau, dessen einziger Weinberg als »Obernauer Sandberg« im amtlichen Weinbaukataster bei der Regierung von Unterfranken eingetragen ist.

Aschaffenburg

> »Es winkt von deinen sanften Hügeln
> Die Rebe mir im Sonnenstrahl,
> Es lockt das Grün mich deiner Wälder,
> Der Fluren Pracht in jedem Tal.«
>
> *E. Jost*

Eine von Natur durch Klima und Lage bevorzugte Stadt am Main ist *Aschaffenburg*. In früheren Zeiten grünten Reben inmitten der Stadt um die altehrwürdige Stiftskirche von St. Peter und Alexander. Heute findet man in den gepflegten Anlagen des von König Ludwig I. von Bayern erbauten Pompejanum, einer Nachahmung des Hauses von Castor und Pollux, wieder einen Weinberg, in welchem Weine von eigener Art, Stahligkeit und edlem Charakter wachsen. Schloßverwaltung und die Stadt Aschaffenburg sind seine Besitzer. Das Klima dort gleicht jenem von San Remo. Feigen und Zitrusfrüchte reifen dort neben der edelsten Weinsorte Frankens.

Aschaffenburger Schloß

Das grandiose Wahrzeichen der Stadt ist das Schloß Johannisburg. König Gustav Adolf II. hätte diesen Prachtbau deutscher Renaissance am liebsten auf Räder stellen und nach Schweden transportieren lassen. Trotz seiner schweren Beschädigungen in den letzten Kriegstagen ist es auch heute noch das leuchtende Kernstück dieser vom modernen Lebensrhythmus bewegten Stadt. Die engen Straßen und gepflegten Parkanlagen, die schmucken Fachwerkhäuser und verträumten Winkel sind angenehme Zeugen geschichtlich und künstlerisch bedeutungsvoller Epochen, die hier, wie in Würzburg, Fulda und Mainz, einen Begriff von der tiefen Verwurzelung des Weines als mystisches Element vermitteln. Die landschaftliche Schönheit der Stadt und ihrer Umgebung wird von der Industrie in verständnisvoller Weise

223

nicht beeinträchtigt. In der Anlage der Fabriken wird den naturgegebenen Reizen dieser Stadt Rechnung getragen. Die sorgsam gepflegten Anlagen des Parkes Schöntal bilden eine Insel des Friedens im flutenden Strom einer geschäftigen Welt. Und wer dem Trubel der Stadt ganz entfliehen will, findet ohne Mühe den Weg von hier aus durch die Fasanerie zu einem der schönsten Waldgebirge Deutschlands, dem Spessart. Jenseits des Maines aber, wo der Fremdenverkehr nach Offenbach, Darmstadt und Mainz ausstrahlt, ist der Park Schönbusch ein Stück vom Paradies, mit Lustschlößchen, Seen und Wiesen. Die traditionellen Schönbusch-Konzerte während der Sommermonate versammeln im kerzenbeleuchteten Speisesaal die Freunde klassischer Musik. Alte und neue Zeit, Kultur und Technik, Ruhe und Bewegung, das sind die Grundzüge, die in harmonischer Abgestimmtheit diese Stadt charakterisieren, die nie vergessen hat, daß sie der wirtschaftliche Zentralpunkt des ländlichen Lebens von Spessart, Untermain und Kahlgrund ist, von der heute stärker denn je bedeutende Impulse auf das Land ausströmen. Das dokumentiert auch die wieder eingerichtete moderne Kellerei im Schloß Johannisburg, in der in Eichenfässern die Weine des Weingutes Adam Dreßler, jetzt Hofgut Hörstein, ausgebaut und vermarktet werden. Eine dionysische Bruderschaft hat sich hier um den Wein gebildet, die es sich zur Aufgabe gemacht hat, dem Weine vom Kahlgrund Reverenz zu erweisen und neue Freunde zu gewinnen. Die Probierstube im Kellergewölbe ist zusehends zu einer Stätte fröhlicher Weinwallfahrten geworden. Die Staatliche Verwaltung der Bayerischen Schlösser, Gärten und Seen und die Bayerische Landesanstalt für Wein- und Gartenbau haben hier in Übereinstimmung und gemeinsamer Arbeit dem fränkischen Wein eine wertvolle Stätte der Kultur in einem der schönsten Renaissancebauten vor den Toren der Weltstadt Frankfurt geschenkt, die durch eine Schloßweinschenke ihre endgültige Formung erfahren hat.

Im Freigericht

> »Bei einem Dörflein ('s heißt Hörstein)
> Am Rand des Spessarts wächst der Wein,
> Der Weise macht und Teufel bannt,
> In Engelzungen reden lehrt
> Und, die auf schlecht Latein verbissen,
> Zur Sprache Ciceros bekehrt.«   *Müller-Amorbach*

Zwischen Aschaffenburg und Hanau verbreitert sich die Mainebene. Spessart und Odenwald treten respektvoll zurück. Vom Hahnenkamm, der 439 m hohen Erhebung der letzten Spessartausläufer, ziehen sich Rebenzeilen an Hügeln hinab sanft ins Tal. *Hörstein*, der Hauptweinort des Kahlgrundes, mit den Gemeinden *Wasserlos* und *Michelbach* vertreten hier den fränkischen Weinbau auf dem Grundgestein von Glimmerschiefer und Gneis von bunter, grauer, rötlicher oder bräunlich-grüner Färbung. Das Klima ist mild-maritim. Es hat nichts von der Rauheit des nahen Gebirges, das die kalten Nord- und Ostwinde abhält. Zeitig zieht der Frühling ins Land und schmückt die Weinorte mit lachender Blütenpracht. Die Sommersonnenglut liegt auf den berühmten Weinbergen »Abtsberg« und »Reuschberg« und kocht einen Wein, der Anton Schnack zum begeisterten Weinpoeten des Frankenlandes hat werden lassen. Wer Hörstein nennt, horcht auf! Wer aber Hörsteiner trinkt, genießt einen eleganten, vornehmen, an Rheingauer Weine erinnernden Tropfen mit würzigem Pfirsichbukett. Das haben vor 1 000 Jahren schon die Benediktiner der auf der linken Mainseite gelegenen Abtei *Seligenstadt* erkannt, die einen großen Gutshof, den Abtshof, dort anlegten, wo die Besten der Edlen wachsen. Aber auch die Bürger und Bauern hatten schon frühzeitig ansehnlichen Weinbergsbesitz. Mitte des 17. Jahrhunderts wurden 50 Winzer und 20 Ackerbauern im Orte gezählt. Ein Fuder Wein war damals so viel wert wie ein Pferd und ein Füllen oder ein Paar Ochsen oder vier Kühe. Im Zuge der Säkularisation gingen die Besitzungen des Klosters an den Staat (1816 an Bayern) über, der dem Weingut die gleiche Beachtung und Förderung zuteil werden ließ wie ehemals das Kloster. Heute gehören 14 ha Weinberge zum Gutshof, der äußerlich wie innerlich in den Jahren 1955 bis 1970 eine überlegte Renovierung erfahren hat. Die Weinberge wurden mit befahrbaren Wegen versehen, um die Bebauungskosten herabzusetzen. Wenn auch alles technisiert und rationalisiert wurde, so ist doch nichts von dem Wert des edlen Weines verlorengegangen, der einstmals einen päpstlichen Legaten, als er zum ersten Male Hörsteiner Wein trank, zu dem Ausruf der Bewunderung anregte: »Hoc est vinum!« Das ist ein Wein!

Manche bekannten Lagenamen sind heute verschwunden. Ab 1971 gibt es keinen »Hörsteiner Schwalbenwinkel, Langenberg und Königsberg« mehr; ebenso wenig wird man nach den weinduftenden Namen »Michelbacher Blasbalgen und Markacker« suchen. In Michelbach heißen die beiden Weinbergslagen nunmehr »Apostelgarten« und »Steinberg«, in Wasserlos »Schloßberg« und in Hörstein »Abtsberg« und »Reuschberg«.

Wenn auch mehrere Lagen im Kahlgrund in einen Lagenamen aufgegangen sind, so darf doch mit besonderer Freude festgestellt werden, daß die Qualität der Weine aus dieser liebenswürdigen Gegend in den letzten 10 Jahren ganz erheblich gestiegen ist, seitdem nämlich auch hier neue Rebsorten zum Anbau gekommen sind, die je nach Sorte kräftige oder elegante, nachhaltige oder flotte, immer aber im Sinne des Weingesetzes von 1931 naturreine, d.h. nicht angereicherte Weine bringen, weil die neuen Sorten mit ererbter kürzerer Vegetationszeit die Sonnenscheinstunden des Jahres besser nutzen können als die alten später reifenden, deren Weine meist 2–4 Wochen Sonnenschein zur natürlichen Reife fehlen. Die Weine aus dem westlichsten Zipfel Frankens sind charaktervolle, elegante und kernige Landedelleute. Sie lösen Beklemmung und Verlegenheit und trösten bei Trauer und Unmut. Sie sind reintönig, d.h. man schmeckt die jeweilige Traubensorte unbeeinflußt vom Boden im Wein. Sie brauchen Zeit zur Reifung im Faß und auf der Flasche. Daher sollte man sie nie jung trinken, wenn man sich nicht des höchsten Genusses vergeben will. Am besten trinkt man sie in der Reihenfolge nach 2- bis 10jähriger Flaschenlagerung: Müller-Thurgau, Perle, Ortega, Cantaro, Fontanara, Bacchus, Kerner, Albalonga, Rieslaner und Riesling, einer mundiger als der andere; naturrein, trocken, ehrlich und herb; ein Studium, das kein Ende erheischt!

Die Frankenweine aus dem Kahlgrund sind ein Kultur-
denkmal besonderer Art, das man erst eingehend studieren muß,
um es ganz zu empfinden und zu verstehen.

Unsere »Weinwanderung« durch Frankens Weinbau-
nischen und Weinorte ist zu Ende. Es war ein Weg, der begleitet
wurde vom Klang fränkischer Glocken, die aus Domen, Kirchen
und Kapellen fränkischer Städte und Dörfer läuten; begleitet aber
auch von poetischen und kunstsinnigen Erinnerungen und Lobes-
weisen, vor allem aber begleitet von den Proben edlen Rebenblutes,
das in überraschender Abwechslung und erlesener Art überall
im Frankenlande gedeiht.

> »Aus den Reben fleußt das Leben,
> Das ist offenbar.
> Ihr, der Franken Kenner!
> Weingelehrte Männer!
> Macht dies Sprichwort wahr!«

Joh. Christ. Fischer (1782)

III. Kulturhistorische Kleinodien im Lande des Bocksbeutels

Das Mainfränkische Museum und seine Kelterhalle

Zu den besonderen Sehenswürdigkeiten Frankens gehört das Mainfränkische Museum, das seit 1947 über der Stadt Würzburg auf der Höhe des rebenumwachsenen Marienberges neu entstanden ist. Es ist in jener Burg beheimatet, die fast ein halbes Jahrtausend den Fürstbischöfen und Herzögen von Franken als Residenz diente. In den festlichen Sälen des barocken Zeughauses und den stimmungsvollen Gewölben der Echterbastei bietet es eine Fülle bedeutender Kunstschätze. Was fränkische oder für Franken tätige Künstler und Kunsthandwerker im Laufe der Jahrhunderte schufen, davon ist hier eine mannigfaltige und eindrucksvolle Auswahl versammelt, die von den großen Epochen der Kunst in diesem Lande zeugt. Das Museum ist nach der fürchterlichen Zerstörung Würzburgs im Zweiten Weltkriege förmlich zu einer Schatzkammer der alten Metropole am Main geworden, aber auch zu einem »Schaufenster«, das die Kunstfreunde aus aller Welt einlädt zu einem tiefen Blick in die reiche Vergangenheit der Mainlande sowie in die schicksalsschweren und glanzvollen Zeiten ihrer Hauptstadt.

Im Mittelpunkt der Sammlungen stehen die weltberühmten Meisterwerke Tilman Riemenschneiders, des begnadeten Würzburger Bildhauers der Spätgotik. Um sie herum gruppiert sich die Vielzahl der Gemälde, die sich zwischen so klingenden Namen wie Cornelis de Vos, Giovanni Battista Tiepolo und Ferdinand von Rayski spannen. Die glänzenden Jahre des Barock und Rokoko präsentieren sich mit kostbaren Prunkmöbeln aus fränkischen Schlössern, Abteien und Bürgerhäusern. Ein nicht minder köstlicher Schatz sind die heiteren Puttengruppen Johann Peter Wagners und die beschwingten Sandsteinfiguren des Ferdinand Tietz aus dem Rokokogarten des Veitshöchheimer Schlosses. Die feierliche Welt der romanischen Plastik ist ebenso vertreten wie die formenreiche Vor- und Frühgeschichte Frankens. Da sind ferner die ausgewählten Kollektionen kirchlichen und weltlichen Kunstgewerbes, weiterhin — um aus der Vielfalt der Sammlungen nur noch eine Abteilung zu nennen — die an bunten Trachten und bemalten Möbeln so reiche fränkische Volkskunst, deren Glanzpunkte die große Bauerndiele, eine Apotheke des Rokoko,

die farbenfrohen Trachtenvitrinen und nicht zuletzt die Winzer-
stube aus Sulzfeld sind.

In der so vielfältigen Versammlung kostbarer silberver-
goldeter Pokale, schwerer Zinnkannen und Humpen, köstlich be-
malter Fayencekrüge und prunkvoll dekorierter Gläser ist nicht
nur ein Abglanz höfischer Feste eingefangen, in ihnen dokumen-
tieren sich ebenso das Selbstbewußtsein stolzer Bürger wie die
alten Bräuche ehrsamer Zünfte. Von besonderer Bedeutung sind
die beiden zinnernen Schenkkannen, die zu Beginn des 16. Jahrhunderts für den Rat in Gerolzhofen gefertigt wurden. Aus der
langen Reihe der Goldpokale sei der prachtvolle Satz Nürnberger
Renaissancegefäße genannt, den das Museum erst jüngst entgegen-
nehmen durfte. Der Pokal der Kitzinger Büttnerzunft fasziniert
durch seine ungewöhnliche Form, während der mächtige, von
dem Würzburger Goldschmied Gottfried Bischoff im Jahre 1735
geschaffene »Gesundheits-Pocal« der Würzburger Büttnerzunft
das Ansehen und die Wohlhabenheit dieser Zunft unmittelbar
vor Augen führt. In gänzlich anderer Art, aber nicht minder
köstlich, ist das aus Rebenholz geschnitzte Büttenmännchen der
Würzburger Metzgerzunft von 1739 mit einem eingebauten Silber-
becher. Ähnlich humorvoll zeigt sich ein Fayence-Trinkgefäß in
Gestalt eines wohlbeleibten Gastwirtes. Unter den Fayencen dominieren jedoch die von hochbezahlten Spezialisten, sogenannten

Hausmalern, dekorierten Krüge und Humpen, deren blühende Farbigkeit sich schon in der Barockzeit einer uneingeschränkten Beliebtheit erfreute; heute zählen sie zu den gesuchtesten deutschen Fayencen überhaupt.

Einen akzentuiert-weinhistorischen und volkstümlichen Abschluß findet ein Rundgang durch das Mainfränkische Museum in der Kelterhalle, einer in Deutschland einzigartigen Schöpfung, wo die Zeugnisse fränkischer Weinkultur Aufstellung gefunden haben. In dem weiten, eindrucksvollen Raum der ehemaligen Geschützhalle wurde dem fränkischen Weinbau eine würdevolle Dokumentation geschaffen, welche die Anerkennung des ganzen deutschen Weinfaches erhielt, denn im Jahre 1972 wurde das Mainfränkische Museum mit der hohen Ehre des Deutschen Weinkulturpreises ausgezeichnet.

In der gewaltigen, gewölbten Halle, die man durch ein reichverziertes, schmiedeeisernes Prunktor aus dem Jahre 1716 betritt, ziehen sieben massige Eichenholzkeltern aus dem 17. und 18. Jahrhundert sogleich den Blick auf sich. Die älteste dieser Keltern aus dem Jahre 1662 stammt aus Großlangheim, wie denn auch alle anderen der gezeigten Keltern ursprünglich in renommierten Weinbau-Gemeinden Frankens ihre Heimat hatten. Die imposante Folge alter fränkischer Zunftfahnen und Zunfttruhen unterstreicht die großartige Festlichkeit des Raumes. Alte Wappentafeln aus der Trinkstube des Würzburger Rathauses mit den Wappen der Würzburger Ratsherren, große schmiedeeiserne Wirtshausschilder, viele alte Faßböden und geschnitzte Faßriegel, dazu mancherlei altes Büttnerwerkzeug und mannigfache Geräte für die Arbeit in Weinbergen und Weinkellern geben Zeugnis von der reichen Fülle fränkischer Weinkultur der Vergangenheit.

Doch nicht allein das stete Sorgen um den Wein wird hier dem Betrachter offenbar. In beleuchteten Vitrinen präsentiert sich eine eindrucksvolle Schar gläserner Kostbarkeiten: Kelche, Becher, Humpen, Kannen und Pokale. Von hochmittelalterlichen Noppenbechern, über emailverzierte Humpen und Kannen des 16. und 17. Jahrhunderts, wappenverzierte Prunkgefäße fürstlicher Herren der Barockzeit, bis hin zu den Bocksbeuteln und Römern des 19. Jahrhunderts spannt sich ein weiter Bogen. Das besondere Interesse zieht jedoch immer wieder eine kleine Tonfla-

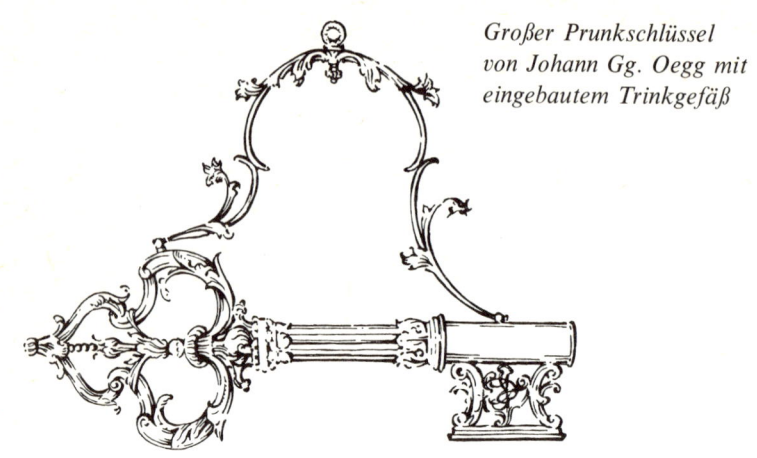

sche im Format eines halben Bocksbeutels auf sich; vermeint
man doch in diesem keineswegs singulären Gefäß aus dem ersten
vorchristlichen Jahrhundert, das bei Wenigumstadt, unweit
Aschaffenburg, gefunden wurde, einen Vorläufer unseres heutigen
Bocksbeutels erblicken zu können. Ein Kuriosum ist hingegen
der große Prunkschlüssel des schon zu seiner Zeit berühmten
Würzburger Hofschlossers Johann Georg Oegg aus dem Jahre
1740 mit einem im Schlüsselrohr eingebauten Weinbecher der
Schlosserzunft. Weiterhin findet man die reichgeschmückten Will-
kommbücher des Würzburger Rates und der einstigen Domkapi-
telschen Kellerei zu Ochsenfurt, in die sich mit mehr oder minder
gelungenen Versen die Trinker des inzwischen längst verschollenen
»Kauzen« von Ochsenfurt, eines vergoldeten Eulenpokals, nach
vollzogenem Trinkzeremoniell einzutragen hatten.

So hat der Rundgang durch das Mainfränkische Museum einen im besten Sinne volkstümlichen Abschluß. Einen bunten Abglanz aus der reichen Fülle der Vergangenheit, eine Erinnerung an längst entschwundene Zeiten vermittelt auch diese Sammlung alter fränkischer Weinkultur, deren Widerschein bewahrend
für nahe und ferne Geschlechter.

Rebe und Wein in Kunst und Brauchtum vergangener Zeiten

Christus und die Mutter Gottes

Repräsentiert das Mainfränkische Museum in seiner Zusammenstellung von Kunstwerken mit Tilman Riemenschneiders großartigen Schöpfungen als Mittelpunkt eine einzige Hymne an den Frankenwein, so sind nicht minder die in Kirchen, in privaten Sammlungen und in fränkischen Städten und Dörfern relativ oft zu findenden Darstellungen von Rebe und Wein, von Madonnen und Weinheiligen wundersame Modulationen in einem über Jahrhunderte dauernden Choral, der aus dem Wein geboren wurde und die Seele des Frankenvolkes jubelnd mitschwingen läßt. Die Reben- und Weinstock-Motive in den Kirchen und Kapellen, an Portalen, Säulenkapitellen und Altären, in Wand- und Glasmalereien sowie an Bauernhäusern und Feldwegen bekommen jedoch ihre tiefe Sinngebung erst aus dem Brauchtum der Häcker, das aus heidnischen, mythologischen und christlichen Empfindungen gleichermaßen gestaltet wurde und erst unter dem Einfluß eines großen Weines seine Formung erfahren hat.

Eine bemerkenswerte Darstellung befindet sich an der Außenwand des Ostchores der St.-Jakobs-Kirche im fränkischen Rothenburg ob der Tauber, aus dem Jahre 1600. Das aus den Wundmalen des schmerzensreichen Heilands vertropfende Blut gerinnt zu Weinbeeren und schließlich zu Trauben. Der Gedanke der Wiedergeburt aus Blut und Wein, als den Säften des Lebens, hat hier eine originelle Symbolisation unter dem Zeichen des Kreuzes erfahren. Nicht minder wertvoll ist der »Christus in der Kelter« aus der gräflich Schönbornschen Sammlung auf Schloß Pommersfelden des Augsburger Malers Jörg Breu aus dem frühen 16. Jahrhundert. Das Blut des unter der Last des Kreuzes als Kelterbaum zusammenbrechenden Heilandes wird von Engeln in einem Kelch aufgefangen.

Die mystische Kelter war in erster Linie ein Symbol des Leidens Christi und eine künstlerische Wiedergabe des Propheten Jesajas im 63. Kapitel: »Ich trete die Kelter allein, und ist niemand unter den Völkern mit mir. Ich habe sie gekeltert in meinem Zorn und zertreten in meinem Grimm. Daher ist ihr Blut auf meine Kleider gespritzt, und ich habe all mein Gewand

besudelt« (siehe: Hermann Jung, »Traubenmadonnen und Weinheilige«).

In fränkischen Winzerkreisen, die zutiefst im christlichen Glauben verankert sind, waren Bilder vom gemarterten und schmerzerfüllten Heiland beliebt. Der Gläubige erkannte in diesen Darstellungen einen Hinweis auf Jesus Christus als den wahren Weinstock, der in der Passion so reichlich sein Blut fließen läßt, wie der edle Saft der Trauben aus der Kelter rinnt, und das sich in der Gestalt des Weines zu ewigem Leben verjüngt.

Außer in die Hand Gottes legte der fränkische Winzer sein und seiner Reben Schicksal in die Hände mächtiger Heiliger, denen er als Dank- und Bittopfer künstlerisch wertvolle Porträts stiftete. An der Spitze steht dabei Maria, die Mutter Gottes, die als Traubenmadonna über Jahrhunderte bis in die heutige Zeit das lieblichste und anmutigste Traubenmotiv im religiösen Kunstschaffen abgegeben hat.

»Von der heiligen Jungfrau haben wir die Traube des Lebens empfangen. Ihr Sohn wurde als des Weinstocks Traube in der Kelter ausgepreßt« (Joh. Damargenus 673–749). Die Traubenmadonna wird gewöhnlich mit einer Traube in der Hand, die sie dem Jesuskind reicht, dargestellt oder mit dem Jesuskind auf dem Arm, das eine Traube hält. In Abwandlung des Themas findet man sie in Franken auch mit Reblaub bekränzt oder mit einem Rebenzepter in der Hand.

Eine Variation davon, wohl aus dem 12. oder 13. Jahrhundert, in Stein, kann man beim Kirchenmaler Schubert in Karlstadt am Main sehen. Die Statue ist etwa einen Meter hoch. In der rechten Hand hält die Madonna einen Rebenstock als Zepter. Stamm und Äste des Rebenstockes stellen den Gekreuzigten dar. An den Zweigen sind Blätter und Trauben. »Ich bin der Weinstock, ihr seid die Reben«. Auf dem Rebenstock sitzt ein Pelikan, der Beeren zupft, als Symbol der sich aufopfernden Liebe. Das Jesuskind auf dem linken Arm der Mutter Gottes hat eine Traube in seiner Hand und auf seiner Schulter ebenfalls einen Pelikan.

Die eigentliche Blütezeit der Madonnendarstellung beginnt etwa mit der Gotik, als sich die Künstler, Bildhauer wie Maler, bei der Gestaltung des Mutter-Gottes-Themas allmählich

Christus
in den Reben
in der Pfarrkirche
von Karlstadt

von der streng pastoralen Auffassung entfernten. Das empfindet
man sehr deutlich im fränkischen Raum auch in der Darstellung
der Mutter Gottes allgemein, als Traube und Wein in ihrer Aus-
dehnung und Menge den Geist und die Seele der Künstler wohl
in besonderer Weise angeregt haben, wie uns die aus der Werkstatt
Riemenschneiders »Maria in vineis« in der berühmten Kapelle
am Kirchberg bei Volkach, daneben auch Matthias Grünewalds
Madonna in Stuppach bei Mergentheim, die hier stellvertretend
für viele andere genannt seien, deutlich werden lassen. Mimik
und Gebärden, die bis dahin vielfach asketische Strenge ausdrück-
ten oder im überirdischen Glanz verklärt waren, wurden unter
dem Einfluß und der Wirkung des Weines in anmutiger Weib-
lichkeit, rührender, zarter Lieblichkeit, holdseliger Mütterlichkeit
und zuweilen in einem liebreizenden Lächeln dargestellt und erfahren im fränkischen Bereich sogar charakteristische Merkmale der
Beschwingtheit in Haltung, Gestik, Faltenwurf und Gesamtkom-
position.

Maria, »die Herzogin von Franken«, wie es noch heute aus den Kirchen und Kapellen ertönt, ziert als erste Schutzpatronin des fränkischen Weinbaues die Häuser und Wohnungen in Franken, auch dort, wo längst der Weinbau aufgegeben wurde. In Hörstein, dem Ort der kleinen Madonnen, befindet sich fast in jedem Haus in der Aussparung eines Ziegelsteines eine 10 bis 20 Zentimeter hohe Madonnenfigur. In Bürgstadt, Karlstadt, Randersacker, Eibelstadt, Goßmannsdorf, Marktbreit, Haßfurt, um nur einige zu nennen, grüßt Frankens Herzogin in Würde, Liebreiz und Beschwingtheit ihr Volk und alle, die den Frankenwein lieben. In ihrer bürgerlichen und auch bäuerlichen Ausdrucksart gehören diese Madonnenplastiken mit vielen anderen Wein- und Schutzheiligen zum äußeren Schmuck des fränkischen Bauernhauses.

Nicht bäuerlich, sondern mit reicher Adelskleidung angetan, ist die originelle, in ihrer Linienführung, Form und Gruppierung voller Harmonie und Musikalität dargestellte Anna selbdritt in der Pfarrkirche zu Hörstein, die leider im Kirchturm untergebracht, den Augen schönheitshungriger Weinseelen entzogen ist. Diese einzigartige Plastik stammt aus dem Anfang des 16. Jahrhunderts von einem großen, aber unbekannten Meister. Sie zeigt die beiden heiligen Frauen St. Anna und St. Maria auf einer Bank sitzend und mit dem Jesuskind spielend, das nach der Traube in der Hand seiner Mutter greift. Eine andere Anna selbdritt findet man auch am Portal der Pfarrkirche von Iphofen am Steigerwald.

Unzählige Plastiken aus Holz und Stein in privaten Sammlungen zeugen von der zentralen Stellung, die Maria, die Mutter des Heilands, im fränkischen Leben allezeit eingenommen hat und auch heute noch einnimmt. Wundersame Erzählungen über gewährte Hilfen durch Maria halten die Verehrung der hohen Frau und Gottesmutter in jenen Kreisen wach, die in den Plastiken und Bildern das Schöne und Mystische in »Frankens Führerin, Mutter und Herzogin« noch zu erkennen vermögen. Ein Beispiel für viele ist die Sage vom Muttergottesgläschen, der trichterförmigen Blüte der Ackerwinde. So erzählt man sich: Vor Zeiten blieb ein fränkischer Winzer mit seinem Weinfuhrwerk im Morast eines schlechten Weinbergweges stecken. Der Wagen ging weder vorwärts noch rückwärts. Da kam Maria mit dem Jesuskind auf dem Arm des Weges und bat den fluchenden Winzer um einen Schluck Wasser. Aber der Winzer hatte kein Wasser, sondern nur ein Fäßlein mit Wein. Auch fehlte ein Glas, daraus er der hohen Frau zu trinken anbieten konnte. Da nahm Maria eine Blüte der Ackerwinde und der Winzer schenkte ihr darin den Wein. Der Mutter Gottes soll dieser Wein so gut geschmeckt haben, daß der Wagen sofort aus dem Morast herausgezogen werden konnte. Seitdem heißt die Blüte der Ackerwinde auch »Muttergottesgläschen«.

Frankens Weinheilige im Jahreszyklus

> »Herr straf uns nicht in Deinem Zorn,
> Gedenk an Deine Güte,
> Den Weinstock und das liebe Korn
> Uns gnädiglich behüte...«

Die Winzer, die sich vor dem 20. Jahrhundert noch völlig den weinbaufeindlichen Naturereignissen ausgeliefert sahen, riefen in ihrer Not nicht nur den Herrgott und die Gottesmutter um

Schutz an, sondern je nach persönlicher Einstellung, Temperament und Jahreszeit auch heilige Männer und Frauen, die in irgendeiner Weise mit dem Witterungsablauf des Jahres in Verbindung gebracht wurden und deren Namenstage seit alters her mit den als maßgeblich erachteten Krisen- oder Lostagen im Wetterkalender zusammenfielen.

Da im Mittelalter ganz besonders das Leben im Zeichen und unter der Herrschaft des Kreuzes stand, wurden auch den Heiligen als den Nächsten am Throne Gottes eine gewisse Zuständigkeit für die an ihrem Namenstag jährlich wiederkehrenden Witterungseinflüsse zugewiesen, und dementsprechend wurden sie zu Reben- oder Wein-Schutzpatronen erhoben. Gleich einer himmlischen Schutzwacht begleiten sie den Ablauf des Weinjahres, als eine Armee hilfemächtiger Fürbitter beim Herrn zum Segen der Weinberge. Das beginnt gleich im Januar und endet erst mit den letzten Tagen des Jahres. Ihnen zu Ehren wurden manche wunderbaren Plastiken und Schnitzereien geschaffen, die sich über Franken verteilen.

Die alten Kalender- oder Bauernregeln, als Erfahrungen der Alten überliefert, gelten auch heute noch als erprobte Faustregeln und sind so tief im Denken der fränkischen Häcker verwurzelt, daß sie über den modernen wissenschaftlich fundierten Erkenntnissen das Leben und Brauchtum des Winzers beherrschen, zumal der wichtigste Faktor, nämlich die Witterung, die das Wachsen des Rebstocks fördert und die Ertragssicherheit, Ertragshöhe und die Güte der Trauben beeinflußt, nach wie vor in der Macht des Himmels liegt. Auf dieser Erkenntnis beruht der enge Zusammenhang der bäuerlichen Wetterregeln mit den Heiligenfesten, die auf entscheidende Tage und Stadien der Reben- und Traubenentwicklung fallen. Volksglaube und Brauchtum haben überdies auch andere Heilige zu Weinheiligen gemacht, wenn sie bei irgendeiner Gelegenheit mal mit dem Wein oder Weinbau in Berührung gekommen sind.

In Franken gibt es viele Weinheilige. Man kennt: St. Sebastian am 20. Januar und St. Vinzenz am 22. Januar: »Ist St. Vinzenz Sonnenschein, gibt's viel Most und guten Wein.« St. Georg am 23. April ist einer der Vierzehn Nothelfer, der nach einer Wetterregel über das Wohl und Wehe der Weinberge wacht:

»Ist auf St. Georg der Weinstock taub und blind, sollen sich freuen Weib und Kind.« Der Märtyrer St. Georg, von Diokletian 303 n.Chr. enthauptet, ist als Patron der Bauern und Winzer für Regen und Wetter zuständig. Man findet ihn sowohl an Häusern, in Kirchen wie auf Faßböden dargestellt.

Wohl keine Weinheiligen sind so gefürchtet wie Pankratius, Servatius und Bonifatius, die drei Eisheiligen, und die kalte Sophie, das Eisweiblein. Am 12., 13. und 14. Mai herrschen die drei Eismänner, am 15. Mai die kalte Sophie.

> »Die drei Herren Atius
> Machen oft Gärtnern und Winzern Verdruß.«

Zu ihnen flehen die Winzer um Schutz vor den gefährlichen Spätfrösten, die innerhalb von zehn Jahren vier- bis sechsmal die Ernte in Franken beeinträchtigen. Und wenn die Bitten der Häcker nicht erhört werden, so können sie bisweilen recht unsanft mit ihren Eisheiligen umgehen. So geschah es dem hl. Pankratius, der anläßlich einer Prozession nach verheerenden Maifrösten von den Winzern, nachdem sie ihm die erfrorenen Weinberge gezeigt hatten, kurzerhand in den Main geworfen wurde. Ja, man hat den Eindruck, daß die Häcker die Eismänner eher als ihre Feinde, denn als ihre Freunde ansehen, wenn sie sagen:

> »Pankraz, Servaz und Bonifaz,
> Die stehlen wie ein Spatz.«

Den hl. Bonifatius haben sie seit alters her in schlechter Erinnerung. Er brachte ihnen zwar das Christentum, aber weil die Heiden sich nicht so schnell bekehren wollten, soll er ihre Silberlinge verflucht haben. Sie wurden zu Stein. So heißen heute die versteinerten Glieder der Seelilie »Bonifatiuspfennige«. Man kann sie in einigen Kalkschichten der Encrinitenbänke finden.

Der wichtige, internationale Heilige ist St. Urban (25. Mai), dessen Namenstag die Rebenblüte im allgemeinen einzuleiten pflegt. Uhland widmete ihm sogar ein Trinklied, dem folgender Vers entnommen ist:

240

»Und wenn es Euch wie mir ergeht,
So betet, daß der Wein gerät
Ihr Trinker insgemein;
O heiliger Urban, schaff' uns Trost,
Gib heuer uns viel edlen Most,
Daß wir dich benedei'n!«

Bei diesem volkstümlichen Weinheiligen handelt es sich um Papst Urban I. (222–230), auf den das Weinpatronat im 9. Jahrhundert von dem französischen Bischof und Märtyrer Urban v. Langres (375) vermutlich aus Gründen der Popularität überging. Der Bischof St. Urban ist also der eigentliche Weinheilige, nicht der Papst Urban I. Da sich dieser aber den Winzern geneigt gezeigt hat, wurde er der am meisten verehrte Weinheilige schlechthin. Eine der ältesten und wohl bekanntesten Holzplastiken aus der Zeit um 1520, die Papst Urban mit einer Traube auf einem Kissen darstellt, stammt aus Escherndorf und ist im Mainfränkischen Museum aufgestellt. Weltbekannt ist der hl. Urban aus Riemenschneiders Hand.

Mitten in der üblichen Zeit der Rebenblüte feiert man das Johannisfest am 24. Juni zu Ehren des hl. Johannes des Täufers, das mit der tatsächlichen Sommersonnenwende zusammenfällt. Dieser Heilige gilt als der Patron der Büttner und Winzer und ist zugleich als Schutzheiliger für die Rebstöcke verantwortlich.

»Um Johanni zieht die Rebe Wurzeln«, d.h. sie beginnt zu dieser Zeit mit der Bildung neuer Wurzeln, was den Winzern Warnung ist, einige Wochen vor Johanni mit dem Pflanzen von Jungreben fertig zu sein. Eine andere Bauernregel heißt:

»Johanniblut (blüte) tut immer gut,
Petriblut tut auch noch gut (29. Juni),
Aber Margaretenblut tut selten gut (20. Juli).«

Der hl. Johannes ist auch vielerorts Kirchenpatron und Schutzpatron von Winzergemeinden.

Über allen Heiligen steht als Winzer-Schutzherr im Würzburger Raum der hl. Kilian (8. Juli), mit seinen beiden Ge-

kilian totnan kolonat

fährten Totnan und Kolonat. Er kam als Missionar aus Irland
nach Franken, wo er mit seinen Begleitern 689 in Würzburg ge-
martert wurde. Die Kiliansmarter ist wiederholt Gegenstand
künstlerischen Schaffens gewesen. Einige Bilder aus dem 15. und
16. Jahrhundert sind im Mainfränkischen Museum zu sehen. Er
war es auch wohl, der mit der Christianisierung die Voraussetzung
für den erfolgreichen Beginn des Weinbaues in Franken schuf.
Deshalb hat das fränkische Volk ihm auch das Patronat für die
Winzer, Weinberge und den Wein in die Hände gelegt. Um Kiliani
wallen aus allen Himmelsrichtungen die fränkischen Winzer und
Bauern nach Würzburg in den St.-Kilians-Dom, wo die Häupter
der drei Märtyrer aufbewahrt werden, um ihre Sorgen dem großen
Schutzpatron im Gebet und im Liede anzuvertrauen.

242

Kaum ist Kiliani vorüber, tritt Jakobus (25. Juli) seinen Dienst an. Er ist ein sehr volkstümlicher Weinheiliger. Der 25. Juli gilt als Los- und Glückstag für die Ernte. Alte Winzerregeln behaupten: »Jakobi, bammele obi«, d.h. zum Jakobitag sollen die jungen Trauben so weit entwickelt sein, daß sie ob der Größe und Schwere der Beeren (erbsengroß) nach unten hängen, wenn sie bis zum Herbst reif werden sollen. Es heißt auch anderweitig:

> »Wenns an Jakobi regnet,
> Ist der Wein nicht sehr gesegnet.«

Herrscht an Jakobitag große Trockenheit, rechnen die Winzer mit einem strengen Winter. Weiße Wölkchen am 25. Juli bedeuten viel Schnee im Dezember und Januar. Als Helfer gegen Unwetter und Hagelschlag unterstützt der hl. Christophorus seinen Namenstagkollegen Jakobus. Er ist auch der Helfer der Weinschröter (Weinfuhrleute), die in ihm den riesenstarken Lastenträger als Zunftpatron verehren.

Für die dem Wein so bedeutsamen Monate August und September hat sich der Winzer eine ganze Heiligenwacht aufgestellt.

> »Was Juli und August zum Kochen nicht taten,
> Das bleibt im September ungebraten«;
> oder »Im August muß der Wein kochen,
> Im September braten«.

Die Weinbergswacht eröffnet der hl. Sixtus am 6. August, der das Patronat über gutes Gedeihen der Trauben und Bohnen führt, und demnach wohl auch ein Schutzheiliger der Gärtner sein dürfte. Gibt es am 6. August schon hie und da reife Trauben, so werden sie in die Kirche gebracht und dem hl. Sixtus als erstem Heiligen geweiht. Das kommt zwar selten vor und ist nur in großen Jahrgängen möglich, wenn die Rebenblüte schon im Monat Mai erfolgte.

Am 8. August wird Cyriakus gefeiert, dem in Franken Kirchen und Weinbergsanlagen (Cyriakusberg bei Sulzfeld) gewidmet sind. Ihm folgt am 10. August St. Laurentius, der im gleichen

Maße in Franken verehrt wird. Beiden Heiligen werden die ersten reifen Trauben gebracht; St. Laurentius vor allem Rotweintrauben. Ihm zu Ehren ist sogar die Rotweinsorte »St. Laurent« oder »Laurenzitraube« benannt. Mit diesen Traubenopfern erfleht der Winzer eine ungestörte Ausreifezeit für die Trauben und einen glücklichen Verlauf der Lese.

> »Ist Laurentius ohne Feuer,
> Gibt's ein kaltes Weinchen heuer.«

Mit einem anderen Spruch wird schon vorsorglich ein anderer Heiliger alarmiert, denn doppelt genäht hält besser. Außerdem weiß man nicht, wie St. Laurentius gerade auf eine Gemeinde zu sprechen ist. Darum sagt eine alte Bauernregel:

> »St. Laurenz zu St. Barthel spricht:
> Schür, Barthel, schür!
> In 14 Tagen ist's an dir!«
> (24. August Barthel = Bartholomäus.)

Um diesen großen Prediger und Märtyrer, der durch König Astyages in Armenien enthauptet wurde und dessen Hirnschale im Frankfurter St.-Bartholomäus-Dom aufbewahrt wird, spinnen sich zahlreiche Winzersprüche, die auf Schönwetter zielen, wie man es sich für den Herbst wünscht.

> »Wie sich Bartholomäus hält,
> Ist der ganze Herbst bestellt.«

Vom Bartholomäus geht das Weinpatronat am 14. September auf St. Maternus und am 21. September auf den Apostel und Evangelisten St. Matthäus über:

> »Wenn Matthäus weint statt lacht,
> Er aus Wein gern Essig macht!«

Mit Abschluß des Sommers am 23. September ist die Qualität der Ernte im allgemeinen bestimmt. Blitz und Donner könnten jedoch noch mitunter Schäden anrichten. Als Patron dagegen hat sich (am 29. September) der Winzer den Erzengel St. Michael ausgesucht. Er sagt von ihm:

> »Kommt St. Michael und zeigt sich warm,
> Wird kein Bauer und Winzer arm.«

Von St. Michael (29. September) bis St. Martin (11. November) wird gelesen. In dieser Zeit hat der Winzer keine Zeit zur Verehrung eines Weinheiligen. Selbst in Franken fallen in dieser Zeitspanne die Weinheiligen aus.

St. Martin muß seinen Mantel schon Tage und Wochen vor seinem Fest weit aufmachen, um die Trauben zu schützen. Ihm gilt nach glücklich beendeter Lese daher auch Dank und Lob für den eingebrachten Jahrgang, der ihm in einigen Orten auf dem Altar geopfert wird. St. Martin ist das Erntedankfest der Häcker. Aber so ganz umsonst bekommt St. Martin nicht seinen Dank. Er wird gebeten, die Ernte für das nächste Jahr gut vorzubereiten. Am St.-Martins-Tag soll es regnen. Es heißt nämlich:

> »Soviel Tropfen um St. Martin an der Heck,
> Soviel Trauben nächsten Herbst an den Stöck!«

H. Jung schreibt in seinem reizenden Weinbuch »Traubenmadonnen und Weinheilige« wörtlich: »Die mittelalterliche Sitte, am Martinstag jungen Wein zu weihen und als ›Martinsminne‹ zu trinken — man schrieb ihr Heilkraft gegen bestimmte Krankheiten zu —, führte mit der Zeit dazu, daß man sich am Martinsfest besonders ausgiebig fröhlichem Trinken und Speisen widmete, wozu die noch heute hoch im Kurs stehende Martinsgans unerläßlich war.«

In Franken, namentlich am Untermain, wird dieser Brauch noch sehr gepflegt. Das wissen vor allem die Frankfurter zu schätzen, die schon vier bis sechs Wochen vor St. Martin ihre Gans und ihren Tisch bestellen. Darum betet auch am Mainviereck der fränkische Winzer:

»Die Gäns sollst Du uns mehren
Und den kühlen Wein,
Gesotten und gebraten
Sie müssen beide sein!
Denn wer nicht tüchtig trinken kann,
Der ist kein rechter Martelsmann.«

Während in den Weinbergen der großen Würzburger Weingüter noch gelesen wird, hat schon der erste Most die stürmische Gärung hinter sich. Federweißenzeit ist. Bis zum Jahresende braucht man keinen Weinheiligen mehr. St. Stephan am 26. Dezember und St. Johannes am 27. Dezember schließen den Jahreskreis der Weinheiligen. St. Stephanus wird in Franken hoch verehrt. Die Gemeinde Randersacker hat ihn zum Kirchenpatron und führt ihn im Wappen.

St. Johannes, der Lieblingsjünger des Herrn, genießt ebenso eine besondere Verehrung. Mit seinem Fest sind noch mancherorts die frommen Bräuche der Weinsegnung und der Johannisminne verbunden. An diesen Tagen wird vom Most eine Probe in die Kirche gebracht und während der hl. Messe vom Priester gesegnet.

Mit den Worten »Bibite amorem Sancti Johanni« (Trinket die Liebe des hl. Johannes) erteilt der Geistliche den Gläubigen den Johannessegen. H. Jung schreibt dazu: »Dieser Brauch wurzelt in der im Volksempfinden tief verankerten Vorstellung vom Lieblingsjünger Johannes, der beim Liebesmahl an die Seite Jesu tritt und aus der Hand des Herrn das Erlöserblut in Gestalt des Weines empfängt.« In der Kellerei des Fürstl. v. Löwenstein-Wertheim-Rosenbergischen Domänenamtes in Kreuzwertheim ist St. Johannes in einer Holzschnitzerei mit einem Weinkelch dargestellt, aus dem eine Schlange entweicht. Nach der Legende sollte Johannes mit einem Becher Wein vergiftet werden. Als er aber den Wein dem Herrn empfahl, soll das Gift in Gestalt einer Schlange entwichen sein. Der Johanneswein wird in Häckerfamilien noch heute den Kranken als Stärkung gereicht.

246

Gut und recht haben die Weinheiligen im Laufe des verflossenen Jahres ihre Aufgaben erfüllt. Wem der Häcker grollt, dem ist er wieder gut gesinnt, sobald er glaubt, von ihm Hilfe bekommen zu können. Die fränkischen Winzer verkehren in dieser Beziehung mit ihren Heiligen sehr persönlich. Auffallend ist, daß Heilige, die für den fränkischen Weinbau Grundsätzliches geleistet haben, aber am Wettergeschehen nicht teilnehmen, von fränkischen Winzern als Weinheilige nicht verehrt werden. Es sind dies die hl. Adelheid, die hl. Thekla und die hl. Hildegard.

Die hl. Adelheid, Schwester Pipins, Gründerin des ersten Benediktinerinnenklosters in Kitzingen, und die hl. Thekla, die erste Äbtissin des ersten Benediktinerinnenklosters zu Ochsenfurt, haben der Legende nach den Weinbau nach Franken gebracht. Die hl. Hildegard von Bingen, eine sehr kluge Frau, schrieb in ihrer Physica medica dem Frankenwein eine besondere heilsame Wirkung zu und war so über Jahrhunderte beste Propagandistin für den Frankenwein. Wie kein anderer Weinheiliger hat sie tatsächlich viel für den Weinbau am Rhein und Main getan.

Die Namensfeste dieser hl. Frauen fallen mit keinem Lostag zusammen, weshalb sie nicht wirksam in das Wettergeschehen eingreifen können.

Die Verehrung eines Weinheiligen findet in einem besonderen Fest ihren jährlichen Höhepunkt, besonders dann, wenn ein Weinheiliger auch gleichzeitig Kirchenpatron ist. Darauf wird in Franken der »Dicke Dag« gefeiert. An diesem Tag wird gebetet und gesungen, gegessen und getrunken, soviel nur möglich ist. Bis tief in die Nacht hinein wird gefeiert, und aus der stürmischen Nacht hebt sich der Morgen des Geistes, in dem die Trauben und der Wein, die bacchantische Landschaft am Main und die Formen des Menschen plastisch und neu erglänzen.

»Mir ist in Franken vieles wert und teuer:
Großvaters alte, schattenkühle Pfaffenscheuer,
Die Wegmadonnen, süß und heiter,
Die Holzgedicht', die heiligen, von Riemenschneider,
Der schwarze Fischerkahn voll Weißfischschuppen,
Gewellte, helle Keuperkuppen,
Die Trauben, dunkelgrün und samten,
Woraus die Wassermelusinen stammten,
Im Wiesengrund die bogenreiche Franken-Saale.
Und Grummethauch im abendblauen Tale,
Die honigblonde Gänsehirtin
Und Wein und Mund der jungen Engel-Wirtin,
Der Schwedenturm im Dorfgemäuer,
Versenkt von Kugelspur und roten Pechstrohfeuer...
Mir ist in Franken vieles wert und teuer!«

Anton Schnack

26   Fröhliche Runde bei einem fränkischen Weinfest

28   Bei einer Weinprobe

27   Großer, 1,5 Liter fassender Römer, 18. Jahrhundert,
Mainfränkisches Museum Würzburg

29 Traube, Mutation am Rebstock,
handgemalter Steindruck 1847

Rebe und Wein in Kunst, Dichtung und Prosa der Gegenwart

> »Und im Herzen löst sich wieder
> Was im Wein gepaart so hold,
> Blumendüfte werden Lieder
> Liebe wird aus Sonnengold.«
>
> *R. Maurmeier*

Das Lob des Weines in Kunst, Dichtung und Brauchtum ist so alt wie das Lob alles dessen, was die Phantasie beflügelt, Geselligkeit schafft und dem Menschen die Einsamkeit nimmt. Die Geister eines berauschenden Glücksgefühles, die im Frankenwein sind und frei werden, üben auch heute noch auf die sensiblen Naturen, die Künstler, eine mächtige Anziehungskraft aus und steigern heute wie früher ihre Sensitivität und ihren Formen- und Farbensinn so unbändig, daß die Kunstwerke ihre Meister mehrere Jahrhunderte überlebten und überleben werden. Jede Generation schafft sich ihre eigenen Kunstwerke und fördert die Erhaltung des Brauchtums, das aus dem geheimnisvollen Wirken eines großen Weines vor Jahrhunderten geboren wurde, ohne geschaffen zu werden. Es ist einfach gewachsen. Die Folklore der Franken ist eine Feier stilvoller freudespendender Daseinslust, eine ehrliche Manifestation und Sinngebung einer tiefen Lebensphilosophie, wie sie eben nur die Landschaft am Main und ihre Weine zu schaffen vermögen, die beide in ihren grundlegenden Wesenszügen von dauerndem Bestand sind.

Im Rahmen der Flurbereinigung, der Zusammenlegung und des Wiederaufbaues fränkischer Weinbaugebiete wurde daher auf die Erhaltung landschaftlich-charakteristischer Momente und der Eigenart ihrer Weine durch die Auswahl der Sorten Wert gelegt. Stein- oder Bronze-Plastiken wurden den modernen Mauern ein- oder angegliedert, und landeseigene Rebensorten festigen den Charakter der Weine vom Main. Wenn man die heutige Zeit versteht, die in ihren Größenverhältnissen der früheren überlegen ist, weiß man das Kunstschaffen der Gegenwart ebenso zu würdigen, wie man sich an ihren Werken erfreuen kann. Die Plastiken wollen Sinnbild sein. Sie zeichnen sich entsprechend dem Geist der Zeit durch eine besondere Größe und Wucht aus, einfach im Ausdruck, gegenwartsbezogen und wirklichkeitsnah. »Der Kreuzträger« in Escherndorf mahnt an die rauhe Wirklichkeit, an das Leben, wie es uns heute und der Nachwelt morgen entgegentritt. Er will den Winzer darauf hinweisen, daß die Umstände, die der Alltag des Lebens ihm entgegenstellt, immer nur der Kreuzweg sind, den er ebenso wie alle Menschen gehen muß.

Der Kreuzweg des Lebens ist schwer und erscheint ernsten, schwermütigen Naturen oft unbegehbar. Die Hoffnung gibt ihm der Heiland, der gesagt hat: »Ich bin der Weinstock, ihr seid die Reben.« Und wie vor acht Jahrhunderten dieses Motiv Eingang in die bildende Kunst gefunden hat, so wurde es auch in unserer Zeit neu geformt und in Stein gehauen, um seine Aufstellung in der Eibelstädter Mönchsleite zu erhalten, während im Volkacher Ratsherr der Gedanke von der erlösenden Kraft des göttlichen Blutes, das als Wein aus der Kelter rinnt, eine ausdrucksstarke Veranschaulichung erfahren hat.

Maria, der hilfreichen Mutter von der immerwährenden Hilfe, wurden seit eh und je die Sorgen der Winzer anvertraut. In der heutigen Zeit, die stark, nüchtern und rauh ist, sind sich die Winzer ihrer irdischen Sicherheit nicht gewiß. Daher suchen sie Rat bei ihr, die noch keinem Menschen jemals ihre Hilfe versagte. Sie fliehen unter den Schutzmantel Mariens, wie es die »Schutzmantelmadonna« in der Gemarkung Köhler bei Escherndorf versinnbildlicht.

Ein weiterer Gedanke, der in hervorragender Weise eine bildhafte Reflexion erfahren hat, ist dieser: Der Winzer von heute ist stolz auf die Kräfte der Gegenwart, die fundamental in den Weinbau hineingreifen. Doch hat er zugleich ungeheure Angst vor neuen Erkenntnissen, denen er sich ohne Rückhalt bei seinen Heiligen nicht mehr gewachsen fühlt.

»St. Kilian«, dessen Bild aus dem knorrigen Wurzelstamm einer Rebe geformt, an der Mauer im Escherndorfer Fürstenberg den Häckern in ihrer seelischen wie wirtschaftlichen Unruhe Vertrauen und Mut einflößt, knüpft zwar als Heiliger an Frankens große Tradition an, die Art der Darstellung jedoch ist so phantastisch, daß man plötzlich spürt, wie trotz der Verehrung der Heiligen über Jahrhunderte Vergangenheit und Gegenwart entscheidend auseinanderstreben.

Die Weinbaukultur an Stickeln und Pfählen von gestern wie die Ansichten über Rebenschnitt und Weinbereitung vergangener Epochen sind aufgegeben. Das verworrene Gefühl der alten Winzer ist Bestürzung, und die Reaktion der jungen Generation ist Verwirrung. Es fehlen ihnen der umfassende Sinn und das notwendige Wissen in der neuen Zeit und die Objektivität des Urteils und dementsprechend auch die konsequente Befolgung neuer Erkenntnisse und die Stetigkeit in ihrer Haltung und Wirtschaft. In dieser Not stellt sich auch der moderne, nüchterne Häcker lieber noch unter den Schutz seiner Heiligen, denen er nach wie vor Bildnisse und Votivtafeln weiht.

Doch ist er nicht ganz frei von einer Skepsis gegenüber dem Unerkennbaren. Das mystische Fluidum, geboren aus einer kultischen Sinngebung, ist hie und da der profanen, nüchternen Auffassung des Alltags, der nahen Gegenwart und der rauhen Wirklichkeit gewichen, wie das gegenständlich und noch fast impressionistisch in Richard Rothers weinfrohen Holzplastiken und Holzschnitten zum Ausdruck kommt.

Als Künstlerpersönlichkeit ragte Richard Rother (†1980) unter den heimat- und landschaftsverbundenen Kunstschaffenden Frankens als »Meister des Bocksbeutels« heraus. Er war ein humorvoller Interpret des fränkischen Weinmilieus, selbst so originell und echt wie seine fränkischen Weinbeißertypen. Jenseits von allen Stilströmungen und Kunstrichtungen zeichnen sich seine Werke durch eine erdhafte Ausdruckskraft aus, die dabei immer ein verschmitztes Augenzwinkern erkennen lassen.

Im Jahre 1957 wurde R. Rother in einer Feierstunde im Kaisersaal der Residenz zu Würzburg mit dem deutschen Weinkulturpreis ausgezeichnet. Heiner Dikreiter schrieb aus diesem Anlaß über Rother: »... daß seine holzgeschnittenen Blätter und Blättchen dermaleinst zum besten Humorgut unserer Tage gehören werden... Rother ist ein Künstler von seltener Einmaligkeit, den wir liebend in unser Herz geschlossen haben und dessen bildkünstlerische Dokumente bleiben werden, mag unsere Zeit werden wie sie will, klüger oder dümmer. «

Nicht weniger als die formende Kunst sind Dichtung und Prosa vom Frankenwein der Gegenwart beeinflußt. Hier sind vor allem die Brüder Schnack zu nennen. Während Friedrich

Schnack mit seiner gewählten, akzentuierten Ausdrucksweise, seinen fein geprägten Sätzen zum modernen Lyriker und Mystiker des Weines schlechthin geworden ist, kann man Anton Schnack als den modernen Naturalisten ansprechen, der den Frankenwein in seinem ganzen Leben aus nächster Nähe erlebte. Aus seinem Büchlein »Weinfahrt durch Franken« spricht eine so große Liebe zu Wein und Land der Franken, daß es eine herzerfrischende Wonne ist, mit ihm durch Franken zu fahren. Die Werke Anton Schnacks, auch jene, die sich nicht unmittelbar mit dem Wein beschäftigen, können den Einfluß des Hörsteiner Weines nicht verleugnen. Man hört aus ihnen sowohl den »zwitschernden Gesang der Madonnen« wie das Stimmengewirr weinfroher Studenten, man verspürt die Zauberkraft der fränkischen Landschaft wie die bacchantische Atmosphäre zwischen den Eichenfässern der vom schwarzen Kellerschimmel tapezierten wunderbaren Weinkeller. Man empfindet den »silbernen Lichtherbst«, da die Nonne im Wingert die bereiften Silvanertrauben in der frommen Hand hält, ebenso wie die unbeschwerte Weinlese eines Rabelais.

Ein Sänger für den Wein ganz besonderer Art ist Hermann Jung, gebürtig vom Mittelrhein, der seine Heimat in Gemünden gefunden hat, wo er seine bedeutenden Werke: »Wein in der Kunst«, »Unsterblicher Bacchus«, »Traubenmadonnen und Weinheilige«, »Visitenkarte des Weines«, »Wenn man beim Wein sitzt«, »Die Geschichte des Weinbaues in deutschen Landen« und »3000 Jahre Bocksbeutel« schrieb. Hermann Jungs Werke sind von einem tiefen Wissen fundiert, das in weinbeschwingter Prosa seine Formulierung erfahren hat, und die so reich und vorzüglich illustriert sind, daß sie wohl als weinkulturhistorische Kleinodien und Standardwerke der Gegenwart angesprochen werden können, in denen der Weinfreund gerne — nach dem tiefen Sinn bildhafter Darstellungen suchend — lesen und blättern wird. Eine tiefempfundene Fröhlichkeit, heiteres Beschauen, beflügeltes und beschwingtes Formulieren, das aus der Mythologie und Mystik ebenso schöpft wie aus dem persönlichen Erleben, sind die charakterisierenden Attribute des Schaffens dieses weinfrohen Schriftstellers, dem der Wein schon immer ein Respekt forderndes göttliches Getränk war.

»Mit Weinverstand durchs Frankenland« so hat Michael Meisner sein mit ungeschminkter Lust und Liebe zum Frankenwein geschriebenes Buch betitelt. Mit Eva wandert er durchs Paradies, das Mainfranken heißt, unterhält sich mit Häckern, Winzern, Bürgermeistern und Fürsten, leuchtet in die Geschichte ihrer Familien, Dörfer und Städte und versucht so die geistige Substanz, die Seele eines jeden Weines zu verstehen, die je nach Rebsorte, Lage, Keller und Häcker in deutlich erfaßbaren Unterschieden oder in feinen und feinsten Nuancen nur dem erkennbar ist, der Weinverstand besitzt.

Als weinfroher poetischer Interpret von R. Rothers Holzschnitten hat sich Ado Kraemer durch seine inzwischen vergriffenen ergötzlichen Bücher: »Im Lande des Bocksbeutels«, »Das Bocksbeutelbuch«, »Greif zum Glase«, »Frag den Wein« einen guten Namen gemacht. Seine Weinverse sind ebenso frivol wie weinselig, seine Prosa leichtfüßig belehrend, durchpulst vom Geist des edlen Frankenweines, dem nahezu 20 Jahre seines Lebens beruflich und inhaltlich galten.

Gewiß ist es lohnend, lehrreich und befriedigend in Kunst, Dichtung und Schrifttum vergangener Zeiten nach dem Sinn zu forschen, den Künstler und Schriftsteller in ihren Werken festgehalten haben. Ist es aber nicht ebenso verdienstvoll, interessant und gerecht, auch in den Werken der in der Gegenwart schaffenden Künstler und Dichter zu studieren, wie sie dem Zeitgeist gerecht zu werden versuchen und wie sie unter dem Einfluß eines großen Weines und für diesen über Jahrtausende der Kunst und Dichtung bald ihren Impressionen, bald ihren Gedanken Form und Ausdruck geben? Mögen wenige für viele genannt werden, um das Wirken der Künstler- und Dichterseelen der Gegenwart um und für den Wein auch in der Gegenwart zu verstehen und zu würdigen.

IV. Im Dienste des Frankenweins

»Komm Wein! Ich rufe dich nur zu guter Stunde.
Beginn zu Blut und Geist jetzt deine Fahrt!
Den Brüdern all im Lande send' ich Kunde
Der Weisheit, die du mir geoffenbart.«   *A. Doerfler*

Von der Weinbauforschung in Franken

In Franken standen schon frühzeitig wichtige Probleme des Weinbaues im Vordergrund der Überlegungen weitblickender und weinbaufreudiger Handelsherren und Winzer. Geringe Weinjahre und Mißernten, Hagelschlag, Unwetter, Frost, Dürre, Schädlinge, Leutenot u.a.m. haben von Anbeginn an die Entwicklung des fränkischen Weinbaues begleitet. Wenn Franken trotzdem im Mittelalter zum bedeutendsten Weinland im deutschen Raum wurde, so ist diese Tatsache wohl eher als ein Beweis für die politische Bedeutung des Landes am Main als für dessen umfassende Eignung für den Weinbau schlechthin zu werten. Der Wein spielte damals im Leben der Völker eine so bedeutende Rolle, daß es kaum ein Kloster, ein Kollegiatstift, eine geistliche oder weltliche Herrschaft gab, die nicht irgendwie über Weinberge, zum mindesten aber über gute Weinkeller verfügte, obwohl die Katastrophenjahre in früheren Jahrhunderten häufiger und verheerender waren als heute. Bei der damaligen politischen und wirtschaftlichen Bedeutung des Weines ist es eigentlich selbstverständlich, daß sich mit der Entwicklung in Politik, Wirtschaft und Technik und vor allem in der gesellschaftlichen Ordnung die Verhältnisse auch in der Weinbau- und Weinwirtschaft grundsätzlich ändern mußten, insbesondere mit der Säkularisation, nach der dem Staate Bayern die Sorge um den Weinbau und die vielen tausend Winzerfamilien übertragen wurde. Wie Franken aber schon in den früheren Jahrhunderten, da der Krummstab noch den Weinbau beherrschte, die Entwicklung des Qualitätsweinbaues allgemein beeinflußt hat, ging es auch im 20. Jahrhundert als erstes Weinbauland der Welt den neuzeitlichen Weg, die Genetik und Züchtungsforschung wiesen. Die erste staatliche Rebenzüchtung wurde zwar 1912 in Neustadt/Weinstraße, als die Pfalz noch zu Bayern gehörte, ins Leben gerufen, aber schon 1915 wegen der Nähe der Universität und der vielfältigen Gestaltung des fränkischen Weinlandes, das sich als einziges deutsches Weinbaugebiet von West nach Ost, aus dem maritimen Klimabereich in die rauhen Zonen des nordöstlichen, vorwiegend kontinentalen Klimas, über vier Triasformationen mit wechselnden Überdeckungen von Löß und Sanden erstreckt, nach Würzburg verlegt. Unter dem Landwirtschaftsminister Prof. Dr. Baumgartner und seinem vorausschauenden Ministerialdirektor Prof. Dr. Dürrwächter wurde die Rebenzüchtung zum *Institut für Züchtungsforschung* erhoben (1956) und diesem die Grundlagen- und Zweckforschung im fränkischen Weinbau offiziell übertragen. Universität, Regierung und Stadt nahmen lebhaften Anteil an dieser institutionellen Vertiefung des fränkischen Weinbaues. Mit der Gründung dieses Instituts wurden auch gleichzeitig Institute der Universität, der philosophischen, naturwissenschaftlichen und medizinischen Fakultäten angeregt, sich ebenfalls mit solchen Problemen zu befassen, die im Ansatz zunächst der Lösung allgemein interessierender Fragen galten, aber in ihrer Lösung für den Weinbau sehr wichtig werden sollten. Was in den Jahren ihres Bestehens von der Züchtungsforschung in der Landesanstalt und in Zusammenarbeit mit Instituten der Universität Würzburg in Franken geleistet wurde, verdient im Standardwerk des fränkischen Weinbaues festgehalten zu werden.

1. Die Forschungen nach dem *Entstehungsraum* der Vitis vinifera und ihre Verbreitung über Kleinasien, bzw. Ägypten um das Mittelmeer in den Mitteleuropäischen Raum, sowie über die Inselwelt der Ägäis haben Erkenntnisse gezeitigt, die zum Verständnis der Aufgliederung der Vinifera-Formen gegen Norden wesentlich beigetragen haben und sicherlich auch in Zukunft der Kulturpflanzenforschung noch manche Hinweise geben werden. Darüber wurde bereits im Kapitel » Warum so viele Rebensorten?« eingehender berichtet (s.S. 56).

2. Als einziges und erstes Weinbauinstitut befaßt sich das Institut für Züchtungsforschung der Bayerischen Landesanstalt mit der *Mutationsgenetik* der Reben. Es ging nicht darum, Rebsorten in Klone aufzugliedern, was heute jeder fortschrittliche Winzer kann, sondern herauszufinden, wie sich die alten und neuen Rebensorten hinsichtlich der Häufigkeit und Richtung ihrer spontanen Veränderung, wie durch Röntgenstrahlen, also künstlich induzierte somatische Mutationen unterscheiden oder übereinstimmen, um dadurch möglicherweise identifizierende Merkmale in Formengruppen zu erkennen, die zur Zeit wie selbständige Sorten angesehen werden. Als Beispiele seien die großen Formen-

gruppen des Sauvignon und Silvaners angeführt, deren Stammformen vermutlich identisch sind.

Darüber hinaus führten die Untersuchungen zu der Erkenntnis, daß die Mutabilität mit zunehmendem Alter steigt und in sorten- bzw. individuell bedingter Richtung tendiert. Da die alten Rebensorten stets nur vegetativ, also ohne generative Zwischenschaltung, in der eine Reduktionsteilung des Erbgutes hätte stattfinden können, vermehrt wurden, sind sie als ein Individuum anzusehen, das als Silvaner nach Bassermann-Jordan etwa ein Alter von 800 Jahren, als Riesling von 1 200 Jahren und als Traminer sogar von 1 500 Jahren haben könnte. Die Mutationsrate beträgt bei Silvaner bezüglich der sichtbaren Mutationen 3–15%. Sie betreffen hauptsächlich Farbvariationen der Beeren — von grün über gelb nach braun-braunrot und blau — und Reifezeiten; die gleichen Varianten, die man auch bei Sauvignon beobachtet. Bei Riesling und Traminer manifestieren sie sich als Störungen in der sexuellen Stabilität der Zwittrigkeit, die phylogenetisch aus dem männlichen Geschlecht der Blüte entstanden ist. Mittels Röntgenstrahlen lassen sich diese und andere seltener spontan auftretende Mutationen auslösen und ihre Manifestation im Sproßaufbau verfolgen und damit zugleich neue Erkenntnisse über den Zeitpunkt der Organbestimmung und Organdifferenzierung gewinnen. Ihre erfolgreiche Anwendung fanden diese Erkenntnisse durch Röntgenbestrahlung von Keimlingsspitzen bei Cyklamen.

Die Erkenntnisse über die steigende Mutationshäufigkeit mit zunehmendem Alter fanden über die Kulturpflanzenzüchtung hinaus auch in der humanen Medizin, nämlich in der Geriatrie Beachtung, aus der bekannt ist, daß im Alter häufiger somatische Mutationen gut- oder bösartiger Natur auftreten. Daß einmal die Befunde aus der Mutagenetik mit Reben einen so hohen Stellenwert bekommen würden, war nicht vorauszusehen. Ihre Bedeutung für den Weinbau haben sie dadurch nicht eingebüßt, sondern vielmehr erneut die Notwendigkeit der Grundlagenforschung auch im Weinbau unterstrichen.

Zusammenfassend könnte man die wesentlichsten Ergebnisse und Erkenntnisse, wie folgt, skizzieren:

a) Mit zunehmendem Alter treten bei Rebsorten somatische Mutationen gehäuft und gerichtet auf.

b) Der Prozentsatz sichtbarer Mutationen beträgt z.B. beim Silvaner 3–15%. Nimmt man die Zahl der nicht sichtbaren Mutationen, die sich etwa in der Adaptionsfähigkeit an Umweltbedingungen oder in unterschiedlichen Reifegraden bemerkbar machen, hinzu, so dürfte die Mutationsrate mit 10–30% anzunehmen sein.

c) Infolge ihrer gesteigerten Heterozygotie sind alte Rebsorten anpassungsfähiger bzw. adaptionsfähiger als neue Rebsorten, die durch Sortenkreuzung gewonnen wurden. Durch karyotische Reduktionsvorgänge sowie infolge germinativer und zygotischer Elimination von ganzen Chromosomensätzen sind diese von chromosomalen und Genmutationen der alten Ausgangsformen weitgehend befreit. Daraus folgt, daß neue Rebsorten zunächst nicht so anpassungsfähig sind wie die alten. Mit zunehmendem Alter und geographischer Verbreitung nimmt ihre Anpassungsfähigkeit zu. Klone von neuen Rebsorten müssen dort wieder angebaut werden, wo sie entstanden sind.

Die Untersuchungen über die Art somatischer Mutationen, den Zeitpunkt und ihre Manifestation in der Organdifferenzierung konnten dank der Empfehlung der Rheinisch-Westfälischen Röntgengesellschaft durch die Einrichtung eines eigenen Röntgenlabors seitens der Fa. Koch und Sterzel geführt werden, wobei es zunächst darauf ankam, die LD 50 (Letaldosis, bei der 50% der bestrahlten Knospen oder Keimlinge einging) für verschiedene Pflanzen zu ermitteln und die Bedeutung des Zeitpunktes der Bestrahlung in der Ontogenese zu erkennen. Damit wurden ganz neue Wege für die künstliche Auslösung von somatischen Mutationen beschritten, die lebhaften Widerhall in der allgemeinen Strahlenforschung und im Strahlenschutz fanden.

Die Einführung von Röntgenstrahlen im Weinbau ermöglichte auch ihre Anwendung in der Radiographie, durch die es möglich wurde, Krankheitssymptome im Rebenholz vor seiner Verwendung als Unterlage oder Edelreis zu erkennen und Sortenunterschiede im Holz/Markverhältnis als erblich fixierte Merkmale oder aber auch als modifikativ bedingte Verzögerungen in der Ausreife des Holzes zu erfassen.

3. Ein anderes Forschungsgebiet war die *Standortforschung,* zu der die Aufgliederung des fränkischen Weinbaugebietes

direkt reizte. Der Begriff »Ökologische Nischen« wurde in die Weinbausprache eingeführt und ist seitdem zu einem festen Begriff der fachlichen Umgangssprache geworden. Unter »Ökologischen Nischen« versteht man im Weinbau rebenfreundliche, windgeschützte, sonnendurchleuchtete Südwest-, Süd- und Südosthänge, in denen Reben Leitsorten sind, mit denen zusammen andere wärmeliebende Pflanzen und Tiere eine Wohngemeinschaft bilden, die sich ohne Zutun des Menschen dort über Jahrhunderte entwikkelt hat, ohne daß durch grundlegende Veränderungen das Ökosystem gestört wurde. Wenn auch jede Weinbaunische faunistisch wie floristisch sich in das Gesamtbild des Großraumes einfügt, so lassen klimatische wie edaphische Besonderheiten und ihre Veränderungen im Verlaufe der Rebenkultur so spezielle Momente sichtbar werden, daß man bis zur Schaffung von Kollektiv- und Großraumlagen (Flurbereinigung) in der Tat von einer eigenen Flora und Fauna des Weinbergareals sprechen kann.

Generell muß man allerdings sagen, daß ein Weinberg, so lange er in Pflege steht, in sich keine ausgesprochene Pflanzengemeinschaften aufweist, die ihn jedoch artenreich als Steppen- oder Buschheide in der Gesellschaft mit Weinbergstulpen, Akelei und Orchideen, Mauereidechsen, Schlingnattern, Steinschmätzer, Gartenrotschwanz, Dohlen und Falken umgeben. Zahlreich und artenreich sind auch andere weit verbreitete Singvögel, die als Strichvögel in der Morgensonne zwischen 4 und 6 Uhr morgens im lustigen Spiel den Insekten nachstellen, die — gerade geschlüpft — zwischen den noch nicht gespritzten Rebenzeilen in einem tanzenden Wirbel ihrer Lebensfreude Ausdruck geben, ehe sie durch die todbringende Spritzbrühe an der Besiedlung ihrer Nährpflanze, der Rebe, gehindert werden.

Zur Standortforschung im Weinbau gehört auch das Studium der *Biologie der Hefearten,* die je nach Klima und Rebenarten in quantitativ unterschiedlicher Population den Weinberg und die Trauben besiedeln und dadurch zur qualitativen Bestimmung des Mostes beitragen. Möglicherweise könnte ihre Populationsstruktur mitverantwortlich gemacht werden für die Abhängigkeit der Mostqualität von der Lage.

Die Standortforschung der Bayerischen Landesanstalt wurde bald ergänzt durch die *Bodenkartierung* seitens des geologischen Landesamtes München (Dr. Wittmann) und später noch durch die *Klimakartierung* der meteorologischen Wetterstation Würzburg (Dr. Weise). Inhaltlich vervollständigt wurde der Begriff der ökologischen Nischen durch die Forschungen des geographischen Institutes der Universität unter Prof. Dr. Herold.

Es ist selbstverständlich, daß die Rebe als Leitsorte einer Nische besonderes Interesse erweckt, da sie ja ökonomisch genutzt wird. Das Institut der Botanik II unter Prof. Dr. Lange hat sich mit seiner Mitarbeiterin A. Meyer mit der Untersuchung der *photosynthetischen Vorgänge* bei Reben befaßt. Es ist bekannt, daß die Rebe entsprechend ihres Blattreichtums gerade in den Sommermonaten, mit Beginn des Dickenwachstums der Beeren stark transpiriert, so daß oft Welkeerscheinungen wahrzunehmen sind. Bis zu einem gewissen Grade reguliert die Rebe durch Spaltenschluß in den Mittagsstunden die Wasserabgabe, was aber trotz hinreichender Bodenfeuchtigkeit bewirkt, daß die Rebe das Tageslicht zur photosynthetischen CO_2-Aufnahme (zur Stärke- bzw. Zuckerbildung) nicht voll ausnutzen kann. Rechnet man die Stunden eines Sommers zusammen, so fehlen der Weinqualität am Schluß des Jahres etliche nicht genutzte Sonnenscheinstunden. Wenn in den Mittagsstunden für höhere Luftfeuchtigkeit in dem Blattraum der Reben gesorgt würde, könnte die Mittagsdepression in der CO_2-Aufnahme verhindert werden. Der Spaltenschluß erfolgt dann nicht und das ganze Tageslicht könnte zur photosynthetischen CO_2-Aufnahme genutzt werden. Von diesem Gesichtspunkt aus ist die Beregnung einer Bodenbewässerung vorzuziehen.

4. Mit der seit mehr als 50 Jahren betriebenen Züchtung von Bastardrebsorten aus der Kreuzung unserer Kulturrebe mit amerikanischen Wildreben, den sog. Hybriden, die resistent sein sollen gegen pilzliche wie tierische Schädlinge, tauchten Fragen nach der Kombinierbarkeit einer chemisch-physiologischen Resistenz mit der Qualität der Europäerrebe auf, deren Analyse man bis zum Jahre 1956 wissentlich aus dem Wege gegangen war.

Für Lösungsversuche war es vorausgehend notwendig, die Begriffe *Qualität* und *Resistenz* zu analysieren und ihre Vererbbarkeit und ihren Erbgang festzustellen. Der Qualitätsbegriff wurde unterteilt in Geschmacksqualität und Genußqualität (Bekömmlichkeit, die man nicht schmecken, aber später spüren kann). Für die Analyse der Resistenz war die Kenntnis des angreifenden Schädlings bis ins Einzelgehende notwendig. So wurde die Reblaus in Längs- und Querschnitten, transversal und sagittal, genauestens untersucht, ihr Stützskelett des Kopfes, der Saugapparat wie der Angriffs- und Saugmechanismus, ihre Verdauung, Eibildung und Eiablage aus vielen hundert Schnitten rekonstruiert. Die Resistenz der Rebe wurde getrennt in eine morphologisch-anatomische, die keinen Einfluß auf die Qualität haben kann, und in eine chemisch-physiologische, die möglicherweise die Mostqualität benachteiligen könnte. Genetisch ist die Kombinierbarkeit von Qualität und Resistenz gegeben. Jedoch treten erfahrungsgemäß Mängel bezüglich der Verträglichkeit der Weine auf, die man im humanen Bereich natürlich nicht experimentell feststellen kann. Als Versuchstier diente das Huhn, von dem bekannt ist, daß es sehr schnell auf leberschädigende Stoffe reagiert. Die deutsche Forschungsgemeinschaft unterstützte diese Arbeiten, die leider nicht zu Ende geführt werden konnten.

Der Abbruch der Untersuchungen erfolgte in dem Stadium, als geklärt werden sollte, ob in der Hybridrebe bereits erblich bedingte chemisch-physiologische Stoffe vor der Auslösung der Resistenzerscheinungen vorhanden sind oder erst im Augenblick des Befalls als Immunreaktion ausgelöst werden. Die Zusammenarbeit mit verschiedenen Instituten der Universität muß dabei dankbar erwähnt werden. Was geklärt werden konnte, war die *unterschiedliche Wirkung der Alkoholika.* Im Institut für Züchtungsforschung war festgestellt worden und wurde anläßlich des internationalen Kongresses: »Leber und Alkohol« 1970 in Freiburg bestätigt, daß nämlich der Äthylalkohol in 10%iger wässeriger Lösung keinen schädigenden Einfluß hat. Es waren vielmehr die Fuselöle: Propyl mit 0,15%, Amyl mit 0,45% und Isobuthyl mit 0,90%/L, wie sie mitunter in Hybrid-Weinen vorkommen können, die aufgespritet wurden. Reiner 10%iger Äthylalkohol in wässeriger Lösung erwies sich im Tierexperiment nach achtwöchentlicher täglicher Fütterung nicht schädlicher als Wasser, wobei die tägliche Aufnahmemenge ad libitum zwischen 100–200 ccm/Tier betrug. Wenn unsere Ergebnisse auch nicht unmittelbar auf den Menschen angewandt werden können, so dürften sie doch an Bedeutung gewinnen, wenn demnächst über die Folgen des Alkoholismus diskutiert werden sollte. Für den Weinbau sollten sich Überlegungen anstellen lassen, die auf einen längeren Ausbau der Weine hinwirken. Aus der Sektherstellung ist bereits bekannt, daß durch die zweite Gärung die Bekömmlichkeit gehoben wird.

5. Die Vielseitigkeit der Forschungsarbeiten des Züchtungsinstituts der Bayerischen Landesanstalt in Würzburg zeigte sich auch darin, daß es als erstes und einziges Institut des Weltweinbaues sich den Fragen der *Nachkommenschaftsprüfung* neuer Rebensorten widmete. Seit 1904 wird dieser von dem französischen Pflanzenzüchter *Vilmorin* erstmals geforderte Nachweis der Abstammung einer Pflanzensorte allgemein für die ein- und zweijährigen Kulturpflanzen durchgeführt. Nur im Weinbau erachtete man dies für überflüssig, offenbar deswegen, weil die Nachkommenschaftsprüfung über die generative Nachkommenschaft zu zeit- und platzraubend ist.

Die Bayerische Landesanstalt unterzog sich dieser Aufgabe zunächst für die Sorten Müller-Thurgau und Rieslaner, die beide die alten Rebsorten Riesling und Silvaner zu Eltern haben sollten. Von allen vier Sorten: Riesling, Silvaner, Müller-Thurgau und Rieslaner wurden Sämlinge aus Kernen im Treibhaus herangezogen, im Mistbeet kultiviert und im Freiland weinbergsmäßig ausgepflanzt. Als spezifische Unterscheidungsmerkmale erwiesen sich Indices von meßbaren Blattmerkmalen: z.B.

$$\frac{\text{Blattstiellänge}}{\text{Abstand der oberen Blatteinbuchtung}}$$

oder

$$\frac{\text{Obere Blattbucht}}{\text{Untere Blattbucht}} \quad \text{u.a.}$$

als brauchbar.

Zur Sicherheit, daß es sich um ausdifferenzierte Merkmale handelte, wurde nur immer das 13. Blatt von je 100 Sämlingen, von der Triebspitze an gerechnet, gewählt. Für die Sorte Müller-Thurgau ergab sich eindeutig, daß Silvaner als Elternsorte nicht in Frage kommen kann, sondern sie ein ungewollter Selbstungsnachkomme des Rieslings ist. Diese Feststellung zeugt keineswegs für eine Nachlässigkeit des Züchters. Denn die einer

262

Kreuzbefruchtung vorausgehende Kastrationsmethode ist so schwierig, daß auch heute noch nach Kastrationen mit einer 5–6%igen Fehlerquote jährlich zu rechnen ist. Das Wissen um die Abstammung aus der reinen Rieslingssorte dürfte den weinbaulichen Wert des Müller-Thurgau erhöhen, insbesondere seine Bedeutung für die weitere Qualitätszüchtung hervorheben. Die bisweilen vorgebrachte gegenteilige Meinung, daß es bisher noch nicht gelungen sei, aus einer Rieslingselbstungsnachkommenschaft eine Müller-Thurgau-ähnliche Form zu züchten, beweist lediglich die Unkenntnis der Genetik unserer alten Rebensorten, von denen schon Vergil wußte, daß jeder Kern eine neue Sorte bringt und, daß diese so zahlreich sind, wie die Sandkörner am Strande Libyens, d.h. unter 1 Million Selbstungssämlingen z.B. der Sorte Riesling braucht noch nicht einer der Sorte Müller-Thurgau zu gleichen.

Im Vergleich zu Müller-Thurgau erwies sich der Rieslaner als eine echte Kombination von Riesling- und Silvanererbgut. Da nun die generative Nachkommenschaftsprüfung außerordentlich viel Zeit und Platz in Anspruch nimmt, wurde nach einer vereinfachten Methode gesucht und sie wurde auch gefunden. Wählt man nämlich von drei Stöcken einer Sorte sämtliche Blätter vom 7. Blatt an abwärts aller Triebe und vergleicht sie anhand meßbarer Blattmerkmale, so erhält man die gleiche Variationskurve wie von 100 Sämlingen in der generativen Vermehrung im 13. Blattvergleich. Man konnte daraus schließen, daß die Breite der Modifikabilität den Grad der Heterozygotie widerspiegelt. Je breiter die Modifikabilität ist, um so anpassungsfähiger ist eine Rebsorte. Da neue generativ gezüchtete Sorten nicht so heterozygotisch sind wie die alten Ausgangsformen, besitzen sie auch nicht die Anpassungsfähigkeit an gegebene Umweltbedingungen wie jene. Diese erweitert sich aber mit zunehmendem Alter, da dann somatische Mutationen die Heterogenität erweitern. Daraus folgt für die praktische Züchtung, daß von neuen Sorten lokale Klone von Anbeginn ihrer Pflanzung an selektiert werden müssen, die, wie vorher schon erwähnt, an Ort und Stelle vermehrt und wieder angebaut werden müssen, wenn sie Bestand haben sollen.

Das sind Erkenntnisse, die auch die anwendungsorientierte Forschung nicht übersehen sollte, wenn sie Zeit sparen will.

Ähnlich wie für die Sorten Rieslaner und Müller-Thurgau ihre Abstammung ermittelt werden konnte, war dies für weitere Sorten möglich, die zwar nicht für den unmittelbaren Anbau, dafür aber um so mehr für die Züchtung eine Rolle spielen.

Mit Hilfe dieser Methode konnte auch die Bukettrebe Englerths als Mutation des Silvaners ermittelt werden, von der man bislang — auch der Autor — aufgrund von Literaturangaben angenommen hatte, daß sie einer Kreuzung von Silvaner × Riesling entstammen würde.

Über die Arbeiten des Instituts für Züchtungsforschung wurde in mehr als 100 Veröffentlichungen berichtet (s.S. 311).

6. Die eigentliche *Rebenzüchtung* ist die angewandte Disziplin der Züchtungsforschung, die um so erfolgreicher ist und zu schnelleren und sicheren Erfolgen kommt, je eingehender sie die Ergebnisse und Erkenntnisse der Züchtungsforschung anwendet. Wo die Züchtungsforschung aufhört, gerät die Züchtung ins Schwimmen. Ist es auch heute noch vielfach Brauch, F_1-Formen als fertige Sorten der Praxis anzubieten, so wissen wir aus der Züchtungsforschung sehr wohl, daß in der Rückkreuzungsgeneration von F_1-Formen mit einer Elternform oder mit reinrassigen Sortenabkömmlingen der alten Standardsorten (z.B. Müller-Thurgau) die Quote von brauchbaren und erwünschten neuen Sorten ungleich höher ist als in jeder anderen Kombination. Vor allem fallen die Sämlinge der F_2-Rückkreuzung mit ca. 75% Erbgut derjenigen Sorte, mit der sie rückgekreuzt wurden, mit großer Wahrscheinlichkeit in die Richtung dieser Standardsorte. Je größer die Zahl der Sämlinge ist, die der Standardsorte qualitativ gleichen oder sie sogar übertreffen, um so gezielter kann die Selektion nach der besten Neuzüchtung erfolgen.

Eine andere Möglichkeit bietet die Herstellung einer Triplobastardgruppe, in der eine Elternform mit 50% der Erbmasse vertreten ist, während die 2 Großelternformen, das sind die Eltern des F_1-Paarlings mit je 25% Erbmasse vertreten sind, z.B. die Paarung Müller-Thurgau × (Madeleine Angevine × Gewürztraminer) liefert Triplobastarde, in denen das Müller-Thurgau-Erbgut dominiert.

Es ist jedoch keineswegs gesagt, daß sowohl die F_2-Rückkreuzungssorten wie die Triplobastardformen das » Nonplusultra« im Weinbau darstellen. Sie sind sämtlich züchterisch verbesserungsfähig und -bedürftig, obwohl sie die alten Standardsorten in weinbaulichen Leistungen übertreffen. Aber so wie die Züchtergeneration, der der Autor angehörte, auf die F_1-Formen ihrer Vorgänger aufbauen konnte, so mögen auch der nachfolgenden Züchtergeneration die neuen Kombinationen als Zuchtsorten für weitere und vor allem bessere Züchtungen dienen.

Dank der Ergebnisse aus der Züchtungsforschung konnten die Selektions- und Prüfungszeiten von neuen aussichtsreichen Sämlingen von 30 Jahren auf 9–12 Jahre verkürzt werden. Folgende Sorten gingen aus der Rebenzüchtung Würzburg hervor:

1. Rieslaner, F_1 (Silvaner × Riesling), Sortenschutz: 1957. Spätreifend, im Mostgewicht höher als Riesling, Wein = Rieslingtyp.

2. Perle, F_1 (Gewürztraminer × Müller-Thurgau), Sortenschutz: 1961. Frosthart gegenüber Winter- und Maifrösten, blütefest, mit Müller-Thurgau reif. Wein = Traminerähnlich

3. Ortega, Triplobastard, Sortenschutz: 1972. Sehr früh reif, 3 Wochen vor Müller-Thurgau, ertragreich, für windgeschützte geringe Lagen geeignet. Wein = hochreifer Riesling

4. Albalonga, F_2R (Silvaner × Riesling) F_1 × Silvaner, Sortenschutz: 1972. Vor Müller-Thurgau reif, Weine von betonter Frucht und Eleganz.

5. Mariensteiner, F_2R Silvaner × Rieslaner (= Silvaner × Riesling), Sortenschutz: 1972. Spätreifend mit Silvaner, sehr ertragreich, gehört nur in gute Lagen. Weine sind von sehr guter Silvanerqualität, mit feiner Frucht.

6. Fontanara, F_2R (Silvaner × Riesling) × (Riesling × Riesling = Müller-Thurgau), Sortenschutz: 1979. Wein — Rieslingart, mittelfrüh, ertragreich, blütefest.

7. Cantaro, F_2R (Riesling × Silvaner) F_1 × (Riesling × Riesling = Müller-Thurgau), Sortenschutz: 1980. Wein — Rieslingart; sehr früh, sehr ertragreich, wüchsig.

Man erkennt aus dieser Zusammenstellung, daß meist mit den Sorten Silvaner und Riesling gearbeitet wurde, wobei wir auch den Müller-Thurgau als eine ungewollte, aber glückliche Selbstung des Rieslings behandeln, wie 1957 von Eichelsbacher vermutet wurde und wie sich die Abstammung im Erbgang auch als solche bewahrheitet hat Die Müller-Thurgau-Rebe ist heute eine der besten Zuchtsorten in der Hand des Züchters. Das beweist auch ihre Dominanz in den Triplobastardpopulationen, die aus der Kreuzung von Müller-Thurgau mit der Siegerrebe (Madeleine Angevine × Gewürztraminer) hervorgegangen sind. Sie vererbt Rieslingmerkmale besser als der alte Riesling selbst.

In der Klonenzüchtung betätigte sich die Rebenzüchtung Würzburg erfolgreich bei den Sorten Silvaner, Müller-Thurgau und der Unterlagensorte 5BB. Für die Sorten Früh- und Spätburgunder wurde sie als Erhaltungszüchter eingetragen.

7. *Drei* weinbauwissenschaftlich und weinbaulich inhalts- und erfolgreiche *Jahrzehnte* im 20. Jahrhundert prägten den fränkischen Weinbau. Es begann nach 1950, also nach dem 2. Weltkrieg, mit der Entfernung von falschen und kranken Stöcken aus Riesling, Silvaner- und Müller-Thurgau-Weinbergen, um zunächst für den Wiederaufbau sortenreine Jungweinberge zu bekommen. Nebenher lief die Klonenauslese bei den Sorten Silvaner und Müller-Thurgau als den wichtigsten Sorten der früheren Jahre. Ehe die Flurbereinigung begann, wurden die Weinbergsböden geologisch kartiert. Der Wiederaufbau der flurbereinigten Fläche erfolgte zunächst mit sortenreinem, weil noch nicht genügend Klonenmaterial zur Verfügung stand, später nur noch mit klonenreinem Pflanzgut, das der 1956 gegründete Verband der privaten Pflanzguterzeuger Franken e.V. herstellt. Mittlerweile war auch die Klimakartierung des fränkischen Weinbaugebietes abgeschlossen. Der Verjüngung der Weinberge durch die Flurbereinigung lief gleich stark eine Verjüngung nicht flurbereinigter Areale mit neuen Sorten (Rieslaner, Perle, Ortega, Kerner, Bacchus, Albalonga, Scheurebe, Fontanara, Domina u.a.) parallel, ehe auch diese für den Wiederaufbau nach erfolgter Flurbereinigung genehmigt wurden.

Nachdem 1952 alle staatlichen Stellen des fränkischen Weinbaues zu einer Landesanstalt zusammengefaßt waren, wurden ihre sämtlichen Weinberge und Weingüter der Forschung und technischen Versuchsdurchführung zur Verfügung gestellt. Sie waren mit den vorbildlichen Kellereien für die private Weinbauwirtschaft eine gern besuchte Beratungsstelle, die sich mit 15 Stationen über das fränkische Weinbaugebiet bis in die fast äußersten Winkel und Nischen vortastete, um im Gleichklang mit den Winzern, Häckern und Feierabendwinzern die paradiesischen Schönheiten einer dionysischen Landschaft *ökologisch zu erhalten* und *ökonomisch zu nutzen.* Dabei hat sich die fränkische Weinbauforschung stets von der Frage leiten lassen: Wie ist der fränkische Weinbau noch zu verbessern?

Frankenwein — Frankenland e.V.

Unter diesem Titel firmiert die fränkische Weinwerbung, die nach dem zweiten Weltkriege für Franken umso notwendiger wurde, als der Frankenwein nicht nur die Konkurrenz zu fürchten hatte, sondern sich nach Verlust seiner Absatzgebiete jenseits der Oder: Oberschlesien und Ostpreußen — neue Märkte suchen mußte. Das war keineswegs einfach, da selbst in Oberbayern, speziell in der Landeshauptstadt Pfälzer-Rheinhessen- und Rheinweine getrunken wurden, der Frankenwein dagegen so gut wie unbekannt war. Die Absatzschwierigkeiten waren so hart, daß Kellermeister selbst mit Flaschenproben von Weinstube zu Weinstube zogen, um ihre Weine anzubieten. Außerfränkische Großhandelsfirmen holten die Frankenweine in den Westen, von wo sie den Weg in die nördlichen Länder fanden, wo harte Getränke den Markt für die herben, kräftigen Frankenweine bereiteten. Es hatte sich nach dem Kriege herausgestellt, daß in den Gegenden des Bierdurstes milde, liebliche und süße Weine den herben trockenen Weinen vorgezogen wurden. Bis zu einem gewissen Grade erlag auch die fränkische Kellerwirtschaft den Erfordernissen des Marktes. Aber damit allein war es nicht getan. Die Trommeln mußten geschlagen werden.

Weinbau- und Weinhandelsverband, Winzergenossenschaften und Weingüter, nicht zuletzt die Stadt Würzburg taten sich zusammen und gründeten die Frankenweinwerbung e.V.; den Namen gab der damalige Verkehrsdir. Dr. Hans Schneider, die »Bocksbeutelkunde« schuf der Lokalredakteur der Mainpost Heribert Schenk, der auch die »Bocksbeutelstraße« erfand; der Geschäftsführer des fränkischen Weinbauverbandes Dr. Ado Krämer schuf die Statuten zur Erlangung des Frankenweinschildes in Gold, Silber und Bronze für Gaststätten.

Die Kosten der Werbung konnten von den Verbänden aus den Mitgliedsbeiträgen nicht allein getragen werden, wenn die Werbung wirksam werden sollte. Es mußten erst Jahre vergehen, ehe die Notwendigkeit eines Werbepfennigs erkannt wurde. Nun half vorübergehend auch der Staat.

Nach Dr. Krämer und seinem unmittelbaren Nachfolger Fred Rohr holte sich der fränkische Weinbauverband als Geschäftsführer des Verbandes wie der Frankenweinwerbung einen jungen, rede- und schriftgewandten, ideenreichen Diplom-Kaufmann, Jochen Freihold, der mit Schwung und Elan dem Frankenwein einen Markt eroberte, daß selbst bei der hohen Preislage für den Frankenwein die Nachfrage nicht befriedigt werden kann. Er setzt den Weinfreunden aber nicht nur den Wein in flüssiger Form vor, sondern bietet in der zweimal im Jahr erscheinenden »Bocksbeutelkunde« aktuelle Abhandlungen über den Frankenwein, seine Erzeuger und seine Geschichte. Die »Bocksbeutelkunde« hat unter seiner Redaktion ein bundesweit hohes Ansehen erlangt. Werbung, Öffentlichkeitsarbeit, Fränkische Weinprämierung, Große Weinproben, die neuen Ideen Weinseminare, Würzburger Barockfest, Galaabend auf der Nürnberger Kaiserburg sowie Frankenwein im Schloß Schleißheim bei München gehen auf ihn zurück.

Eine edle Industrie: Der Sekt

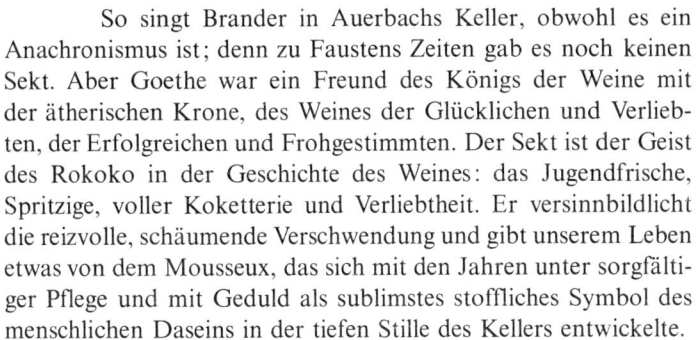

»Ich will Champagnerwein,
und recht moussierend soll er sein.«

So singt Brander in Auerbachs Keller, obwohl es ein
Anachronismus ist; denn zu Faustens Zeiten gab es noch keinen
Sekt. Aber Goethe war ein Freund des Königs der Weine mit
der ätherischen Krone, des Weines der Glücklichen und Verlieb-
ten, der Erfolgreichen und Frohgestimmten. Der Sekt ist der Geist
des Rokoko in der Geschichte des Weines: das Jugendfrische,
Spritzige, voller Koketterie und Verliebtheit. Er versinnbildlicht
die reizvolle, schäumende Verschwendung und gibt unserem Leben
etwas von dem Mousseux, das sich mit den Jahren unter sorgfältiger Pflege und mit Geduld als sublimstes stoffliches Symbol des
menschlichen Daseins in der tiefen Stille des Kellers entwickelte.

»Wie hold er mir lächelt!
Trinken wir ihn nicht tauben Mundes!
Laßt Gram und Sorge in der Brust zerspülen
Und das Gute in ihm zur Güte in euch werden!«
Friedrich Schnack

Zwei bis zehn Jahre bleibt der Sekt in der Kellerbehand-
lung. So hat es Dom Pérignon, der Kellermeister der Abtei Haute-
Villers, der Entdecker des Sektes, gelehrt, und so wird es bei
guten Qualitätssekten auch heute noch gehalten. Im Jahre 1683
saß Dom Pérignon über seinen Aufzeichnungen und Rechnungen
wie jedes Jahr im Frühling. Von Zeit zu Zeit wurde er durch
knallende Pfropfen aus abgefüllten Flaschen aufgeschreckt. Er
ging in den Keller und probierte den noch nicht verspritzten Rest
aus einer Flasche. Noch beim Verkosten des prickelnden, lebendigen Weines löste sich aus der zeitlich und räumlich verhafteten
Erscheinung Dom Pérignons seine Metaphysis, die den Staunen-
den über Zeit und Raum erhob und das Wesen eines geheimnisvollen Stoffes erahnen ließ.

Dom Pérignon wiederholte mehrfach sein Experiment, und bald hatte er das Geheimnis der Flaschengärung erkannt. Als Zinsnehmer verstand er sich auf das Verschneiden der Weine (Cuvée) aus den verschiedenen Weingütern, die seinem Kloster den pflichtigen Tribut entrichten mußten. Er wußte die Gärungsstoffe so geschickt aus der Flasche zu bringen, daß kaum noch etwas verschäumte (degorgieren). Anstelle der mit Bast umwickelten Holzkorken führte er bald den spanischen Korken ein.

Der Qualitätssekt ist kein Kunstprodukt. Er ist der legitime Sohn guter, im allgemeinen geschickt verschnittener Weine von spritziger, neutraler Art. Diese Cuvée ist das Geheimnis des Kellers. Sie setzt Kenner mit besonders feinen Zungen voraus, denen es obliegt, die Cuvée so im voraus zu bestimmen, daß die gewünschte und bereits bekannte Marke erzielt wird. Die Cuvée wird in großen Fässern hergestellt bzw. vorgenommen.

Nach sechs Wochen der Faßbehandlung erfolgt die »Tirage«. Der künftige Sekt wird unter Beigabe von Zucker und Hefe in dickwandige Flaschen abgefüllt und mit festen Kronkorken verschlossen, um in einem anderen Keller durch eine zweite Gärung seine eigentliche Pflege und Erziehung zu erfahren. Diese dauert jahrelang. Zuerst wird jede Flasche kräftig geschüttelt, damit die Gärungssubstanzen sich gut verteilen, um anschließend in riesigen Gärkellern »auf Stoß gesetzt« zu werden. In der nunmehr einsetzenden Edelgärung entwickelt sich in jeder Flasche ein starker Druck bis zu sechs Atmosphären. Unter diesem Druck werden sie spritzig, bilden ihre feinen Perlen und den Geist eines vornehmen, eleganten Weines, das Mousseux. Dieses naturerzeugte Mousseux ist das untrügliche Zeichen eines echten Sektes, das in mäßigem Schäumen und feinem Perlen ein vollkommenes Sinnbild meisterhaft gehüteter, sich sittsam offenbarender Lebensfreude ist.

Bevor die Flaschen zum endgültigen Verschluß gebracht werden, kommen sie vier bis sechs Wochen in die Rüttelpulte, wo sie zunächst waagerecht, dann aber, mit dem Flaschenhals nach unten, immer steiler gestellt werden. Sie werden täglich mehrere Male gerüttelt und dabei jeweils um ein Achtel um ihre Längsachse gedreht. Unter dieser Behandlung setzt sich die Hefe allmählich am Verschluß ab. Einhundertsechsundsechzigmal muß eine Flasche in die Hand genommen werden. Die Rüttler arbeiten so geschickt, daß es eine Freude ist, ihnen zuzuschauen.

Auf den Kopf gestellt, kommen die Flaschen zur Degorgierung. Mit der Hand wird der Verschluß so entfernt, daß mit einem leichten Knall die abgesetzte Hefe herausfliegt. Der vor der Flaschengärung zugesetzte Zucker ist restlos vergoren, so daß der Sekt ganz brût, trocken, ist. Zur Auffüllung wird der »Liqueur«, eine aus Kandiszucker und Wein — ohne Weinbrand, Südwein und andere Zutaten — sauber hergestellte Lösung, verwendet. Diesen Vorgang nennt man die »Dosierung«. Der Zuckergehalt des »Liqueur« ist bestimmend für die Bezeichnung: »halbtrocken« (demi sec, dry), »trocken« (sec, very dry) oder »ganz trocken« (très sec, extra dry).

Mit der richtigen »Dosage« ist die Flasche zum Verkorken bereit. Durch einen Fallhammer wird der gepreßte Korken eingetrieben und mit einem Bügel und Drahtverschluß so fest verankert, daß der eingeschlossene Geist sein Temperament nicht verpuffen kann, ehe das Fest begonnen, für das er geboren wurde.

Dom Pérignon betrachtet sein Werk, dessen feine Perlen wie zarte Musik im Glase singend aufsteigen. Es ist leicht alkoholisch, erholsam, anregend, bekömmlich und kühl. Man trinkt es in Pausen nervenzerreißender Sitzungen und angestrengter Kongresse und ist geneigter, des andern Worte aufmerksam zu lauschen und die oft langweiligsten Diskussionen geistreich zu gestalten, sie mit dem funkelnden Esprit zu befruchten, der als moussierender Charme dem zweifach gegorenen Wein entsteigt. Als kultiviertes Getränk wird er bei offiziellen Banketten, bei Feiern in der Familie und in den Pausen theatralischer Höhepunkte und vornehmer Konzerte gereicht. Wo Dom Pérignons Werk dabei ist, wird immer ein Fest aus dem Beisammensein. Und wo es das »Fest zu Zweit« krönt, wird der gemeinsame Lebensweg in seliger Vorahnung begonnen.

Würzburg kann sich rühmen, eine der ersten Stätten der Sektbereitung, wenn nicht überhaupt die älteste, in Deutschland gewesen zu sein. Es heißt in der Weinliteratur, daß um das Jahr 1832 durch die Firma Leo Gätschenberger & Co. sowie Ferdinand Döring, Würzburg, die ersten größeren Versuche mit deutschen Weinen angestellt wurden. Der Würzburger Kellermei-

271

ster Michael Oppmann aber ist wohl der eigentliche Begründer der Würzburger Sektkellerei. Die Absicht Oppmanns, die Sektherstellung in der Hofkellerei zu beginnen, konnte zwar nicht verwirklicht werden — 1834 aber machte er sich selbständig und gründete die Sektkellerei Michael Oppmann. Bereits auf den Weltausstellungen in München (1854) und London (1862) erhielt seine Firma hohe Auszeichnungen. Die Firma Mich. Oppmann, die heute als älteste Würzburger Sektkellerei noch besteht, hat durch alle Jahre den Ruf der fränkischen Sekte würdig und mit Erfolg vertreten, um den sich heute vier Firmen bemühen. Allein drei davon sind in Würzburg, eine hat ihren Sitz in Sommerhausen. Auch einige Weingüter sind dazu übergegangen, aus eigenen Ernten Sekt als Hausmarke herzustellen.

Der Sektkonsum ist in den letzten Jahren innerhalb des Bundesgebietes sehr stark gestiegen. Daher erscheint es notwendig, im Standardwerk des fränkischen Weines einiges über die Herkunftsbezeichnung bei Sekt zu sagen: Sekt oder Schaumwein war nach dem Gesetz schon immer nach dem Herstellungsland zu bezeichnen. Das ist auch heute noch so. Sekt als Verarbeitungsprodukt von Weinen hat einen anderen Charakter als Wein. Er unterliegt daher nicht nur in den weinrechtlichen Vorschriften, sondern auch im fiskalischen Bereich anderen Bestimmungen. Erinnert sei nur an die Sektsteuer. Auch in den Verhandlungen der europäischen Gesetzesplaner über eine Schaumwein-Bezeichnungs-Vorschrift ist schon jetzt zu erkennen, daß sich die Bezeichnung nach dem Herstellungsland, in dem also die zweite Gärung erfolgt, richten wird. Deutscher Sekt bedeutet also nicht, daß er nur oder vorwiegend aus deutschen Weinen hergestellt sein muß, ja, er braucht nicht einmal deutschen Wein im Cuvée enthalten. Auch die Niedrigpreise in vielen Marken deuten darauf hin. Dazu sei bemerkt, daß für den Billig-Sekt in starkem Maße Hybridenweine für die Herstellung benutzt werden, die hauptsächlich aus Frankreich eingeführt werden.

30 Homburg am Main, die Weinbaugemeinde mit der bekannten
Lage »Kallmuth«

31 (Rückseite)
Das Rotweinstädtchen Klingenberg am Mainviereck feiert alljährlich eines der bekanntesten fränkischen Wein- und Winzerfeste

Winzergenossenschaften in Franken

> »Kein andrer Stand im deutschen Land
> werkt härter als der Winzerstand.
> Drum, trinkst du edlen Frankenwein,
> schließ in den Trunk den Häcker ein,
> dem Arbeit, Müh' und Sorge war,
> was man dir beut im Glase dar.«   *Ado Kraemer*

Neben Weinhandel und dem Selbstmarkter — d.i. ein Weinbauer, der seine Weine selbst erzeugt, ausbaut und an seine i.allg. feste Kundschaft verkauft — hat sich seit der Gründung der ersten Winzergenossenschaft in Sommerach im Jahre 1901 das Winzergenossenschaftswesen zu einer Blüte entwickelt, daß die Gemeinschaft der Winzergenossenschaften heute zu den bedeutendsten Vermarktern jener Weine gehören, die im wesentlichen aus Klein- und Kleinstbetrieben stammen. Das schließt nicht aus, daß mittlerweile auch private Weinbaubetriebe mit mehr als 2–3 ha Weinbau Mitglieder von Winzergenossenschaften sind.

Die Gründung von Winzergenossenschaften war eine zeit- und situationsbedingte Notwendigkeit, sollte der Kleinwinzer nicht ganz von der Bildfläche verschwinden. Schon 1876 hatte Sebastian Englerth anläßlich einer Wanderversammlung im Saaletal die Gründung von Genossenschaftskellereien empfohlen. Die Würzburger Presse berichtet am 22. August 1876 darüber wie folgt: »... müssen wir bedenken, daß der kleine Weinbauer mit einer ziemlich sicheren Einnahme in jedem Jahr rechnen muß und er den eigentlichen Nutzen des besseren Gewächses, nämlich den höheren Preis, gewöhnlich nicht abwarten kann, weil er eben Geld nötig hat. Hier wäre auch ein Feld für die Tätigkeit des Weinbauvereins durch Anregung zur Gründung von Genossenschaftskellereien. Der Genossenschaftsvorstand könnte für eine ganze Gegend Gutes wirken. Die Möste müßten nach Menge und Mostgewicht getrennt sofort in den Genossenschaftskeller kommen. Hier würde er richtig behandelt und gemeinschaftlich verkauft. Es könnten auch Vorschüsse darauf gegeben werden und es würde der Wein einen entsprechenden Preis erhalten.«

Wie lange es dauert, bis solche weitsichtigen Gedanken in die Praxis umgesetzt werden können, beweist die Geschichte der fränkischen Genossenschaften.

Der fränkische Weinbau war innerhalb eines Jahrhunderts von 18 600 ha auf 2 700 ha (n. J. Blüm) (1917) zurückgegangen. Verlierer waren die privaten Winzerbetriebe, die immer mehr ihre Weinbauflächen einschränkten. So kam es, daß zu Beginn des 20. Jahrhunderts allein 61% der gesamten Weinbaufläche in Franken Kleinwinzern gehörten, die weniger als 1 ha Weinberg bebauten. 25% der Gesamtfläche entfielen auf mittlere Betriebe mit 1–5 ha; 14% des Reblandes in Franken befand sich im Besitz großer staatlicher, kommunaler und privater Güter. Im Mischsatz von Silvaner, Riesling und Traminer konnten die Großbetriebe in ihren klimatisch besten Lagen Qualitätsweine besonderer Wertstufe erzeugen, die sehr gut bezahlt wurden und ohne große Schwierigkeiten abzusetzen waren. Die Häcker mit kleiner Rebfläche aber waren nicht in der Lage, aus ihren minderen Weinbergslagen mit überaltertem Sortengemisch auch nur gleichwertiges Lesegut zu erzeugen, geschweige denn an den Weinhandel abzugeben. Nur in vereinzelten Fällen besaßen sie einen Weinkeller, der vielfach aber auch zur Aufnahme landwirtschaftlicher Produkte dienen mußte, deren Duftstoffe sich gerade nicht vorteilhaft mit den Bukettstoffen des Weines verbanden. Erst recht aber fehlten diesen Winzern kellerwirtschaftliche Kenntnisse, noch gab es eine beratende Stelle, die ihnen diese vermitteln konnte. Über die Vermarktung von Weinen hatten sie nicht einmal eine Vorstellung. So waren sie auf Gedeih und Verderb auf den Weinhandel angewiesen, der sich in der Vermarktung minderer Weine selbst schwer tat und deswegen dem Häcker nicht den Preis für seinen Most zahlen konnte, den er zum Lebensunterhalt für sich und seine Familie notwendig gebraucht hätte.

Als Folge davon drängten sich Landwirtschaft, Viehhaltung, Gartenbau und Obstbau vor, deren Erzeugnisse dazu geschaffen waren, wenigstens das tägliche Brot für die Familie zu liefern. So kam es zu einer Situation, von der Josef Weiß, der sich um die Entwicklung der Winzergenossenschaften in Franken besondere Verdienste erworben hat, schreibt: »Ohne Übertreibung kann man sagen, daß viele der weinbaulichen Kleinbetriebe den

Weinbau als überaltertes Anhängsel des landwirtschaftlichen Gemischtbetriebes kaum beachten und die notwendigen Kulturmaßnahmen gerade noch schlecht und recht ausführen. Durch diese Vernachlässigung wird der Weinbergsbesitz unwirtschaftlich und es fehlt nach Jahren der Mut und das Geld, den abgewirtschafteten Zustand zu ändern.«

Das Interesse an der Rebenkultur war bei den Kleinwinzern in der Tat auf einem Tiefstand angelangt, als im Jahre 1901 einige wenige fortschrittlich denkende Winzer in Sommerach sich zu einer Genossenschaft zusammenschlossen, um ihre Weine selbst unter der Leitung des Fähigsten unter ihnen auszubauen, und sie in größeren Posten gemeinschaftlich zu verkaufen. Der genossenschaftlich organisierte Winzer wurde damit vom Weinhandel unabhängig. Dem Beispiele Sommerachs folgten im Jahre 1902 Michelbach, 1903 Hörstein und 1904 Hammelburg. Im Jahre 1913 entstand die Winzergenossenschaft Escherndorf. Nach dem ersten Weltkriege wurden im Jahre 1921 die Genossenschaften Iphofen und Randersacker gegründet. 1930 entstanden in Thüngersheim, 1931 in Großostheim, 1934 in Homburg, 1935 in Marktbreit, 1936 in Erlenbach bei Marktheidenfeld und 1937 in Stetten weitere genossenschaftliche Zusammenschlüsse. Als besondere Schwierigkeit erwies sich in allen Fällen die Beschaffung eines ausreichenden Kellers und Kelterraumes.

Krieg, Inflation und Wirtschaftskrise erschwerten den Start der fränkischen Winzergenossenschaften im ersten Drittel unseres Jahrhunderts in lebensbedrohender Weise. Hinzu kam, daß keine eingefahrenen Absatzwege vorhanden waren. Nach dem Zweiten Weltkrieg aber wendete sich das Blatt zugunsten der Winzergenossenschaften. Die Hauptursache dafür war neben der Qualitätserzeugung wohl im wesentlichen darin zu suchen, daß sich die Genossenschaften allgemein stärker mit den menschlichen Hintergründen ihrer Existenz befaßten. Dabei mußten sie feststellen und erkennen, daß der eigentliche genossenschaftliche Auftrag in einer Zeit tiefgreifender sozialer Gegensätze noch lange nicht erfüllt war. In ihrem daraufhin verstärkten Bemühen wurden sie von seiten des Bundes und der Länder unterstützt, da jede Regierung darauf bedacht sein mußte, genossenschaftliches Gedankengut in einem demokratischen Staate in dieser oder jener Form in allen Disziplinen menschlicher Betätigung, also auch in der Landwirtschaft und im Weinbau zu verwirklichen. Dadurch erhielten auch die Winzergenossenschaften in Franken einen neuen Auftrieb und in schneller Folge entwickelten sich im Jahre 1951 die Winzergenossenschaften in Nordheim, 1954 in Eibelstadt und Volkach, deren Einzugsgebiet die Orte Astheim, Unter- und Obereisenheim, Fahr und Obervolkach umfaßt, und schließlich die Winzergenossenschaft Rödelsee. Im Jahre 1961 entstanden genossenschaftliche Zusammenschlüsse in Frickenhausen, 1964 in Abtswind, 1967 in Sulzfeld und 1970 in Wipfeld. Nach dem quantitativ starken Jahrgang 1958 setzte sich unter den genossenschaftlich organisierten Winzern die Erkenntnis durch, daß eine gewisse Konzentration des Angebots auch im winzergenossenschaftlichen Bereich unerläßlich sei. Die örtlichen Winzergenossenschaften Eibelstadt, Erlenbach, Escherndorf, Iphofen, Marktbreit, Rödelsee, Stetten und Mainschleife (Volkach, Astheim, Fahr, Unter- und Obereisenheim, Obervolkach) schlossen sich im Jahre 1959 zur größeren »Gebietswinzergenossenschaft Franken« zusammen, der sie zunächst nur die gemeinsame Vermarktung ihrer Weine, später auch den gemeinschaftlichen Ausbau und die zentrale Lagerung aller Weine anvertrauten.

Standort der Gebietswinzergenossenschaft Franken wurde Repperndorf bei Kitzingen. Ihr gliederten sich bald die Genossenschaften Frickenhausen, Sulzfeld, Wipfeld und Abtswind als Keltergenossenschaften an. Diese sind ihrem Wesen nach lediglich Außenstationen der Gebietswinzergenossenschaft, die das Lesegut ihrer Mitglieder annehmen, wiegen und keltern, um den Most zwecks Ausbau an die Gebietswinzergenossenschaft weiterzuleiten.

Im Jahre 1980 betrug die Mitgliederzahl der fränkischen Winzergenossenschaften 3546 mit einer Gesamtrebfläche von 1911 ha, von denen 968 ha im Ertrag standen. Im Vergleich zur gesamten Rebfläche in Franken sind das 47,5%. 60 Prozent der Weinbaubetriebe Frankens sind damit den Genossenschaften angeschlossen.

Mit der Gründung der Gebietswinzergenossenschaft Franken erreichte im Jahre 1961 die Behälter- und Lagerkapazität aller Winzergenossenschaften 110 298 hl, die sich innerhalb der nächsten 10 Jahre auf 246827 hl erhöhte und heute (1981) 475000 hl beträgt. Diese Lagerkapazität entspricht ungefähr einer gesamten Jahresernte im fränkischen Weinbau.

Heute sind die Genossenschaftskellereien auf das modernste eingerichtet. Sie verfügen über ein ausreichendes Fassungsvermögen an Faß- und Tankraum sowie über ein umfangreiches Flaschenlager, die sie in die Lage versetzen, jegliche Erntemenge ihrer Mitglieder aufzunehmen. Keiner der Genossenschaftswinzer ist heute mehr gezwungen, Notverkäufe aus Mangel an Faßraum in weinreichen Jahren tätigen zu müssen wie das in Menge und Güte überreiche Jahr 1977 bewiesen hat, in welchem in Franken nicht weniger als 468000 hl Most geherbstet wurden. Mag auch in geringen Jahren die Menge an Most den Erwartungen nicht entsprechen oder gar die Qualität unter dem erwarteten Durchschnitt liegen, so sichert dem Häcker seine Genossenschaft den Absatz wie den Preis. Die fränkischen Winzergenossenschaften haben in den zurückliegenden Jahren Beispielhaftes geleistet, was durch großartige Erfolge bei gebietlichen und übergebietlichen Weinprämierungen bestätigt wurde.

Aber die Aufgaben der Genossenschaften erschöpfen sich nicht allein in der Erfüllung ihres ökonomischen Auftrages gegenüber ihren Mitgliedern. Indem sie deren Wirtschaft fördern, hüten sie ihr Eigentum und bewahren den Winzer vor Sorgen um den Ausbau und die Vermarktung der Weine.

Das erscheint bei aller Würdigung der wirtschaftlichen Bedeutung und Erfolge ein wesentlicher Gesichtspunkt zu sein, den man bei Betrachtungen über Winzergenossenschaften nicht außer acht lassen kann: Sie setzen den revolutionären Ideen sozialistischer Wirtschaftsform östlicher Prägung eine bewahrende Ideologie entgegen, nämlich das genossenschaftliche Gedankengut der Gemeinnützigkeit, der sittlichen Verpflichtung zum gemeinsamen Handeln, die Wahrung des Eigentums ihrer Mitglieder und den Geist der gegenseitigen Selbsthilfe. All dieses wurde in den letzten 20 Jahren besonders in den Winzergenossenschaften Frankens realisiert. Es ist für den Außenstehenden vielleicht deutlicher geworden als für die Mitglieder selbst.

In dieses Bemühen gehört auch die Umwandlung der Gebietswinzergenossenschaft Franken im Jahre 1971 zur größten

277

Erzeugergemeinschaft, wodurch es ihr aufgrund der Bestimmungen des Marktstrukturgesetzes der EG und des Bundes ermöglicht wurde, ihre Lagerkapazität noch zu erweitern, ihre Abfüll- und Versandeinrichtungen weiter zu modernisieren und eine ansprechende, erfolgreiche, zeitgemäße Werbung zu betreiben. Dies hatte zur Folge, daß sich weitere Winzerbetriebe, nunmehr auch solche mit mehreren Hektar Rebfläche, an die Genossenschaften anschlossen. Das bedeutet, daß nunmehr die Genossenschaften 50% der Gesamtfläche des fränkischen Weinbaues durch ihre Mitglieder erfassen und vermarkten. Im Vergleich mit den Jahren von 1961–1970 erhöhte sich die Hektarfläche stärker als die Mitgliederzahl, wodurch die durchschnittliche Weinbergsgröße pro Mitglied von 0,40 sich auf 0,46 ausweitete. Es ist anzunehmen, daß sich dieser Trend weiter fortsetzt.

Auch die örtlichen Genossenschaften, die nicht der Gebietswinzergenossenschaft Franken als Mitglied angehören, stehen dieser in der Qualität ihrer Weine keineswegs nach. Vier von ihnen sind Erzeugergemeinschaften geworden: Randersacker, Nordheim, Sommerach, Thüngersheim. Sie alle gelangten in den zurückliegenden Jahren zu glänzenden bis überragenden Prämierungserfolgen. Wesentliche Folge war, daß diese Winzergenossenschaften zu den führenden Betrieben innerhalb ihrer Ortsgemeinschaft aufstiegen. Sortenreiner und sortentypischer Ausbau der Weine werden hier großgeschrieben.

Es liegt im Wesen einer modernen Genossenschaft, daß sie sich nicht mit der zentralisierten Traubenabnahme, dem gemeinschaftlichen Ausbau und der zentral gesteuerten Vermarktung der Weine ihrer Mitglieder zufrieden gibt, sondern auch für eine wirtschaftlich günstigere Verteilung der Rebsorten im Anbau durch ihre Mitglieder Sorge trägt. Dadurch wurde es den Winzergenossenschaften möglich, auch qualitativ mit den Großgütern gleichzuziehen, so daß heute auch die Klein- und Kleinstwinzer über ihre Genossenschaft in der Lage sind, Spitzenweine allerhöchster Wertstufe zu erzeugen. »Leistungsstark und qualitätsbewußt« heißt heute die Parole der Winzergenossenschaften. Die Winzergenossenschaften in Franken sind zunächst eine Selbstmarktorganisation der Kleinwinzer gewesen, geboren aus der Not, gewachsen unter größten Schwierigkeiten und durch die Realisierung genossenschaftlichen Gedankengutes zum bedeutendsten Weinwirtschaftszweig Frankens geworden. Sie leisten durch sorgsame Pflege des Frankenweines einen wesentlichen Beitrag für seine Verbreitung und seinen Ruf.

Die Selbstmarkter

Willkommengruß der Selbstmarkter:

Der Willkomm bin ich genannt,
Und werdt derhalben hierher gesandt,
So angefüllt mit gutem Wein,
Dem, wer zuersten kommt herein,
Dem wird man mich ihm setzen für,
Damit ein jeder seh und kür,
Daß es der Hausherr gut mitt meindt,
Und hält ihn vor ein werden Freund,
Wird sich nicht lange davor wehren,
Solches gereicht ihn und den Hausherrn zu Ehren!

(1641)

Unter Selbstmarktern werden private Weinbaubetriebe verstanden, die ihre Weine selbst ausbauen und vermarkten. Es sind freie Winzer, die weder einer Genossenschaft noch einer Erzeugergemeinschaft angehören und daher auch von den verbandsgebundenen Vorschriften unabhängig sind. Sie bewirtschaften ungefähr 800–1 000 ha der etwa 5 000 ha umfassenden Gesamtweinfläche Frankens. Sie sind über das ganze fränkische Weinbaugebiet verstreut. Ihre betriebliche Rebenanbaufläche beträgt selten unter 1 ha, nur vereinzelt über 10 ha. Vielfach handelt es sich noch um Gemischtbetriebe, in denen der Weinbau mit Landwirtschaft, einschließlich Tierhaltung oder Spargel- und Obstbau verbunden ist.

Die Selbstmarkter haben unter den Weinfreunden einen guten Ruf. Sie werben nicht für ihre Weine, sondern durch ihre Weine. Eine große Zahl hat sich mit den großen Weingütern zu einer Interessengemeinschaft zusammengeschlossen, die weder den Charakter einer Genossenschaft, noch einer Erzeugergemeinschaft hat. Ihre Devise lautet: »Tradition und Fortschritt«, d.h. sie sind nicht nur fortschrittlich, sondern auch Hüter der fränkischen Weinbau- und Weinkultur, um es mit einem Satz zu sagen: Sie sind das Rückgrat des fränkischen Qualitätsweinbaues. Da sie seitens des Staates, des Bundes oder der Europäischen Wirtschaftsgemeinschaft keine finanziellen Zuwendungen — mit Ausnahme über die in der gesamten Landwirtschaft laufenden und vorrangig betriebenen Flurbereinigung — erfahren, haben sie sich die Freiheit des Handelns und des Wortes bewahrt.

Die Vermarktung ihrer Weine kennt keine Transportschwierigkeiten, da sie über einen treuen Kundenstamm verfügen, der sich seine Weine im allgemeinen persönlich beim Winzer abholt. Absatzsorgen kennt der Selbstmarkter nicht, eher muß der Kunde bestrebt sein, nicht aus dem Stammkundenbuch seines Weinbauern gestrichen zu werden. Der Verkehr zwischen Häcker und Weinfreund ist freundschaftlich und das Abholen der Weine ist stets mit einem ausgiebigen Gedankenaustausch verbunden. Der Besucher wird in der besten Stube empfangen, die als Weinprobierstube eingerichtet ist; nicht pomphaft und protzend, trägt sie die persönliche Note — echt fränkisch, gemütlich. Hier ist der Kunde nicht nur König, sondern Freund; das läßt die Weinprobe erkennen, die ihm zu Ehren zelebriert wird. Die fränkische Vesper darf dabei nicht fehlen. Da gibt es Schwarzbrot, Rot- und Weißgelegten, Preßsack, Schinken und gewürfelten Käse. Butter als Aufstrich ist nicht fränkisch, dafür sind die Zugaben dicker als anderswo.

Der selbstmarktende Häcker hat immer Zeit für seine Kunden. Ihm kommt es nicht auf Stunden an; denn der Tag, an dem sein Weinkunde kommt, ist für ihn ein Feiertag. Bei der Probe wird nicht übers Geschäft gesprochen. Sollte der Kunde seine Wünsche äußern, werden die Bocksbeutel inzwischen von der Häckersfrau fachgerecht verpackt und im Auto verstaut.

Ist der Kunde ein langjähriger Freund des Hauses, dann wird er auch zur Kellerprobe eingeladen; eine Reverenz, die der Häcker hiermit seinem Kunden erweist und von dem er weiß, daß dieser auch den noch nicht fertigen Weinen seinerseits seine

Achtung erweisen wird. Da wird dann probiert, Faß für Faß, vorwärts und rückwärts und rückwärts und vorwärts. Schluck folgt auf Schluck, weise Worte werden gewechselt und geglaubt. Man sagt den Weinen die Zukunft voraus. Für das kommende Jahr werden schon Verabredungen getroffen und dann wird man feststellen, was in der Erinnerung geblieben ist.

Der Kunde kennt bald die Weine seines Häckers so gut wie ihn selbst. Er könnte anhand der Liste seine Weine bestellen. Aber das tut er nicht. Ihm ist ein Besuch in »seinem« Weingut genauso ein jährliches Erlebnis wie dem Winzer.

Und wie man so im Keller vor den Fässern fachsimpelt, umnebelt vom Kellerduft, geht der Häcker seitwärts in einen kleinen verschlossenen Raum, wo seine im Flaschenlager gereiften Schätze liegen, in seine Schatzkammer. Sie ist klein, aber ihre Schätze sind Edelsteine in flüssiger Form: 5, 10, 15, 20, 25 Jahre und älter. Er kommt mit einem verstaubten Bocksbeutel zurück. Sorgfältig schiebt er den Staub auf dem Etikett zur Seite und murmelnd liest er Jahrgang, Lage und Sorte. Und ehe er ihn entkorkt, erzählt er seine Geschichte. Jahre, Sorgen und Ängste, Freud und Leid werden wieder lebendig und er schämt sich seiner Tränen nicht. Und dann rinnt er aus der Flasche, der edle Saft, der noch mit der jugendlichen Herzenswärme des Häckers eingeschlossen wurde in dieses herrliche Gefäß, das den bacchischen Namen »Bocksbeutel« trägt. Die Stunden vergehen im Fluge. Es wird Nacht. Aber wer merkt, wann die Nacht kommt, wenn man im Keller den Weinen mehrerer Jahrgänge seine Aufmerksamkeit widmet? Die Hähne krähen bereits. Aus dem weindurchdufteten Nebelschleier des Kellers steigt man beschwingt und frisch nach oben. Beglückt und weintrunken wirft sich die Weinseele in banger Freude in die Arme des Morpheus. Sie träumt und träumt − vielleicht von »Regenbogenbrücken«, welche die Inseln der seligen Weinfreunde verbinden, vielleicht von den straßenlosen Lustgärten des Dionysos, von den leuchtenden Äugelein des trunkenen Bacchus im Bremer Ratskeller. Wer weiß? Anderntags, 11 Uhr, steht der Weinfreund frisch und neugeboren wieder da, frei von Schuld und Sühne und schmettert mit seinem Freunde, dem Häcker, von der Orgelbühne der Dorfkirche das Te Deum.

Wer einmal das Glück hatte, eine solche Probe zu zweit oder zu dritt zu erleben, wird sie nie vergessen, wird die Herzlichkeit verspürt haben, die eine echte fränkische Gastlichkeit ausstrahlt, eine Menschlichkeit und Ehrlichkeit, die vom Herzen kommt und zum Herzen geht: So der Häcker — so der Frankenwein. Der Wein ist das äußerlich verbindende Element zwischen Winzer und Kunden. Um fränkische Gastlichkeit zu erleben, genügt es nicht nach Domen, Kirchen, Toren, Burgen und Gasthäusern Ausschau zu halten. Man muß sie in den Probierstuben der Häcker, in den alten gewölbten Kellern im Schein flackernder Kerzen zwischen Fässern und Flaschen suchen, um etwas von der Liebe zu erkennen, mit der auch heute noch der fränkische Winzer seine Weinberge pflegt, seine Weine selbst ausbaut und mit seinen Weinen lebt, wo in jedem Faß, in jeder Flasche ein Teil seines Wesens mit hineinfließt und sich so lange verborgen hält, bis ein Weinkunde den Wein im Bocksbeutel von Kork und Flasche befreit und mit Andacht genießt.

So sieht der Selbstmarkter sein Verhältnis zu seinen Kunden. Und umgekehrt weiß der Kunde, daß er bei seinem Häcker einen echten, ehrlichen Frankenwein mit einer persönlichen Note bekommt. Wenn auch die Jahre bisweilen nicht immer alle Wünsche des Kunden erfüllen können, so weiß auch das der Kunde zu honorieren. Er wird seinem Häcker deswegen nicht untreu.

Der Staat täte gut daran, wenn er den Selbstmarkter in seiner Eigenart bestehen lassen würde. Vor allem sollte der Staat nicht versuchen, auch den Selbstmarkter zu verwalten. Es würde nicht nur die letzte Quelle der Weinromantik und Weinkultur verschwinden, sondern auch das Vertrauen in den Frankenwein. Diejenigen Kunden, die ihren Wein vom Häcker holen, wissen sehr wohl, daß es einen einheitlichen Gebietsweintyp für Franken nicht gibt und nie geben kann. Es sei denn, man schüttet alle Möste aus allen Lagen Frankens von allen Sorten zusammen und egalisiert ihn mittels EDV, kontrolliert seine Qualität mittels Computer und erklärt dieses Gemisch dann für den Gebietstyp, wie es vielleicht 200 Jahre früher ohne EDV geschah. Diese Befürchtungen hegen die Selbstmarkter nicht zu Unrecht und nicht ohne Grund. Das wurde ihnen anläßlich der Veitshöchheimer Weinbautage 1981 in einem Grundsatzreferat des Weinbaureferenten des Ministeriums klar gemacht und wird auch durch Stephany, einem Vertreter des deutschen Weinhandelsverbandes, allen Ernstes für die Herstellung eines deutschen Weintyps in die Diskussion gebracht (Kreuznacher Weinbautage 1981). Wer das fränkische Weinbaugebiet einigermaßen kennt, wird es als Irreführung bezeichnen müssen, wenn von einem fränkischen Gebietsweintyp überhaupt schon die Rede ist.

Die fränkischen Selbstmarkter wehren sich mit Recht, wenn ihnen verboten werden sollte, nur noch jene Sorten anzupflanzen, die zur Herstellung eines einheitlichen Gebietsweintyps vorgesehen waren. Sie brauchen Sorten, die die Großanbieter nicht haben. Sie brauchen mehrere Sorten, weil sie von ihrer kleinen Fläche von 1–10 ha mehrere Sorten anbieten müssen, um
a) als Weingut zu bestehen und
b) dem Kunden die Abwechslung in Weinen zu verschaffen, die er sich sonst bei den Großanbietern holen würde.
Es ist selbstverständlich, daß der Selbstmarkter nur solche Sorten anpflanzt, die geschützt und in die Sortenliste eingetragen sind.

Dem Häcker vorzureden, daß er durch seinen individuellen Anbau und Ausbau das Gleichgewicht auf dem europäischen Markt gefährdet, dessen Weinanbaufläche über 3 Millionen Hektar beträgt, gehört ins Reich des administrativen Beherrschenwollens. »Tradition und Fortschritt«, die Freiheit der Rede und des Handelns werden hoffentlich auch fürderhin Richtschnur des selbstvermarktenden Häckers bleiben.

Vom fränkischen Weinhandel

> »Und kann ein Land nicht haben
> Des edlen Weines Gaben,
> So fährt's ein Fuhrmann drein;
> Drum an allen Orten
> Von viel und manchen Sorten
> Wird g'funden guter Wein.«

Der Häcker kann dann seine Weinberge bauen und pflegen, wenn er jemanden findet, der ihm für seine Weine den gerechten Preis zahlt. Was nützt der beste Wein, wenn er nicht getrunken wird? Er ist ja nicht Selbstzweck. Seinen Ruf und Ruhm gewinnt er erst durch den Weintrinker, der ihn zu würdigen weiß und ihm Freund geworden ist. Solche Weinfreunde, Kunden des Kaufmanns und des Winzers, wollen geworben und bedient sein. Der fränkische Weinhandel beschränkt sich keineswegs auf eine rein kaufmännische Tätigkeit. Seine Mitglieder sind nicht nur Mittler zwischen Winzer und Weintrinker, zwischen Produzenten und Konsumenten, sondern auch Weinbauern und Kellermeister. Die meisten fränkischen Weinhändler schneiden noch heute persönlich ihre eigenen Weinberge und bauen ihre Eigenbauweine aus, wie in ihren Händen auch die fürsorgliche Pflege und der weitere Ausbau vieler dem Konsum zufließenden Möste der Winzer liegt.

Herolde des Weines sind die Weinkaufleute. Sie sind es, die den Kreis der Weinfreunde ständig zu vergrößern trachten, den Absatzmarkt erweitern und intensivieren. Sie bringen den Wein vom Winzer zum Verbraucher. Hin und her, kreuz und quer laufen die Fahrzeuge. Waren es früher Schiffe und Pferdefuhrwerke, so sind es heute schnelle, motorisierte Lieferwagen mit gestapelten Flaschenkisten, mit Holzfässern und Stahltanks oder gar reine Tankwagen. Trotz aller Modernisierung sind die Sorgen des Kaufmannes die gleichen geblieben, nur mit dem Unterschied, daß sie in früheren, ruhigeren Tagen langsamer kamen, aber auch nur allmählich erst überwunden werden konnten, während sie in der heutigen, schnellebigen, turbulenten Zeit überfallartig auftreten, um möglicherweise schon bald wieder zu verschwinden oder das Geschäft über Nacht zu ruinieren. Mußte der Kaufmann im Mittelalter mit einem Raubüberfall auf seine Wagen oder Schiffe rechnen, so bilden heute Verkehrsunfälle nicht minder bedeutsame Unsicherheitsfaktoren. Der Weinkaufmann muß wachsam sein. Ist er behutsam, klug und weise, so geht es ihm gut, und wenn es ihm gut geht, so strahlt sein Wohlstand auch auf die Winzer über. »Kaufmanns Gut hat Ebbe und Flut«, das gilt auch für den fränkischen Weinkaufmann heute wie ehedem.

Der fränkische Weinhandel läßt noch heute eine bemerkenswerte bodenverbundene Struktur erkennen, denn seine Geschichte ist mit der des fränkischen Weinbaues eng verknüpft. Es waren nicht landfremde Kaufleute, wie an Mosel und Rhein, die den Handel mit Frankenwein organisierten. Wie der Weinbau, so erlebte auch der fränkische Weinhandel seine Anfänge in den Klöstern, denen es auf den Absatz ihres eigenen Produktes bzw. ihrer Überschußprodukte ankam. Zwar war dies kein eigentlicher Handel im volkswirtschaftlichen Sinne, sondern zunächst nur ein Weinverkauf. Die Klöster versorgten z.B. in erster Linie ihre Niederlassungen in weinarmen Gegenden mit den edlen Erzeugnissen ihrer oft großen Weinbergflächen. Außerdem waren sie es im frühen Mittelalter vielfach allein, die den Reisenden Kost und Herberge gaben. Und schließlich waren sie das Ziel großer Prozessionen und zahlreicher Wallfahrten, deren Teilnehmern der Zins- und Zehntwein der Klöster als Labsal und Wegzehrung diente. Der Konsumentenkreis war so groß, daß er nicht nur sicheren Absatz auch für die geringen Weine bot, sondern vielfach es notwendig machte, daß noch Weine zugekauft werden mußten.

An diesem Zukauf konnten sich im 14. und 15. Jahrhundert bereits freie Handelsleute, also sog. Unterkäufer, beteiligen. Der Anfang ihrer Handelstätigkeit wurde ihnen nicht leicht gemacht. Durch Einfuhr- und Ausfuhrbeschränkungen, durch Schutzverordnungen für den eigenen Wein und schließlich durch Zölle wurde ängstlich darüber gewacht, daß in Notzeiten nicht zuviel des edlen Frankenweines über die Grenzen ging, wie in Zeiten des Überflusses kein fremder Wein eingeführt werden sollte, solange der eigene Wein noch nicht abgesetzt war. So wurde im Jahre 1368 die Einfuhr fremder Weine auf zwanzig Jahre verboten. Im Jahre 1373 bewilligte Kaiser Karl IV. dem Fürstbischof Gerhard von Schwarzburg einen Güldenzoll, der auf jedes Fuder Wein, das ausgeführt werden sollte, erhoben wurde, »was allen fürsten und herren und steten und allem land wider war«. Die Rats- und Gerichts-Ordnung von Eibelstadt aus dem Jahre 1534 verbietet die Einfuhr fremder Weine, solange der eigene Vorrat reicht: »Soll nun hienfür kein Inwoner oder Mitburger alhie zu Eivelstatt keinen Wein mehr hereinfuhren, kaufen noch einlegen, er sei behrweis noch ausgewunden, neuen noch virnen in keinerley Weis, wenig noch viel, er sey ime dan selbst uf dem seynen erwachsen oder ererbt hett, ohn Erlaubtnus der Amptmenner, Burgermeister und Raths, bey der hechsten Buß und Herrschaft. — Soll kein Mitburger oder Inwoner alhie keinen auswendigen und frembden, keinen Wein behrweis oder ausgewunden, nit legen, einnehmen noch beherbergen, wenig noch viel, ohn Erlaubtnus der Amptleut, Burgermeister und Raths bey obangetzaigter Buß ohn Genadt.«

Wenn dem freien Handel einerseits auch Hemmnisse in den Weg gelegt und Schwierigkeiten bereitet wurden, so fand er andererseits aber auch durch Verordnungen eine bemerkenswerte Unterstützung seitens der Obrigkeiten dadurch, daß den Bürgern wohl erlaubt war, eigene Weine unter sich frei zu verkaufen (Ursprung der Hecken- und Straußwirtschaften), während sich die Fremden nur durch den »Unterkäufer« Wein verschaffen konnten. Die Rechte und der Aufgabenbereich dieser Weinhändler waren genau festgelegt.

Klöster, Stiftskapitel, Herrschaften und Städte sicherten sich den Absatz ihrer geringen Zehntweine dadurch, daß sie ihre Untertanen zum Weintrinken in ihre Gaststätten bannten, wo, solange »Bannwein« ausgeschenkt wurde, kein anderer Wein gereicht werden durfte. Alle Feste, Kindtaufen, Kirchweihen und Jahrmärkte mußten nur mit Bannwein begangen werden. Ging dieser Zinswein bei solchen Gelegenheiten nicht ganz aus, wurde der Rest den Bauern und Bürgern ins Haus gebracht. Natürlich mußte er bezahlt werden. Der Bannwein war nicht beliebt. Ganze Dörfer trachteten nach Befreiung von dieser Verpflichtung.

War der Bannwein vertrunken, durfte anderer Wein zugekauft werden, allerdings nur gegen eine gewisse Abgabe an die Landesherren, Städte oder Gemeinden. Diese Abgabe nannte man » Ungelt «. Es verdrängte bald den Bannwein. Aus dem Ungelt entwickelte sich später die Verbrauchssteuer, die als Umsatzsteuer, ergänzt durch die örtlich erhobene Getränkesteuer, um die Mitte des 20. Jahrhunderts ihre Fortsetzung gefunden hat. Hatten schon Stifte und Klöster versucht, den Kleinhandel mit Wein in ihre Hand oder doch wenigstens unter ihre Kontrolle zu bekommen, so sicherte sich der Würzburger Magistrat den Kleinverkauf in Flaschen dadurch, daß er sich allein das Recht vorbehielt, » den Wein in Bouteillen abzufüllen «.

Während sich in den Weinbaugebieten am Rhein, an der Mosel und im Elsaß schon im 13. Jahrhundert ein bedeutender Handel mit Wein entwickeln konnte, für den Frankfurt die Metropole war, wurde der Frankenwein wegen des starken Eigenverbrauchs außerhalb des Landes kaum gehandelt. Erst um die Mitte des 16. Jahrhunderts wurde er freigegeben und damit zu einer gesuchten Handelsmarke auf dem Frankfurter Weinmarkt.

Doch die schweren Kämpfe der Reformationszeit, vor allem der Dreißigjährige Krieg mit seinen ungeheuren Verwüstungen, Plünderungen und Unsicherheiten auf allen Verkehrswegen, gaben dem im Mittelalter gut entwickelten allgemeinen Weinhandel den Todesstoß. Wenn sich auch die Hochstifte, Landesherren und Magistrate der Städte in Franken nach diesen trüben Zeiten betont handelsfreudig zeigten, so konnte sich der Weinhandel doch nur sehr langsam erholen. Es war ihm nicht möglich, als Spezialhandelszweig weiter zu existieren, während er früher zeitweise der bedeutendste Handelszweig überhaupt war. Kuno Meuschel schreibt dazu: » Zu den äußeren Schwierigkeiten (Zölle und Abgaben) kamen noch innere Einschränkungen im Heimatland selbst. So erschien am 4. November 1701 eine landesherrliche Verordnung, wonach den Verkäufern und überhaupt jedermann das » Faktorieren «, das An- und Verkaufen von Most für Fremde, verboten, auch das Vermieten von Kellern und Fässern an Fremde zur Niederlage und Einkellerung der einzukaufenden Möste untersagt wurde. Auch die Bevölkerung widersetzte sich direkt dem Versand von Wein nach auswärts, offenbar mit Rücksicht auf die eigene Versorgung. Noch 1737 wurde verlangt, der Weinhandel solle » als eine polizeiwidrige und dem gemeinen Wesen schädliche Sach « verboten werden.

Sogar als dann wegen mangelnden Absatzes von der Würzburgischen Regierung erwogen wurde, Vertrauensleute mit Proben zur Frankfurter Messe zu entsenden, erhob die Bevölkerung unter Berufung auf das Ausfuhrverbot von 1701 schärfsten Einspruch. Auch Würzburger Kaufmannskreise regten sich darüber auf, daß Weinhändler von anderen Orten Weine in Würzburg einkellerten, um sie bei passender Gelegenheit wieder auszuführen. Der außerfränkische Freihandel verdrängte den im Weinbau des Hochstiftes, der Kirchen, Klöster, Spitäler und freien Städte verankerten fränkischen Weinhandel. Er überflutete von Spanien, Holland und England aus alle Weinbaugebiete und verschonte auch nicht den im Besitz von geistlichen wie weltlichen Grundherrn befindlichen fränkischen Weinbau. Da der Freihandel bare Münzen brachte, wurde er sogar von den Feudalherrn gefördert und damit zum dominierenden Faktor des Weinbaues. Grundherrn und Häcker wurden in gleichem Maße von ihm abhängig.

In den Kellern der Weinhändler befanden sich welsche, französische und Pfälzer Weine, während die fränkischen Häcker auf ihren Weinen sitzen blieben, die darob versuchten, durch allerlei mögliche Künsteleien, Streckungen mittels Wasser oder ausländischen minderwertigen Mösten ihre Weine mit Gewinn an den Mann zu bringen. Der Würzburger Stadtrat und Professor

Stift St. Burkard.

Bastian Wermut, der hat mit seinen Odenwälder Bauern den Burkarder Stifts=keller bis auf den Grund ausgetrunken 280 Fuder sind drin gewest. Am Sonntag ~ Cantate ~ 14 Mai 1525 hat man das Sauffen= angefangen

den Rittern vom ROSSBERG SEIER EIN VORBILD BEIM MOSTFEST 1903

32 *Mostfestblatt für den Künstlerkreis der »Rossberger«, 1903,*
Steinzeichnung von Matthäus Schiestl

Hamelburg.

33 Alte Ansicht von Hammelburg, erste Hälfte 18. Jahrhundert

der Rechte K.A. Franz (1958) läßt keinen Zweifel darüber, daß mit der Ausweitung des außerfränkischen Weinhandels Betrügereien, Unterschleife und Fälschungen aufkamen. Es kam gegen Ende des 18. Jahrhunderts zwischen dem außerfränkischen und fränkischen Weinhandel mit eigenem Weinbergsbesitz zu marktwirtschaftlichen Kontroversen, denen im Zeichen des Kapitalismus und Liberalismus der urfränkische Weinhandel unterliegen mußte. Das wurde erst anders, als sich der weinbauende fränkische Weinhändler selbst in Not befand und seine Frankenweine trotz ihrer qualitativen Überlegenheit nicht verkaufen konnte. Hinzukam, daß im 19. Jahrhundert (1806) der Bohnenkaffee in Deutschland seinen Einzug hielt. Damit wurde er — neben Bier — zum wichtigsten Konkurrenten des Weines.

Aus den sicherlich geistreichen Nachmittagszusammenkünften der Frauen, bei denen je Kopf 2–3 Maß (1 Maß = 1,22 Liter) Wein getrunken wurde, entwickelten sich die gemütlichen Kaffeekränzchen. Namentlich in den Städten verlor der Wein mit ihnen einen wichtigen Kundenkreis. In Würzburg freilich gibt es auch heute noch dem Wein treu ergebene Frauenstammtische. Das dürfte aber auch wohl eine im deutschen Weinbaugebiet einmalige Erscheinung sein, die historisch gewürdigt werden sollte, zumal die Frau auch heute noch ein bedeutender Kunde des Weinhandels ist, da sich der Mann oft ganz nach den Wünschen und dem Geschmack seiner Frau richtet.

Der 1980 im Alter von 98 Jahren verstorbene Senior des fränkischen Weinhandels, K. Meuschel, schreibt darüber: »Es waren durchaus keine guten, sondern recht traurige Zeiten, als anno 1826 der Küfer und Weinbergsbesitzer X, der Not gehorchend, sich entschloß, eine Fuhr Wein nach auswärts zu bringen. Das Frankenland lag damals voll von minderem Wein, der im Lande aber nicht abzusetzen war; jegliches Geschäft stockte, und das Bargeld fehlte. Da wurde also der Mellrichstadter Bote, der gerade in Kitzingen »stapelte«, von dem Stammvater des bekannten Geschäfts gechartert (wie man in der Seemannssprache sagt); ein Botenfuhrwerk wurde mit passenden Fässern vollgeladen, und der Herr fuhr selbst mit. Unterwegs wurde ein Fäßchen nach dem anderen verkauft, und in Ostheim an der Rhön wurde das letzte Fäßchen an den Mann gebracht. Durch den Erfolg ermutigt, wurde ein zweiter Wagen geladen, diesmal ging die Fahrt nach Thüringen, und auch dort war die Nachfrage so groß, daß in Gotha das letzte Ohm (150 Liter) der zweiten Fuhr verkauft werden konnte.«

Auf dieser Basis entwickelte sich in Franken wieder ein blühender Weinhandel, der zu Beginn des 20. Jahrhunderts 250 eingetragene Firmen nachweisen konnte. Würzburg, Sommerhausen, Volkach, Sulzfeld und Kitzingen besitzen noch heute renommierte, über Bayerns Grenzen hinaus bekannte Weinhandlungen, teils noch mit eigenem Weinbergbesitz. Der fränkische Weinhandel ist, wie die Geschichte immer und überall zeigt, aus dem Weinbau erwachsen und ebenso wie dieser mit Frankens Geschichte eng verknüpft. Er ist über das gesamte Frankenland verteilt.

Das Zeitalter der Eisenbahnen einerseits, erst recht der motorisierten Wagen, hat die Verkehrsverhältnisse teilweise stark verschoben. Andererseits haben auch Mode- und Geschmackswandlungen vielfach zwingenden Einfluß geübt. Diesen veränderten Verhältnissen hat das Weingeschäft mit dem feinfühligen Sinn des Handels Rechnung getragen; es mußte sich stets jene Sorten beilegen, denen der Konsument sein Interesse zuwandte. Heutzutage führt der Weinhandel Frankens wohl alle gangbaren Arten in- und ausländischer Weine. Allein trotz aller notwendigen Rücksichtnahme auf Verkehrs- und Geschmacksverhältnisse legte der fränkische Handel doch stets besonderes Gewicht auf das Gewächs seiner Heimat; auf den Preislisten fränkischer Weinhandlungen findet man in erster Linie den Frankenwein, und es gibt kaum eine Weinhandlung in Franken, die nicht als Spezialität den »Bocksbeutel« anbietet.

Hocherfreulich ist die Tatsache, daß der gewonnene Kundenkreis dem Frankenwein die Treue hält. Man sagt: »Wer einmal am Frankenwein genippt hat, den läßt er nicht mehr los.« Daß es auch heute noch so ist, beweisen alte, jahrzehntelange Geschäftsverbindungen, die vor dem unseligen zweiten Weltkrieg mit Berlin, Oberschlesien, Pommern, Ostpreußen und Danzig angeknüpft waren und die von den angesiedelten, vertriebenen und ihres Eigentums beraubten treuen Frankenweinfreunden mit dem fränkischen Weinhandel wieder aufgenommen wurden. Aber auch hier hat der Krieg seine verheerenden Wirkungen hinterlassen. Alte Weinhandelshäuser, ehemals wegen ihrer Redlichkeit, Ehrlichkeit und Weinkultur bekannt, waren Opfer der schwersten Verwüstung am 16. März 1945 geworden, die Würzburg im Laufe seiner 1 200jährigen Geschichte erleben mußte. Schwer war der Kundenkreis getroffen, schwer lag auch der fränkische Weinhandel am Boden. Wo die Gebäude und Keller nicht zerstört waren, wurde der Wein von der feindlichen Truppe ohne Entgelt requiriert. Als der Kunde aus den östlichen Gebieten eine Heimat im Westen oder in Berlin gefunden hatte, erinnerte er sich in enger Verbundenheit zum Frankenwein an seinen früheren Weinhändler, denn, wo einmal ein gutes fränkisches Haus eingeführt ist, da findet auch selten ein Wechsel statt. Ein auf der Grundlage des Vertrauens aufgebauter Kundenkreis ist die beste Sicherheit für den Weinhandel.

Das weiß der fränkische Weinhandel, der von jeher und so auch heute und in Zukunft bestrebt ist, nicht nur einen zahlenden Kunden, sondern einen zufriedenen Freund des Frankenweines zu gewinnen.

Mit dem fränkischen Weinbauverband, der Berufsvertretung der fränkischen Winzer, dem Fremdenverkehrsverband »Franken« und dem Raiffeisenverband hat sich der fränkische Weinhandel zu einer wirkungsvollen und erfolgreichen Werbeorganisation »Frankenwein-Frankenland« zusammengeschlossen, der es obliegt, dem Frankenwein neue und sichere Absatzmöglichkeiten und -gebiete zu erschließen. Die Belieferung seines Weinmarktes mit stets sauberen und reintönigen, fränkischen Weinen hat er sich dadurch gesichert, daß er mit seinen treuen Mostlieferanten, den Häckern, eine Erzeugergemeinschaft »Frankonia« geschlossen hat, mit ortsgelegenen Kelterstationen — wie die Gebietswinzergenossenschaft — und der Auszahlung in bar im letzten Monat des Erntejahres.

V. Neue Ordnung im fränkischen Weinbau

» Das ist der Weiseste der Weisen,
Der jeden Weines Heimat kennt
Und Traube, Lage, Jahrgang nennt!
Laßt uns ihn fromm willkommen heißten!«

Ado Kraemer

Gesetze sind nicht von Ewigkeit und für die Ewigkeit, erst recht nicht Weingesetze. Innerhalb eines Jahrhunderts hat es in Deutschland fünf jeweils neue Weingesetze gegeben, wobei es bis zum vierten deutschen Weingesetz einschließlich im wesentlichen darum ging, den Naturwein vom verbesserten und künstlich hergerichteten Wein unterscheidbar zu machen und Weinbehandlungsmethoden, die früher teilweise als »Weinschändung« angesprochen wurden, zu legalisieren. Das letzte deutsche Weingesetz aus dem Jahre 1971 kennt zwar auch noch den naturreinen und den angereicherten Wein, verbietet aber den ausdrücklichen Hinweis auf dem Etikett oder im Angebot. Dies ist im Hinblick auf die europäische Weinmarktordnung geschehen, da weder die Franzosen noch die Italiener angeben, ob und welche ihrer Weine mit Zucker oder Alkohol verbessert wurden.

Die Gruppeneinteilung der Weine

Nach dem neuen Weingesetz gibt es zwei Weingruppen: Tafelwein und Qualitätswein bestimmter Anbaugebiete (Qu.b.A.). Die Gruppe der Qualitätsweine ist wieder unterteilt in Qualitätsweine schlechthin und in Qualitätsweine mit Prädikat (Prädikatsweine). Als Prädikat dürfen folgende Begriffe benutzt werden, die eine Wertstufe darstellen: Kabinett, Spätlese, Auslese, Eiswein als Zusatz zu den Prädikaten Spätlese und Auslese, Beerenauslese und Trockenbeerenauslese. Qualitätsweine mit Prädikat dürfen grundsätzlich nicht angereichert sein. Qu.b.A.-Weine und Tafelweine können verbessert sein. Sie müssen sogar angereichert werden, wenn sie von Natur aus nicht die notwendigen Öchslegrade mitbringen, um als Tafelwein mindestens 68 g Alkohol im Liter, als Qualitätswein mindestens 71 g Alkohol im Liter zu ergeben. Tafelweine und Qualitätsweine unterscheiden sich durch ihr Ausgangsmostgewicht, das für Tafelweine zwischen 44° und 60°, für Qualitätsweine in Franken bei 60° als gesetzlich fixiertes Mindestmostgewicht liegt. Tafelweine müssen so angereichert sein, daß sie 68 g/l tatsächlichen Alkohol aufweisen. Der Gesamtalkohol, das ist der tatsächliche Alkohol + unvergorener Restzucker, darf jedoch 91 g/l nicht übersteigen. Die Anreicherung darf nur 28 g/l insgesamt betragen. Qualitätsweine dürfen ebenfalls nur eine Anreicherung je Liter um 28 g/l erfahren haben und dürfen 95 g/l bei Weißweinen und 99 g/l bei Rotweinen als Gesamtalkoholgewicht nicht überschreiten. Im Gegensatz zum Tafelwein braucht Qualitätswein nur 56 g/l an tatsächlichem Alkohol zu haben, woraus zu folgern ist, daß Tafelweine i.allg. alkoholreicher sein werden als Qualitätsweine.

Tafelweine und Qualitätsweine b.A. sind unterschiedlich gekennzeichnet: Tafelweine tragen auf dem Etikett den Aufdruck »Tafelwein« mit Angabe des Tafelwein-Anbaugebietes »Main«. Das Tafelwein-Anbaugebiet »Main« umschließt sämtliche Weinbergslagen innerhalb Bayerns. Tafelweine dürfen auf dem Etikett und im Angebot Jahrgangsbezeichnungen, Orts- und Sortennamen führen, aber niemals eine Lagenbezeichnung und eine amtliche Prüfnummer.

Qualitätsweine b.A. dagegen sind nicht nur deutlich als solche benannt, sondern weisen auf dem Etikett wie im Angebot das Qualitätsweinbaugebiet »Franken«, sowie die amtliche Prüfnummer (A.Pr.Nr....) nach. Qualitätsweine b.A. werden bei der Regierung von Unterfranken einem amtlichen Prüfungsverfahren (chemische Analyse und Sinnenprüfung durch eine neutrale Kommission) unterzogen. Die Amtliche Prüfungsnummer ist beim Weinverkauf durch den Verbraucher auf der Flaschenausstattung unbedingt anzugeben. Qu.b.A.-Weine können durch die Angabe von genauer geographischer Herkunft, Jahrgang und Rebsorte eingehender identifiziert sein.

Nicht angereicherte Tafel- oder Qu.b.A.-Weine sind von angereicherten nicht zu unterscheiden, da sie als solche lt. Gesetz nicht kenntlich gemacht werden dürfen. Winzerbetriebe, die noch die Naturreinheit eines Weines als eins der Qualitätsmerkmale anerkennen, heben ihre Qualitätsweine durch Verschnitt mit hochgradigen Eigenbauweinen auf das erforderliche Alkoholgewicht an. Diese Art der Anreicherung hat gegenüber jener mittels Zuckerzugabe den Vorteil, daß außer Alkohol auch jene Bestandteile eines Traubenmostes angereichert werden, die erst die eigentliche Wesensart des Weines überhaupt ausmachen.

Für Franken ergab sich auf Grund des neuen Weingesetzes von 1971 eine neue Einteilung seiner Anbauflächen.

So entspricht die Aufgliederung Weinfrankens in die drei Bereiche: *Mainviereck, Maindreieck* und *Steigerwald* — großräumig gesehen — unterschiedlichen geographischen, geologischen und klimatischen Gegebenheiten.

Der Bereich *Mainviereck* umschließt den Untermain von Kreuzwertheim bis Aschaffenburg, sowie die abseits gelegenen Räume des Bachgaues um Großostheim und das nordwestlich von Aschaffenburg gelegene Tal der Kahl — auch Kahlgrund genannt — mit den Weinorten: Hörstein, Wasserlos und Michelbach. Im Kahlgrund wachsen die Reben auf Urgesteinsböden (Glimmerschiefer, Gneis und Granit), im Bachgau in fruchtbaren Lößauflagerungen auf dem Buntsandstein des Odenwaldes, und von Aschaffenburg bis Kreuzwertheim, links und rechts des Maines, an den Süd- und Südwesthängen des Spessarts und des Odenwaldes im unteren, mittleren oder oberen Buntsandstein. Das Klima des gesamten Mainvierecks ist maritim.

Der Bereich *Maindreieck* reicht von Marktheidenfeld bis Schweinfurt. Dazu gehören auch die Nebentäler der fränkischen Saale und der Wern. Der Urboden gehört der Muschelkalkformation an. Das Großraumklima ist größtenteils kontinental, zum geringeren Teil maritim. Der kontinentale Einfluß nimmt von Westen nach Osten zu, die Vegetationszeit von Norden nach Süden ab.

Der Bereich *Steigerwald* umfaßt die Weinbergslagen am Fuß des Steigerwaldes, der Frankenberge und am Obermain. Hier gibt der Keuper in mannigfacher Abwechslung, bald als Gipskeuper, bald als Buntkeuper das Bodensubstrat ab. Das Klima ist naturgemäß stärker kontinental geprägt als im » Maindreieck «.

Neues Weinbaukataster

Innerhalb der Bereiche hat eine Bereinigung der Lagenamen stattgefunden, gefördert durch die Maßnahmen der Flurbereinigung, die manche benachbarte Lagen egalisierte, so daß schon aus diesem Grunde eine Unterscheidung benachbarter Lagen nicht mehr möglich war; begründet durch die Tatsache, das der Bonitätsgrad einer Lage nicht mehr absolut zu bewerten ist, sondern immer nur relativ, je nachdem, welche Rebsorte in ihr das beste Ergebnis bringt. Man kann auch sagen: Eine Weinbergslage ist so gut wie die Sorte, die in ihr gepflanzt ist. Von dieser Feststellung aus muß auch der Wiederaufbau der fränkischen Weinberge erfolgen, soll die Flurbereinigung nicht Stückwerk bleiben.

Der Name, unter dem mehrere frühere Lagen zusammengefaßt wurden, hatte daher auch in erster Linie eine marktwirtschaftliche Bedeutung, nicht mehr eine weinbauliche, da es im Zeitalter der Rebenzüchtung möglich wurde, bei richtiger Auswahl der Sorten für eine Lage auch in früher als gering bezeichneten Gewannen beste Qualitätsweine zu erzeugen. So erweist sich für Franken der Sortenname auf dem Etikett ebenso wichtig wie der Lagename. Die Hauptsache bleibt die angebotene Qualität des Weines im Glase. Das Gerüst des Weines aber liefert einzig und allein die Sorte. In einer gezielten Kellerwirtschaft erhält er erst seine Marktfähigkeit, sein Kleid und sein Aussehen.

Die Erkenntnis der relativen Bedeutung einer Lage für die Qualität der Weine in Abhängigkeit von der jeweiligen Rebensorte hat dazu geführt, daß von den früher über 400 in Franken vorhandenen Einzellagen nach dem Stande des Weinbergskatasters vom 15. 9. 1973 nur 145 Einzellagen übrig geblieben sind.

Die neuen Einzellagen haben neben ihrer teilweisen Ausweitung aber auch eine scharfe Abgrenzung erfahren, so daß mehrere Weinberge einer Gemarkung überhaupt von keiner Einzellage erfaßt werden. Die Weine aus solchen Weinbergen werden dann unter dem Namen einer Großlage zusammengefaßt und vermarktet. Eine Großlage kann auf eine Gemarkung beschränkt bleiben, wie z.B. die Großlage »Randersackerer Ewig Leben«, oder aber auch mehrere benachbarte Gemarkungen umschließen, wie die Großlage »Volkacher Kirchberg«. Diese erstreckt sich über 16 Gemeinden mit 20 Einzellagen. Insgesamt gibt es z.Z. in Franken 15 Großlagenamen.

Durch die Schaffung von Großlagenamen wird die relative Bedeutung einer Lage sowie des Lagenamens besonders deutlich. Es ist ganz gleichgültig, ob ein Wein in einer Einzellage oder in einer Großlage gewachsen ist; wesentlich ist, daß die auf dem Etikett angegebene Sorte an einem Ort steht, wo sie

296

ihre Leistungen nach Menge und Güte voll entfalten konnte. Diese Erkenntnis gehört mehr und mehr zum Rüstzeug des fränkischen Winzers wie des Weinfreundes.

So gesehen schafft die neue Ordnung im fränkischen Weinbau eine neue Entwicklung in weinbaulicher wie in weinwirtschaftlicher Hinsicht, über die der Winzer, wie der Weinhändler, der genossenschaftlich organisierte Winzer und nicht zuletzt der Weinkonsument sich immer wieder neue Informationen beschaffen müssen, um zu einer richtigen Beurteilung der jeweiligen marktwirtschaftlichen Situation zu kommen.

Als Dokumentation wird auf den Seiten 312–320 das fränkische Weinbaukataster nach dem Stande vom 1.2.1980 vollständig wiedergegeben, aus dem die 15 Großlagen und die 145 Einzellagen zu entnehmen sind.

VI. Weinproben

»Von einem Pfarrherrn ließ ein Laie sich belehren,
Daß man beim rechten Trinken jeden Weins
Beacht bedachtsam color, calor, odor, sapor!«
»Hochwürden, Eurem Test fehlt aber eins!
Ist doch auch noch ein stridor säuselnd zu vernehmen,
Wenn man verhalten an dem Glase lauscht!« —
»Mir ist's, als ob von fernher Glockentöne kämen... —
»Ich hör, der Wein gewaltig in mir rauscht...«

Das Lied von Franken und seinen Weinen klingt nirgends melodischer und schöner als in einer Probe edler Kreszenzen aus verschiedenen Lagen, Jahrgängen und Kellern. Die Stunden einer gut geführten Weinprobe sind für den Freund des Weines die beschaulichsten einer bewußt heiteren Lebensbetrachtung. Im Gefühl eines unbeschwerten Glückes läßt er sich wie in einem guten Konzert Stufe um Stufe den Göttern näher bringen.

Es gibt 5 Arten von Weinproben:

1. Die bewertende Weinprobe. Dazu sagt Rudi vom Endt:

»Es prüfen die kundigen Zungen
Den Wein, der zur Probe gestellt,
Es wird nicht gezecht, nicht gesungen,
Nur Andacht beseelt diese Welt.
Gold strahlt aus den Gläsern, die blitzen,
Die Blume steigt zart voller Duft
Hinauf zu den Nasenspitzen,
Die schnuppern die göttliche Luft.
Ein Schlückchen schlürft kullernd bedächtig
Die Zunge entlang bis zum Schlund,
Ein zweites noch — das ist verdächtig —
Schlüpft in den verlangenden Mund.
Gesprochen wird nichts, nur ganz stille
Erhebt sich ein Augenaufschlag.
In ihm drängt der Köstlichkeit Fülle
Sich schmunzelnd und ehrlich zu Tag.
Ein Leuchten geht stumm durch die Männer.
Ganz leise nickt einer: ›Ja, ja!‹
Kein Wort brauchen zünftige Kenner,
Ihr Urteil ist stillschweigend da.«

2. Die fachlich geleitete, erklärende, analysierende Weinprobe — in gegenseitiger Aussprache zwischen dem Probeleiter und den Probeteilnehmern. Jeder der vorgestellten Weine wird ad hoc nach Blume, Bukett, Frucht, Duft, Aroma, Körper, Charaktermerkmalen, Verhalten im Abgang, in der Dauer der Erinnerung mit den Probenehmern besprochen und analysiert, wobei es dem Probeleiter obliegt, in Rede und Gegenrede Übereinstimmung mit den Probeteilnehmern zu erreichen, Weinbaufragen und Ausbaumethoden der Möste und Vorgänge beim Werden des Weines als begleitenden Rahmen der Probe kurz, verständlich und prägnant zu behandeln, Historisches zu erwähnen, Erlebtes mitzuteilen und allmählich die Probe Stufe um Stufe Höhepunkten entgegenzuführen. Eine fachliche Weinprobe hat in Franken immer ein bestimmtes Thema: z.B. eine Jahrgangsprobe nur einer Sorte oder die Probe nur einer Sorte eines einzigen Jahrgangs aus verschiedenen Lagen oder verschiedenen Böden; eine Rebsortenprobe mit Weinen von lokal-bestadaptierten Sorten, z.B. Hammelburg, Obermain, Steigerwald, Hörstein, Klingenberg, Güntersleben, Marktbreit, Escherndorf, Würzburg usw. usw.

Es konnte festgestellt werden, daß solche Lehrweinproben auch bei Nichtweinfachleuten besser ankommen als nicht thematisierte. Eine solche Weinprobe sollte nicht mehr als 6–8 Weine enthalten. Es kommt anschließend auf die Umstände an, ob man die Zeit freigibt und ein geselliges Trinken anschließen läßt. Meist ist das nicht der Fall, weil nicht erwünscht.

In einer Wandaufschrift im Juliusspital zu Würzburg kann man dazu lesen:

» Willst spüren du des Weines feurigsten Funken,
Gieß nicht das edle Naß in Strömen ein;
Erst auf der Zung' erprobt, dann langsam getrunken,
So wills der rechte, echte Frankenwein.«

3. Die werbende Weinprobe

Sie ist ganz auf Werbung gestellt. Entsprechend ist die Auswahl der Weine, die mit allgemeinen werbenden Redensarten, mit Anekdötchen, Weinversen und historischen Tatsachen oder Fragwürdigkeiten angesagt werden, ohne sie fachgerecht zu analysieren. Der Probeleiter ist meist ein guter Werbeleiter. Er muß nicht unbedingt ein Fachmann sein. Die Probeteilnehmer haben dabei keine Gelegenheit, sich zu den gereichten Weinen zu äußern. In 2–3 Stunden werden oft bis zu 20 und mehr Proben gegeben.

Noahs Vermächtnis:
»Es soll von allem meinem Wein
Die ganze Welt mein Erbe sein.
Mein Sterbeglöcklein: Becherklang,
Mein Requiem: Ein froher Sang,
Mein Monument: Ein jeglich Faß,
Darin ein köstlich Traubennaß.
Notario, das schreib hinein,
So werd ich nie vergessen sein.«   *Unbekannt*

4. Die festliche Weinprobe

Die festliche Weinprobe ist ein gesellschaftliches Ereignis. Die Probe wird schon Tage und Wochen voraus geprobt und bestimmt. Die Weine werden von Fachleuten gewissenhaft ausgesucht und besprochen, so daß dem Probeleiter die Möglichkeit einer rethorisch-geschliffenen Probeleitung gegeben ist. Der Raum ist festlich erleuchtet. Sofern ein Gewölbekeller genutzt wird, flackern in lustigem Schein Kerzen, deren Licht den ganzen Keller ausleuchtet; ein wunderbares Erlebnis, wenn der schwarze Kellerschimmel das Licht verschluckt und Kellertränen es vielfältig brechen und widerscheinen. Die Tische — ob in einem Saal oder in einem Keller — sind weiß überzogen; wenn Blumen im Saal, dann nur solche, die durch ihren Duft nicht die Blumensträuße der Weine stören. Es muß alles vermieden werden, was die Atmosphäre geruchlich beeinflussen kann. Also sollte auch nicht geraucht werden. Pro Person werden zwei, bisweilen auch drei Gläser, natürlich nur Stengelgläser, aufgestellt, auf keinen Fall Werbebecher. Die Gestaltung einer festlichen Weinprobe ist eine hohe Kunst. Die Ansprache der Weine ist kurz, damit den Probeteilnehmern Gelegenheit für eine gesellige, zwanglose Unterhaltung bleibt. Bei einer festlichen Weinprobe steht die Gesellschaft im Vordergrund, der Wein ist der verbindende Faden und bildet meist den Gesprächsgegenstand. Den Probeleiter zeichnet die Kunst der Geduld aus. Er sagt die nächste Probe dann an, wenn er merkt, daß in der Unterhaltung sich eine günstige Pause anbahnt. Je stärker das gesellschaftliche Erleben, um so länger dauert die Probe, was ein gutes Zeichen für die Weine und ihre Interpreten ist. Eine römische Kruginschrift lehrt uns das Weingenießen:

»Schütt voll die Gläser,
Trink in großen Schlücken,
Es wird nicht lang Dir glücken!
Schenk wenig nur ein,
Nimmt in kleinen Schürfen,
Und viel wirst trinken dürfen!«

5. *Die gesellige Weinprobe*

Ein immer wieder neues Erlebnis ist die aus dem Augenblick geborene Weinprobe in geselliger Runde guter Freunde und Weingenießer. Da wird probiert, gestritten, gelästert und getrunken. Die Erinnerung an solche seligen Stunden bleibt bis ins hohe Alter lebendig. Selten ist die Zahl der Weinfreunde bei diesen Gelegenheiten höher als 7; meist sind es nur drei bis vier. Man sitzt im Keller, oder geht von Faß zu Faß, bis man sich vor einem Faß festsetzt, man trinkt im Büro, in der guten Stub, in Weinhäusern oder stillen Kneipen — kurz, man trinkt und probiert oder man probiert und trinkt. Man nimmt nicht ernst, was man redet. Das einzige, was man ernst nimmt, ist der Wein, der die Zungen löst, den Geist befreit, die Scheu vertreibt und Freundschaften über Nacht schließt. Ein altes Sprichwort sagt:

»Freundschaft — bei Wein gemacht —
hält selten länger als eine Nacht«

und

»Sag niemals leise, sag niemals laut,
Was Dir der Freund beim Wein vertraut.«

Und Dante schreibt:

»Gott ist den Trinkern nicht gram!«

Friedrich Rückert meint:

»Man kann, wenn wir es überlegen,
Wein trinken, fünf Ursach wegen:

302

Einmal um eines Festtags willen;
Sodann, vorhandenen Durst zu stillen;
Insgleichen künftigen abzuwehren,
Ferner dem guten Wein zu Ehren,
Und schließlich um jeder Ursach willen!«

Und letzteres ist meist der Grund zu einer geselligen Weinprobe.

»Der liebe Gott hat nicht gewollt,
Daß edler Wein verderben sollt.
Drum hat er uns nicht nur die Reben,
Nein auch den nötigen Durst gegeben!«

(Alter Winzerspruch)

Im Alter kommt bei jeder Flasche Wein die Erinnerung an jene Stunden, die dem Wein ehrlich gewidmet waren:

»Vergessen hab ich im Lebensdrang
Der Jugend lachende Lieder,
Nun sitz ich allein auf der Zecherbank,
In den Römer starr ich hernieder.
Nun sei du Wein meine Jugend!«

Um in den rechten Genuß des edlen Rebensaftes zu kommen, ist folgendes zu beachten:

1. Man trinke den Wein nicht zu kalt. Nur schlechte und kranke Weine werden kalt serviert. Weißweine aus Franken sollten Kellertemperatur haben, d.s. 10–12 °C; Rotweine 18–22 °C.

2. Weißweine werden eine Viertelstunde vor dem Einschenken geöffnet und nicht wieder verschlossen, damit sich die Blume entfalten kann. Rotweine sollten eine Stunde vor dem Einschenken schon geöffnet sein, da ihr Bukett sich schwerer entwickelt. Rotweine dürfen niemals plötzlich erwärmt werden. Man lagere daher immer einen Posten bei mindestens 18 °C. Mit süßgehaltenen oder gesüßten Rotweinen ist das allerdings nicht möglich.

3. Man reiche zur Weinprobe immer nur Brot oder Brötchen; zur Rotweinprobe gewürfelten Emmentaler-Käse.

4. Zur Probe verwende man nur einfache, durchsichtige Stengelgläser; für Weißweine nach oben hin sich verjüngende, welche die Bukettstoffe bündeln; bei Rotweinen nach oben sich öffnende Kelche, die einen kräftigeren Schluck gestatten.

5. In der Abendgesellschaft wähle man zum Kerzenschein fein geschliffene, durchsichtige Bleikristallgläser, um sich am Spiel des Lichtes und der Farben zu erfreuen.

6. Bei einer Weinprobe muß sich jeder Teilnehmer auf den Wein konzentrieren, sonst artet die Weinprobe in eine Trinkerei aus.

7. Man bedenke: »Eine hochgezogene Nase kann sich nicht in ein Weinglas versenken.«

Wer sich mit Andacht und Aufmerksamkeit einer Weinprobe widmet, wird nach der 4. bis 5. Probe schon die Vielgestaltigkeit und den Wohlklang der im Wein verschlossenen bacchantischen Melodien vernehmen und das stets wiederkehrende sortenbedingte, jährlich und gebietlich modulierte Motiv:

»Vinum bonum, Vinum bonum!«

VII. Essen und Trinken in Franken

»Iß und trink
Sei fröhlich hier auf Erd,
Denk nur nicht, daß es besser werd.« (*Martin Luther*)

In den letzten Jahren wird in Zeitschriften, Werbeprospekten und Tageszeitungen versucht, den Weintrinker dazu anzuregen, zum Essen Wein zu trinken. Diese Versuche sind sehr zu begrüßen, denn in der Tat gehört zu einem genußreichen Essen immer ein Gläschen Wein. In Franken und für den Frankenwein rennt man offene Türen ein. Hier war es von jeher üblich, zum Wein immer etwas zu essen und umgekehrt zum Essen immer etwas zu trinken. Die publizistischen Vorschläge zum Thema: Welcher Wein zu welchem Essen sind der fränkischen Küche wie dem Frankenwein so entgegengesetzt, daß im Buch vom Frankenwein dazu Grundsätzliches gesagt werden muß.

In Franken war auch zur Blütezeit der Restsüße im Wein der Prozentsatz trockener Weine immer der höchste im gesamten Bundesgebiet. Die echte Frankenweinart liegt in den trockenen Weinen, die wieder immer mehr an Boden gewinnen. Das heißt aber nicht, daß alle Frankenweine trocken sein müssen. Eine fränkische Vesper ohne Wein ist heute noch ebenso undenkbar, wie sie früher eine Selbstverständlichkeit war. Auf die fränkische Vesper war von jeher die kräftige Art der trockenen Frankenweine abgestellt. Es wäre eine Sünde wider den Geist des Frankenweines, wollte man dem Weinfreund einreden, man könnte zur fränkischen Vesper auch halbsüße oder gar süße Weine als kulinarische Köstlichkeit empfinden und diese Kombination auch noch als typisch fränkisch deklarieren.

Aber auch zur warmen fränkischen Küche, angefangen von fränkischen Bratwürsten, Knöchli bis zum feinsten Kalbsteak, Wild und Fisch gehören vorwiegend trockene Weine, die das Frankenland dank seiner Vielfalt an Rebsorten in allen Qualitätsstufen — Tafelwein — Qualitätswein b.A. (bestimmter Anbaugebiete) — Qualitätswein mit Prädikat (Kabinett, Spät- und sogar Auslesen) anbieten kann. Wenn man mit nur einem Sortenwein, etwa mit Riesling alle Mahlzeiten oder gar alle Gänge eines Menüs begleiten lassen will, so muß dieser Versuch von vornherein zum Scheitern verurteilt sein. Die verschiedenen Stufen der Restsüße, noch die herkunftsmäßig bedingten Modalitäten eines Sortenweines reichen nicht aus, um alle Möglichkeiten der Küche zu einer genußvollen Synthese zu bringen.

In Franken haben wir — Gott sei Dank — verschiedene Sortenweine, aus denen sich zu allen Menüvorschlägen, nicht nur zu fränkischen Spezialitäten, die passenden Weine aussuchen lassen. Hier einige Beispiele aus dem reichen Erfahrungsschatz des Autors:

Zu Schweinefleisch: Silvaner und Mariensteiner;
Rindfleisch: Riesling, Rieslaner, Kerner, Mariensteiner, Albalonga;
Kalbfleisch: Ortega, Müller-Thurgau, Bacchus, Fontanara;
Hausgeflügel: Traminer, Perle, Ortega, Müller-Thurgau;
Wildgeflügel: Ortega, Cantaro, Portugieser;
Wild: Reh, Hirsch, Hasen, Wildschwein: Spät-, Frühburgunder, Riesling und Rieslaner vom Kalkboden;
zu fränkischen Flußfischen, an denen Franken noch reich ist: Riesling, Rieslaner, Fontanara, Cantaro, Albalonga;
Käsedessert: Silvaner, Mariensteiner, Rieslaner, Riesling, Kerner;
Früchtedessert: Albalonga-Auslese;
Frisches Obst: Müller-Thurgau, Fontanara, Albalonga, Cantaro, Bacchus;
Pudding: Müller-Thurgau-Auslese.

Als Aperitif muß nicht immer Champagner oder Sekt gegeben werden. Eine Beeren- oder Trockenbeerenauslese überrascht immer. Ob man den richtigen Wein gewählt hat, schmeckt man dann, wenn man den Wein nur nach dem Fleisch oder Fisch genommen hat.

»Nun bist mir recht willkommen,
Du edler Rebensaft!
Ich hab' gar wohl vernommen,
Du bringst mir gute Krafft,
Läßt mir mein G'müt nicht sinken
Und stärkst das Herze mein,
Drum wollen wir dich trinken
und alle fröhlich sein!«   (*17. Jahrhundert*)

VIII. Literatur

Ambrosi, H., Breuer, B.: Vinothek der deutschen Weinbergslagen, Band 6, Franken. Seewald-Verlag, 1981.

Andres, St.: Weinpilgerbuch. Neuwied, 1951.

Arntz, H.: Das Buch vom Deutschen Sekt. Wiesbaden, 1956.

Bassermann-Jordan, F. v.: Geschichte des Weinbaues. Frankfurt/M., 1907.

Breider, H.: Der Weinbau im Landschaftshaushalt. Handbuch für Landschaftspflege und Naturschutz. Bayerischer Landwirtschaftsverlag, München, 1967.

Breider, H.: Der Weinstock am Haus. Bayerischer Landwirtschaftsverlag, München, 1967.

Breider, H.: Ein Mundvoll Frankenwein. Hofkellerei Würzburg, Selbstverlag, 1972.

Breider, H.: Englerth, S. — Ein Beitrag zur Geschichte des fränkischen Weinbaues. Schriften zur Weingeschichte Nr. 54, 1980.

Breider, H.: Genetisch-biologische Grundlagen- und Zweckforschung als Elemente einer modernen Ökologie. Waldhygiene, Bd. 9, Nr. 5–8 (141–147), 1972.

Breider, H.: Der fränkische Weinbau in der Landschaft. Schriften zur Weingeschichte, Nr. 11, 1964.

Britting, G.: Lob des Weines, Hamburg, 1944.

Bühn, K.: Topographischer Atlas Bayern, S. 66. Paul List Verlag, München, 1968.

Dettelbacher, W.: 1200 Jahre Weinbau in Würzburg. Stadt Würzburg, 1979.

Eichelsbacher, H.M.: Vom Königlichen Hofkeller zum Staatsweingut. Bayerisches Landwirtschaftliches Jahrbuch, 54. Jahrg., 1977.

Englerth, S.: Dr. Gall's Weinveredlung. Stahel'sche Buchhandlung, Würzburg, 1855.

Frenzl, A.: Wein-Nester in Franken. Würzburg o.J.

Fischer, Joh. Christ.: Der Fränkische Weinbau auf dem Felde und in dem Keller. Würzburg, 1791.

Franz, A.K.: Vom Würzburger Wein in alten Satzungen des Hochstifts und des Rates vom 14. bis 18. Jahrhundert. Mainfränkisches Jahrbuch, Bd. 10, 1958.

Freeden, Max H. v.: Prunkstücke deutscher Weinkultur — Schönes Trinkgeschirr. Katalog der Ausstellung im Mainfränkischen Museum zu Würzburg, 1957.

Freeden, Max H. v.: Das Mainfränkische Museum und seine Kelterhalle. In A. Kraemer: »Im Lande des Bocksbeutels«, 1958.

Freihold, J.: Zur Geschichte des Weinbaues in Franken. In »Bayerland«, München, Oktoberheft, 1973.

Freihold, J.: Informationsdienst des Fränkischen Weinbauverbandes, 2/1981.

Freihold, J.: Gastliches Bocksbeutelland Mainfranken. »Frankenwein — Frankenland«, 1981.

Goldschmidt, F.: Der Wein von der Rebe bis zum Konsum. Mainz, 1909.

Herold, A.: Das fränkische Gäuland. Berichte zur deutschen Landeskunde, Bd. 32, H. 1, 1964.

Hilpert, M.: Von Häckern und Winzern am Maindreieck. (Mainfränkische Heimatkunde, Bd. 10.) Würzburg, 1957.

Hoffmann, H.: Würzburgs Handel und Gewerbe im Mittelalter. Kallmünz, 1940.

Hoffmann, H.: Würzburger Polizeisätze 1125–1495. Würzburg, 1955.

Jung, H.: Traubenmadonnen und Weinheilige. Carl Lange Verlag, Duisburg, 1964.

Jung, H.: Unsterblicher Bacchus. Carl Lange Verlag, Duisburg, 1955.

Jung, H.: Wein in der Kunst, Verlag: F. Bruckmann, München, 1961.

Jung, H.: 3000 Jahre Bocksbeutel. Stürtz-Verlag, Würzburg, 1970.

Kraemer, A.: Im Lande des Bocksbeutels. Würzburg, 1958.

Kraemer, A.: Frag den Wein. Stürtz-Verlag, Würzburg, 1963.

Kreuzer, G.: Topographischer Atlas Bayern, S. 68. Paul List Verlag, München, 1968.

Lange, O., u. Meyer, A.: Mittäglicher Stomataschluß bei Aprikose (prunus arameniaca) und Wein (Vitis vinifara) im Freiland trotz guter Bodenwasserversorgung. Flora, H. 168, 511–528, 1978.

Lutz, W.: Die Geschichte des Weinbaues in Würzburg im Mittelalter und in der Neuzeit bis 1800. Mainfränkische Hefte. H. 43, 1965.

Meisner, M.: Mit Weinverstand durchs Frankenland. 3. Aufl. Stürtz-Verlag, 1980.

Ruthe, W.: Der Deutsche Wein. München, 1926.

Schlehdorn: Perlen im Glas. Westermanns Monatshefte, Jahrgang 98, 1957.

Schnack, A.: Weinfahrt durch Franken. Süddeutscher Verlag, 1964.

Schnack, F.: Der Wein ist des Menschen stiller Geist. Neustadt/ Weinstraße, o.J.

Seybold, A.: Vinum — Der Wein. Heidelberg, 1955.

Stein, G.: Reise durch den deutschen Weingarten. München, 1956.

Schriftenreihe: »Fränkisches Land — Gastliches Land« (Aschaffenburg, Würzburg und Landkreis Würzburg).

Staab, J.: Weinland — Rheingau. Aus der Buchreihe: Monographien der Deutschen Weinlandschaften. Bd. 3. Südwestdeutsche Verlagsanstalt, Mannheim, 1979.

Tisowsky, K.: Häcker und Bauern in den Weinbaugemeinden am Schwanberg, Frankfurt, 1957.

»Weinfrohes Franken«. Das Frankenwein-Jahrbuch 1956/57. Verlag Fränkischer Weinbauverband Würzburg.

Weisensee, B., u. Freihold, J.: Leitfaden für den fränkischen Winzer durch das neue Weinrecht. Fränkischer Weinbauverband e.V., Würzburg, 1972.

Weisensee, B., u. Günther, J.: Die Aufgaben der Kellerwirtschaft. In »Bayerland«, München, Oktoberheft, 1973.

Weiß, J.: Gedanken über den fränkischen Weinbau. Das Frankenwein-Jahrbuch 1954/55.

Wittmann, O.: Die Weinbergsböden Frankens. Bayerisches Landwirtschaftliches Jahrbuch, Sonderheft 1966.

Der Deutsche Weinbaukalender 1958.

Bayerische Landesanstalt: Jahresberichte 1974–1981.

Verwendete wissenschaftliche wie fachliche Veröffentlichungen des Verfassers und seiner Mitarbeiter im Institut für Züchtungsforschung Dr. rer. nat. E. Wolf, H.P. Ossent, Dr. H.M. Eichelsbacher, Prof. Dr. G. Reuther, Verw.-Dir. der EG Brüssel Dr. A. Reichardt, RD. Dr. rer. nat. I. Benda, RD. Dr. Ing. A. Schmitt, wurden hier nicht aufgeführt, da sie im Kapitel »Weinbauforschung« zusammenfassend Verwendung gefunden haben. Aufsätze von M. Meisner, H. Jung, K. Meuschel, H. Schenk und M. Domarus sind in A. Kraemer »Im Lande des Bocksbeutels« enthalten. Besondere Hinweise auf allbekannte und leicht zugängliche Literatur, sowie auf Artikel in der Tagespresse erfolgen nicht.

Wir verweisen außerdem auf die zweimal jährlich erscheinende, weinkulturelle Zeitschrift »Bocksbeutelkunde« mit vielen aktuellen Informationen und Abbildungen. Hrsg.: »Frankenwein-Frankenland e.V.«, 8700 Würzburg, Postfach 5848.

IX. Die Weinbergslagen in Franken

Übersicht über die in die Weinbergsrolle der Regierung von
Unterfranken eingetragenen Namen von Lagen
Stand: 1.2.1980

Gemeinde	Ortsteil	Name der Einzellage oder Einzugsbereich

Bereich Mainviereck

Großlage Reuschberg (Hörstein)

Gemeinde	Ortsteil	Name der Einzellage oder Einzugsbereich
Alzenau i.UFr.	Hörstein	Abtsberg
Alzenau i.UFr.	Hörstein	weitere Rebflächen

Großlage Heiligenthal (Großostheim):

Gemeinde	Ortsteil	Name der Einzellage oder Einzugsbereich
Großostheim	—	Reischklingenberg
Großostheim	—	Harstell
Großostheim	Wenigumstadt	weitere Rebflächen

großlagenfrei:

Gemeinde	Ortsteil	Name der Einzellage oder Einzugsbereich
Alzenau i.UFr.	Wasserlos	Schloßberg
Alzenau i.UFr.	Wasserlos	Luhmännchen
Alzenau i.UFr.	Michelbach	Steinberg
Alzenau i.UFr.	Michelbach	Apostelgarten
Aschaffenburg	—	Pompejaner
Aschaffenburg	Obernau	Sanderberg
Hösbach	Rottenberg	Gräfenstein
Großwallstadt	—	Lützeltalerberg
Elsenfeld	Rück	Johannisberg
Elsenfeld	Rück	Schalk
Elsenfeld	Rück	Jesuitenberg
Erlenbach a.M.	—	Hochberg
Klingenberg a.M.	—	Hochberg

312

Gemeinde	Ortsteil	Name der Einzellage oder Einzugsbereich
Klingenberg a.M.	–	Einsiedel
Klingenberg a.M.	–	Schloßberg
Großheubach	–	Bischofsberg
Großheubach	Engelsberg	Klostergarten
Miltenberg	–	Steingrübler
Bürgstadt	–	Mainhölle
Bürgstadt	–	Centgrafenberg
Dorfprozelten	–	Predigtstuhl
Kreuzwertheim	–	Kaffelstein

Bereich Maindreieck

Großlage Burg (Hammelburg):

Hammelburg	Saaleck	Schloßberg
Hammelburg	–	Heroldsberg
Hammelburg	–	Trautlestal
Hammelburg	Feuerthal	Kreuz
Ramsthal	–	St. Klausen
Euerdorf	Wirmsthal	Scheinberg
–	–	übrige Rebflächen im Großraum Hammelburg

Großlage Roßtal (Karlstadt):

Gössenheim	–	Arnberg (Homburg beantragt)
Karlstadt	Gambach	Kalbenstein
Eußenheim	–	First
Karlstadt	Stetten	Stein
Karlstadt	–	Im Stein
Himmelstadt	–	Kelter
Retzstadt	–	Langenberg

Gemeinde	Ortsteil	Name der Einzellage oder Einzugsbereich
Karlstadt	Mühlbach	übrige Rebflächen
Karlstadt	Laudenbach	übrige Rebflächen
Arnstein		übrige Rebflächen
Karlstadt	Karlburg	übrige Rebflächen

Großlage Ravensburg (Thüngersheim):

Zellingen	Retzbach	Benediktusberg
Thüngersheim	—	Johannisberg
Thüngersheim	—	Scharlachberg
Güntersleben	—	Sommerstuhl
Erlabrunn	—	Weinsteig
Leinach	Oberleinach	Weinsteig
Veitshöchheim	—	Wölflein
Leinach		Himmelberg
Zellingen	—	Sonnleite

Großlage Ewig Leben (Randersacker):

Randersacker	—	Teufelskeller
Randersacker	—	Sonnenstuhl
Randersacker	—	Pfülben
Randersacker	—	Marsberg

Großlage Ölspiel (Sommerhausen):

Sommerhausen	—	Steinbach
Sommerhausen	—	Reifenstein
Ochsenfurt	Kleinochsenfurt	bestimmte Rebflächen

Großlage Teufelstor (Eibelstadt):

Eibelstadt	—	Kapellenberg
Eibelstadt	—	Mönchsleite
Randersacker	—	Dabug
Randersacker	Lindelbach	Dabug

314

Gemeinde	Ortsteil	Name der Einzellage oder Einzugsbereich

Großlage Hofrat (Kitzingen):

Segnitz	—	Zobelsberg
Segnitz	—	Pfaffensteig
Marktbreit	—	Sonnenberg
Sulzfeld a.M.	—	Maustal
Sulzfeld a.M.	—	Cyriakusberg
Kitzingen	—	Wilhelmsberg
Kitzingen	Repperndorf	Kaiser Karl
Kitzingen	Eherieder Mühle	Kaiser Karl
Buchbrunn	—	Heißer Stein
Mainstockheim	—	Hofstück
Kitzingen	—	Eselsberg

Großlage Honigberg (Dettelbach):

Dettelbach	—	Berg-Rondell
Dettelbach	—	Sonnenleite
Dettelbach	Brück	Sonnenleite
Dettelbach	Schnepfenbach	Sonnenleite
Dettelbach	Bibergau	bestimmte Rebflächen

Großlage Kirchberg (Volkach):

Dettelbach	Neuses a. Berg	Glatzen
Volkach	Escherndorf	Fürstenberg
Volkach	Köhler	Fürstenberg
Dettelbach	Neusetz	Fürstenberg
Volkach	Escherndorf	Berg
Eisenheim	Untereisenheim	Berg
Volkach	Escherndorf	Lump
Sommerach	—	Katzenkopf
Sommerach	—	Rosenberg
Volkach	Hallburg	Rosenberg

Gemeinde	Ortsteil	Name der Einzellage oder Einzugsbereich
Nordheim a.M.	—	Vögelein
Nordheim a.M.	—	Kreuzberg
Volkach	Astheim	Karthäuser
Volkach	Krautheim	Sonnenleite
Volkach	Obervolkach	Landsknecht
Volkach	Gaibach	Kapellenberg
Volkach	—	Ratsherr
Volkach	Fahr	Ratsherr
Eisenheim	Untereisenheim	Höll
Eisenheim	Obereisenheim	Höll
Kolitzheim	Stammheim	Eselsberg
Kolitzheim	Zeilitzheim	Heiligenberg
Wipfeld	—	Zehntgraf
Volkach	Rimbach	bestimmte Rebflächen
Frankenwinheim	—	Rosenberg

Großlagenfrei:

Gemeinde	Ortsteil	Name der Einzellage oder Einzugsbereich
Triefenstein	Homburg a.M.	Kallmuth
Triefenstein	Homburg a.M.	Edelfrau
Triefenstein	Lengfurt	Alter Berg
Triefenstein	Lengfurt	Oberrot
Erlenbach bei Marktheidenfeld	—	Krähenschnabel
Erlenbach bei Marktheidenfeld	Tiefenthal	Krähenschnabel
Remlingen	—	Krähenschnabel
Marktheidenfeld	—	Kreuzberg
Veitshöchheim	—	Sonnenschein
Rimpar	—	Kobersberg
Neubrunn	Böttigheim	Wurmberg
Würzburg	—	Pfaffenberg
Würzburg	—	Stein

Gemeinde	Ortsteil	Name der Einzellage oder Einzugsbereich
Würzburg	–	Stein/Harfe
Würzburg	–	Schloßberg
Würzburg	–	Innere Leiste
Würzburg	–	Abtsleite
Würzburg	–	Kirchberg
Tauberrettersheim	–	Königin
Röttingen	–	Feuerstein
Bergtheim	–	Harfenspiel
Frickenhausen	–	Fischer
Frickenhausen	–	Kapellenberg
Frickenhausen	–	Markgraf Babenberg
Üttingen	–	Kirchberg
Karlstadt	Wiesenfeld	Herbstthal
Volkach	Vogelsburg	Pforte
Volkach	Gaibach	Schloßpark
Volkach	Hallburg	Schloßberg
Kitzingen	Eherieder Mühle	Eherieder Berg
Obernbreit	–	Kanzel
Schweinfurt	–	Peterstirn
Schweinfurt	–	Mainleite
Schonungen	Mainberg	Schloßberg

Bereich Steigerwald

Großlage Schild (Abtswind):

Abtswind	–	Altenberg
Castell	Greuth	Bastel
Castell	–	Bausch (Teilflächen)
Castell	–	Kirchberg (Teilflächen)

Gemeinde	Ortsteil	Name der Einzellage oder Einzugsbereiche
Großlage Herrenberg (Castell):		
Castell	—	Bausch
Castell	—	Hohnart
Castell	—	Kirchberg
Castell	—	Schloßberg
Castell	—	Feuerbach
Castell	—	Kugelspiel
Castell	—	Reitsteig
Castell	—	Trautberg
Großlage Schloßberg (Rödelsee):		
Kleinlangheim	—	Wutschenberg
Wiesenbronn	—	Wachhügel
Wiesenbronn	—	Geißberg
Großlangheim	—	Kiliansberg
Rödelsee	—	Schwanleite
Rödelsee	—	Küchenmeister
Kitzingen	Sickershausen	Storchenbrünnle
Kitzingen	Hoheim	übrige Rebflächen
Mainbernheim	—	übrige Rebflächen
Großlage Burgweg (Iphofen):		
Iphofen	—	Julius-Echter-Berg
Iphofen	—	Kalb
Iphofen	—	Kronsberg
Markt Einersheim	—	Vogelsang
Iphofen	Possenheim	Vogelsang
Willanzheim	—	bestimmte Rebflächen
Großlage Schloßstück (Frankenberg):		
Willanzheim	Hüttenheim	Tannenberg
Seinsheim	—	Hohenbühl

318

Gemeinde	Ortsteil	Name der Einzellage oder Einzugsbereich
Ippesheim	Bullenheim	Paradies
Ippesheim	—	Herrschaftsberg
Ergersheim	—	Altenberg
Ipsheim	Weimersheim	Roter Berg

Großlage Kapellenberg (Zeil):

Zeil a.M.	Schmachtenberg	Eulengrund
Zeil a.M.	Ziegelanger	Ölschnabel
Ebelsbach	Steinbach	Nonnenberg
Sand a.M.	—	Kronberg
Knetzgau	Oberschwappach	Sommertal

großlagenfrei:

Zeil a.M.	—	Mönchshang
Eltmann	—	Schloßleite
Michelau	Altmannsdorf	Sonnenwinkel
Michelau	—	Vollburg
Oberschwarzach	—	Herrenberg
Oberschwarzach	Mutzenroth	Herrenberg
Oberschwarzach	Düttingsfeld	Herrenberg
Oberschwarzach	Wiebelsberg	Herrenberg
Oberschwarzach	Handthal	Stollberg
Oberschwarzach	Kammerforst	Teufel
Prichsenstadt	—	Krone
Martinsheim	—	Langenstein
Iphofen	—	Domherr
Ipsheim	—	Burg Hoheneck
Seinsheim	Tiefenstockheim	Stiefel
Gerolzhofen	—	Arlesgarten
Donnersdorf	—	Falkenberg
Dingolshausen	—	Köhler

Gemeinde	Ortsteil	Name der Einzellage oder Einzugsbereich
Viereth	Weiher	Weinberge
Knetzgau	Zell a. Ebersberg	Schloßberg
Sand a.M.	—	Himmelsbühl
Sugenheim	Neundorf	Wonne

Anmerkung:

Der angegebene Gemeinde- oder Ortsteilname ist einer der zulässigen engeren, geographischen Angaben nach § 10 Abs. 11 des Weingesetzes 1971; erstreckt sich die Lage über mehrere Gemeinden, kann auch der Name einer dieser anderen Gemeinden oder Ortsteile angegeben werden.